FREIZEITFÜHRER
... MIT KINDERN
Vor die Haustür, fertig – los!

pmv
1. Auflage 2012, Frankfurt am Main
PETER MEYER VERLAG

HOLLANDS KÜSTE MIT KINDERN

400 spannende Aktivitäten für Ferien und Freizeit

VON MONIKA DIEPSTRATEN

INHALT

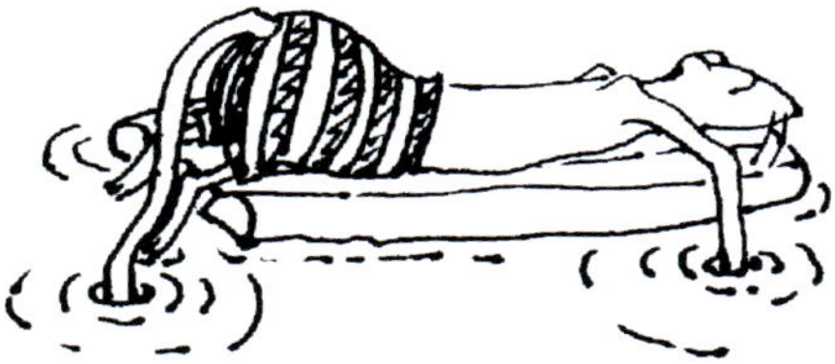

HALLO KINDER!

Die Niederlande sind ein kleines, aber sehr vielseitiges Reiseland. Niederlande? Ja, der offizielle Name des Landes lautet Königreich der Niederlande. Königreich, weil es hier eine Königin mit Namen Beatrix gibt. Niederlande, weil das Land zum größten Teil unter dem Meeresspiegel liegt. Der gängige Name Holland ist weit verbreitet, weil die Provinzen Nord- und Südholland wirtschaftlich und kulturell bedeutend sind.

Alle Kinder fühlen sich an den Sandstränden der 280 km langen Nordseeküste oder rund um das IJsselmeer wohl. Größere Sandkisten gibt es wohl nirgendwo. Überall im Land seid ihr gern gesehene Gäste. Die zahlreichen Fahrradwege durch die Dünen bieten sich an für Ausflüge auf dem Drahtesel mit der ganzen Familie. Wer an Holland denkt, denkt an Wiesen mit grasenden Kühen, Windmühlen, bunt blühende Tulpenfelder, Käse und viel Natur in den Nationalparks. Doch unser kleines Nachbarland hat viel mehr zu bieten. So gibt es neben 50 Freizeit- und Märchenparks viele familienfreundliche Unterkünfte in Bungalowparks, auf Campingplätzen und auch in Hotels. In den Sommermonaten werden regelmäßig Kinderaktivitäten angeboten. Kinderstühle und Spielecken sind in den meisten Restaurants selbstverständlich.

Dieser Ausflugsführer bringt euch die Schönheiten und Besonderheiten näher, hält manche Überraschung bereit und gibt wertvolle Tipps. Er begleitet euch während eures Urlaubs, eurer Klassenfahrt oder einer Tagestour.

Ich wünsche allen ebenso viel Freude und Begeisterung beim Lesen, wie ich beim Recherchieren und Schreiben hatte.

Welkom in Holland!
Eure Monika Diepstraten

Monika Diepstraten

Danksagung:
An dieser Stelle möchte ich mich bei meinem Mann Corné, den deutschen und niederländischen Familienmitgliedern, Freunden, Nachbarn und last but not least beim Team des Peter Meyer Verlags für die rat- und tatkräftige Unterstützung bedanken. Dank u wel!

Über die Autorin

Monika Diepstraten verbrachte von Kindesbeinen an den Familienurlaub an der holländischen Küste. Unternehmungslustig entdeckte sie schon früh viele schöne Ecken des Landes. Über den Umweg einer Bankerlaufbahn kam sie zum Niederländischen Büro für Tourismus in Köln. Während der Zeit dort vertiefte sie ihre Kenntnisse über die Niederlande. Das setzte sich durch die Heirat mit einem Niederländer weiter fort.

Sie ist Tante von Lennard, Emma und Maaike. Gemeinsam mit ihrem kleinen Neffen Lennard und seinen Eltern unternimmt sie so manchen Ausflug, der nicht selten über die Grenze nach Holland führt. Die bekannten und weniger bekannten Schätze, die sie auf zahlreichen Touren entdeckte, möchte sie gerne mit euch teilen. Kommt mit auf eine wunderbare Reise in das Kinderparadies Holland.

Gestatten?

Ich bin Sam, die Wasserratte. Meine Clique und ich begleiten euch mit noch ein paar Freunden auf euren Entdeckertouren durch dieses Buch und Hollands Küste. Darf ich vorstellen:

Karlinchen, unsere Naturfreundin,

Herr Mau, Experte für Handwerk und Geschichte,

und Mockes, der sich überall viel rumtreibt, z.B. in unserem Daumenkino. Schon entdeckt?

Gebrauchsanweisung

Dieses Buch bringt euch in **sieben geografisch unterteilten Griffmarken** die Küstengebiete der Niederlande näher. Die Einteilung erfolgt in die Regionen *Zeeland, Südholland, Nordholland, Amsterdam, Die Inseln, IJsselmeerküste und Wattenmeerküste.* Alle Griffmarken sind nach dem gleichen Schema aufgebaut:

Unter **Wasserspaß** findet ihr Schwimmbäder, Segel- und Surfschulen, aber auch Informationen zu Schifffahrten und Bootsverleihen. Den Strand, da bin ich sicher, findet ihr allein …

Natur & Sportlich hält Reiterhöfe, Radrouten, Wanderungen und alles, was im weitesten Sinn unter Erlebniswelten fällt, bereit. So z.B. Abenteuerspielplätze, Freizeitparks und Klettergärten. Sogar zum Thema Wintersport gibt es einige Einträge!

Umwelt erforschen lässt euch Tierparks und Streichelzoos, Naturparks und Nationalparks erleben, über Lehrpfade streifen und in Weltraummuseen in die Sterne schauen.

Die Ferientermine der niederländischen Schulen findet ihr auf www.schoolvakanties-nederland.nl.

Handwerk & Geschichte fasst Bahnen und Zugfahrten, Betriebsbesichtigungen, Burgen und Museen zusammen. Regelmäßig veranstaltete Feste und interessante Märkte dürfen natürlich auch nicht fehlen und sind im *Festkalender* am Ende jeder Region zusammengefasst.

Im Serviceteil unter **Info & Verkehr** findet ihr die Adressen der Fremdenverkehrsbüros inklusive Anreise mit Auto und öffentlichen Verkehrsmitteln sowie Kurzbeschreibungen der jeweiligen Orte.

Familienfreundliche Unterkünfte von Campingplätzen über Naturfreundehäuser bis zu besonders familienfreundlichen Hotels erwarten euch unter **Ferienadressen.**

Korrekturen, Erlebnisse und Ideen helfen, das Buch aktuell zu halten.

Schreibt an:

Peter Meyer Verlag
Schopenhauerstraße 11
60316 Frankfurt a.M.
redaktion@PeterMeyerVerlag.de,
www.PeterMeyerVerlag.de

Neben diesem Führer ist die Webseite www.niederlande.de eine gute und zuverlässige Informationsquelle.

Alle Angaben habe ich gewissenhaft recherchiert und geprüft. Sollte sich dennoch ein Fehler eingeschlichen oder eine zwischenzeitliche Änderung ergeben haben, bitte ich um Entschuldigung und Benachrichtigung.

▶ pmv-Leser sind neugierig und mobil – nicht nur in der Fremde, sondern auch in der eigenen Umgebung. Den Wissensdurst ihres Nachwuchses wollen sie fördern, seinem Tatendrang im Einklang mit der Natur freie Bahn lassen. Daher finden Sie in diesem Ausflugsführer Tipps und Adressen zu allem, was kleine und große Kinder begeistert, und immer möglichst umweltfreundlich. Wenn möglich, raten wir zur Nutzung von Bahn und Bus. Alle Adressen und Aktivitäten werden von unseren Autoren persönlich begutachtet und strikt nach Kinder- und Familienfreundlichkeit ausgewählt. ◀

Hollands Küste
N
1 cm
25 km
www.PeterMeyerVerlag.de
Noordzee
DIE INSELN
WADDENZEE
Schiermonnikoog
Nat.Park
Schiermonnikoog
Ameland
Terschelling
Ballum
West-Ter.
Vlieland
Oost-Vlie.
Texel
Den Burg
Den Helder
Emden
Delfzijl
Groningen
Groningen
Friesland
Leeuwarden
Franeker
Drachten
Leek
Scheemda
Sneek
Workum
A7
A28
A32
Drenthe
NOORD-HOLLAND
Callantsoog
Medemblik
IJSSEL-MEER
Enkhuizen
Meppel
A37
Schoorl
Alkmaar
Hoorn
Urk
Castricum
Kampen
A7
Markermeer
Beverwijk
Edam
Lelystad
Flevoland
Overijssel
Haarlem
Amsterdam
Almere
Harderwijk
NIEDERLANDE
Noordwijk
ZUID-HOLLAND
Apeldoorn
A1
Katwijk aan Zee
Leiden
Enschede
Scheveningen
Gronau
A4
Utrecht
Gelderland
DEN HAAG
Alphen
Hoek van Holland
Delft
A12
Arnheim
Gouda
31
Rotterdam
A15
Goedereede
Dordrecht
Leerdam
Nijmegen
D
3
Burg-Haamstede
Noord-Brabant
Wesel
Domburg
Breda
ZEELAND
Gelsenkirchen
Middelburg
Bergen op Zoom
Goes
A58
Eindhoven
Duisburg
A58
Vlissingen
67
Krefeld
Cadzand
B
Limburg
Terneuzen
A2
Aardenburg
Antwerpen
Roermond
Mönchenglad.
D'dorf

Zeeland ist eine Provinz im Südwesten der Niederlande. Sie besteht aus den (Halb-)Inseln Zuid-Beveland, Walcheren, Noord-Beveland, Tholen, Schouwen-Duiveland sowie einem kleinen Stück Festland nahe der belgischen Grenze, Seeländisch Flandern. Das Meer mit den herrlichen Sandstränden ist immer nah. Hier könnt ihr nach Herzenslust toben.

Wie wäre es mit einer Runde Minigolf im Dunkeln? Das habt ihr wahrscheinlich noch nie gemacht! Die Natur lädt euch überall ein, sie zu erleben und zu entdecken. Am besten mit dem Fahrrad. In Zeeland wurde ein *Fietsknooppuntnetwerk* (Fahrrad-Knotenpunkt-Netzwerk) eingerichtet. Jede (Halb-)Insel hat rund 20 verschiedene Knotenpunkte, die nummeriert und übersichtlich ausgeschildert sind. So könnt ihr eine Route nach euren Wünschen zusammenstellen. Wer das eigene Rad nicht dabei hat, kann sich in fast jedem Ort eines leihen.

WASSER-REICHES LAND AN DER GRENZE ZU BELGIEN

Die Zeelandbrücke verbindet Zierikzee auf Schouwen-Duiveland mit Colijnsplaat auf Noord-Beveland. Sie ist mit 5022 m die längste Brücke der Niederlande.

Frei- und Hallenbäder

Für Badenixen und Wasserratten

Schwimmbad Vrijburgbad, Sportweg 2, NL-4387 PM Vlissingen. ✆ 0031118/486820, Fax 472998. www.optisport.nl/vrijburgbad. vrijburgbad@optisport.nl. **Bahn/Bus:** Ab Bhf Vlissingen mit dem Zug bis Bhf Vlissingen Soubur Oost, dann 19 Min Fußweg. **Auto:** A58, auf der Brücke Sloebrug Schildern Vrijburg-bedrijventerrein folgen. **Zeiten:** Di – Fr 13 – 20, Sa, So 10 – 17 Uhr. **Preise:** 4,90 €; Kinder 1 – 4 Jahre 2,50 €, 4 – 16 Jahre 4,20 €; Familientarif 4 Pers 15,50 €, Gruppen ab 20 Pers 3,60 €.

▶ Wenn mal kein Strandwetter ist, braucht ihr auf Badespaß nicht zu verzichten. Das Vrijburgbad bietet mehrere Schwimmbecken zur Auswahl. Saust auf der Rutschbahn in die Tiefe oder tobt im Wildwasserbach. Die Kleinen amüsieren sich im Planschbecken mit Wasserspielplatz. Die Fitnesseinrichtungen und

TIPPS FÜR WASSER-RATTEN

Paradies für Jäger und Sammler: Am Strand

ZEELAND

Hunger & Durst

Brasserie Vrijburgbad, Sportweg 2, Vlissingen. ✆ 0031118/486820. www.vrijburgbad.nl. siehe Vrijburgbad. Belegte Brötchen, Snacks.

@ Livebilder von der Strandpromenade auf www.zeegat.nl

Hunger & Durst

Sportpunt Café, Zwembadweg 3, Goes. ✆ 0031113/233388. www.sportpuntzeeland.nl. Mo – Fr ab 9, Sa, So, Fei ab 9.30 Uhr. Frische Gerichte, Salate, Blick auf die Sportaktivitäten, Ausmalbilder für Kinder.

der Whirlpool sind sicher für Mama und Papa interessant. Alle zusammen trefft ihr euch vielleicht in der Brasserie zu einer kleinen Stärkung.

Hier sind Wasserratten richtig

Sportpunt Zeeland, Zwembadweg 3, NL-4463 AB Goes. ✆ 031113/233388, Fax 251388. www.sportpuntzeeland.nl. info@sportpuntzeeland.nl. **Bahn/Bus:** Ab Bhf Goes Bus 22 bis Sportpunt Zeeland. **Auto:** N289, rechts Ringbaan West, Kreisverkehr passieren, 4. Straße links, 2 x 1. Straße rechts, kostenlose Parkplätze. **Zeiten:** Mo – Fr 10 – 21.30, Sa, So, Fei 10 – 17 Uhr. **Preise:** Mo – Fr 5 €, sonst 6,50 €; Kinder bis 3 Jahre 1,20 €; Familientarif 2 Erw und 2 Kinder 22,50 €. **Infos:** Eintritt Abenteuerparcours 5,90 €.

▶ In dem subtropischen Schwimmbad gibt es jede Menge *Waterpret* (Wasserspaß). Wer wagt sich auf die beiden Superrutschbahnen mit spannenden Lichteffekten? Da geht es in rasantem Tempo abwärts. Oder bevorzugt ihr den Wildwasserbach? Gemütlich schwimmt ihr mit, sportlich gegen die Strömung. Nach all der Anstrengung lädt das Erholungsbecken zum Verschnaufen ein. Die Kleinsten haben viel Spaß im Planschbecken. In den Sommerferien ist dienstags und donnerstags nachmittags der Kletter- und Abenteuerparcours geöffnet.

Zeeländisches Schwimmparadies

Scheldorado, Stuvesande 2, NL-4532 MH Terneuzen. ✆ 0031115/615500, Fax 619834. www.scheldorado.nl. info@scheldorado.nl. **Bahn/Bus:** Ab Bhf Goes Bus 22 oder 132 Ri Zierikzee oder Wolphaatsdijk bis Scheldorado. **Auto:** N62, N681, Kreisverkehr 3. Ausfahrt Buitenhaven, Binnenvaartweg links, Kreisverkehr 3. Ausfahrt, 1. links. **Zeiten:** Mo – Sa 11 – 23, So 11 – 20 Uhr. **Preise:** 10 €, Juli – Aug 10,50 €; Kinder 2 – 12 Jahre 7,50 €, Juli – Aug 8 €.

▶ Unter der riesigen Kuppel des tropischen Schwimmbads ist Wasserspaß garantiert. Rast in atemberaubendem Tempo die Rutschbahn hinunter und schwimmt gegen die Strömung an. Das ist anstrengend, macht aber auch viel Spaß. Im Aqua-Dschungel mit seinen Strickleitern und Baumhütten erwartet euch eine spannende Entdeckungsreise. Plötzlich schießt eine Fontäne aus dem Wasser steil nach oben – und macht euch klatschnass. Aber das seid ihr ja wahrscheinlich sowieso schon! Ihr könnt bei schönem Wetter in den Außenbecken schwimmen. Wenn ihr eure Eltern sucht, die findet ihr wohl bestimmt im entspannenden Kräuterbad.

© Scheldorado

Auf sie mit Gebrüll: Badehosen-Piraten entern die Lybiloor

Schiffsfahrten

Schiff ahoi!

Segelausflug auf der Oosterschelde, 't Luitje 2, NL-4301 AS Zierikzee. Handy 00316/47116998. www.nieuwe-maen.nl. info@nieuwe-maen.nl. **Bahn/Bus:** Ab Bhf Middelburg Bus 133 bis Gemeentehuis. **Auto:** Freies Parken in der Hoofdpoortstraat in 150 m Entfernung. **Preise:** Tagestour für Gruppen Mo – Do ab 990 €, Wochenende ab 1940 €. **Infos:** Tagestouren für bis zu 30 Pers, Mehrtagestouren mit Übernachtung für 18 Pers.

▶ Ihr erlebt mit eurer Gruppe einen unvergesslichen Segeltörn auf dem Klipper Nieuwe Maen, segelt auf dem Meer und lasst euch die salzige Meeresluft um die Nase wehen. Wer möchte, kann der Mannschaft beim Hissen und Einholen der Segel und sogar beim Steuern helfen. Oder ihr genießt einfach Sonne, Wind und Wellen. Mit ein wenig Glück könnt ihr Seehunde

Der Meeresarm Oosterschelde liegt im Mündungsdelta der Flüsse Rhein, Maas und Schelde.

oder Schweinswale beobachten, die im Aussehen ein wenig an Delfine erinnern. An Land entdeckt ihr historische Orte wie Veere oder Middelburg. Die Ausflugsziele bestimmt ihr nach Absprache mit dem Kapitän selbst.

Schleppnetzfischen auf hoher See

Rederij De Festijn, Rolf Hoving, Eurostraat 22, NL-4513 AS Hoofdplaat. Handy 00316/53225401. www.defestijn.nl. info@defestijn.nl. **Bahn/Bus:** Ab Bhf Vlissingen mit der Fußgänger- und Fahrradfahrerfähre nach Breskens, dann Bus 15 bis Hoofdplaat. **Auto:** N58, Kreisverkehr 1. Ausfahrt, links Ouderijksweg/Dorpsstraat, rechts bei Keerdam. 1. links, Haven Westzijde. **Zeiten:** Juli und Aug Mo, Mi, Fr 9 und 10.30 Uhr. **Preise:** 11 €; Kinder bis 12 Jahre 9 €.

▶ Seid ihr seefest und ein bisschen Schaukeln stört euch nicht? Willkommen an Bord der *Festijn!* Kurz nach der Abfahrt vom Westhaven in **Breskens** seht ihr viele Möwen und vielleicht sogar Seehunde. Das Schleppnetz wird ausgeworfen und wenig später eingeholt. Nachdem der Fang in Behälter sortiert wurde, könnt ihr sehen, was euch ins Netz gegangen ist. Die Mannschaft gibt Informationen zu den Fischen, Krabben und Garnelen, die natürlich zurück ins Meer geworfen werden. Das Schiff kehrt um und bald habt ihr wieder festen Boden unter den Füßen. Wenn ihr zunächst noch etwas schwankt, keine Sorge. Das ist normal und geht den meisten Landratten so.

Nehmt eine wetterfeste Jacke und, je nach Jahreszeit und Wetter, eine Mütze mit, denn auf dem Meer weht es kräftig. Fernglas nicht vergessen!

Ist das spannend auf dem Fischkutter!

FRISCHE LUFT & SPORT

Radeln, wandern – oder reiten?

Wanderung an Boulevard und Strand

Vlissingen – Zoutelande, Stationsplein 3, NL-4382 CL Vlissingen. **Länge:** 12 km. **Bahn/Bus:** Start am Bhf Vlissingen. **Auto:** Beschilderung Station.

▶ Die Wanderung beginnt am **Bahnhofsplatz** in **Vlissingen**. Überquert die Schleusen, um auf der Piet

STIFTUNG FAHRRADROUTEN

▶ Die Stiftung *Landelijk Fietsplatform* hat landesweite LF-Fahrradrouten mit einer Gesamtlänge von 4500 km erstellt. Die Wege sind in beide Richtungen ausgeschildert und haben je nach Richtung einen Buchstabenzusatz. Der Buchstabenzusatz »a« bedeutet, dass die Richtung von Nord nach Süd oder von West nach Ost verläuft, »b« gibt die entgegengesetzte Richtung an. Die LF-Routenkarten sind bei den Fremdenverkehrsbüros VVVs erhältlich (Preis 8 – 18 Euro). ◀

Heinkade am Wasser entlang zu laufen. Der Bronzesoldat ist ein Kriegsdenkmal. Es erinnert an die Landung der englischen Armee im November 1944 an dieser Stelle. Weiter geht's, vorbei an der **Oranjemolen**. Es gibt keine Mühle im ganzen Land, die näher am Meer steht. Wandert weiter zum Boulevard de Ruyter, der nach dem Seehelden *Michiel de Ruyter* (24. März 1607 in Vlissingen – 29. April 1676 vor Sizilien) benannt wurde. Geht weiter in westliche Richtung. Ihr erreicht die Überreste des alten Stadttors, den **Gefangenenturm**. Das darin untergebrachte Restaurant bietet sich für eine Pause an. Frisch gestärkt erreicht ihr dann die Windorgel am Nollestrand. Geht hinunter an den Strand, zieht Schuhe und Strümpfe aus und krempelt die Hosenbeine hoch. Nun lauft ihr über den **Sandstrand bis Zoutelande.** Dabei erreicht ihr alle 100 bis 200 m Pfahlreihen, die als **Wellenbrecher** dienen. Am Ziel angekommen, nehmt ihr ab Haltestelle **Nieuwstraat** Bus 53 bis Toorenvliedt in **Middelburg**, dort steigt ihr um in Bus 56 und fahrt bis zum **Bahnhof in Vlissingen.**

Reiterhof

Manege Grol, Stoofweg 10, NL-4325 BB Renesse. ✆ 0031111/461623, Fax 462462. www.manegegrol.nl. info@manegegrol.nl. **Bahn/Bus:** Bhf Middelburg Bus 133 bis Transferium. **Auto:** A58, Ausfahrt 39, N57, N652, links in Stoofweg. **Zeiten:** Mo – So 8 – 24 Uhr.

Hunger & Durst

Café Restaurant De Gevangentoren, Boulevard de Ruyter 1, Vlissingen. ✆ 0031-118/411441. www.restaurantdegevangentoren.nl. Mo – So ab 11 Uhr. Kleine Karte bis 16.30 Uhr, Tomatensuppe mit Pesto 6,50 €, warmer Apfelstrudel und Kindereis 3 €.

Wellenbrecher vermindern die Wucht der Meereswellen und schützen so den Strand und die Dünen vor Zerstörung.

@ Webcams auf www.renesseaan-zee.nl/webcams-n.htm.

Im Sommer wird in vielen Orten das traditionelle Ringreiten vorgeführt. Ein an einer Schnur aufgehängter Ring wird während des Ritts auf einem ungesattelten Pferd mit einer Lanze aufgespießt.

Preise: Strandritt (nur für Fortgeschrittene) 23,50 €; Dünenritt Anfänger 18 €, Unterrichtsstunde 16 €, 1/2 Stunde reiten auf einem Shetlandpony 8,50 €.

▶ Der große Reiterhof mit Pferdepension genießt einen sehr guten Ruf. Es gibt Platz für 150 Pferde, von denen 35 vermietet werden. Wer 10 Jahre oder älter ist, kann an geführten Ausritten für Anfänger oder Fortgeschrittene teilnehmen. Ein Ritt über den breiten Nordseestrand ist ein tolles Erlebnis. Kinder bis etwa 7 Jahre reiten auf Shetlandponys »spazieren«. Wie wäre es anschließend mit einer kleinen Stärkung in der gemütlichen Kantine? Wer sich gar nicht von seinem Pony trennen mag, der kann seine Eltern vielleicht überreden, einen Stellplatz auf dem zugehörigen ↗ Mini-Campingplatz zu mieten. Auf diese Weise könntet ihr in der Nähe eures Lieblingspferdes wohnen.

Besuch bei freundlichen Isländern

Islandpferdehof Manege De IJslander, Rozemarijn Ideler, Koudekerkseweg 12, NL-4373 RE Biggekerke. ✆ 0031118/552639, Handy 00316/20816539. www.manegedeijslander.nl. aideler@xs4all.nl. **Bahn/ Bus:** Ab Bhf Middelburg Bus 53 bis Koene. **Auto:** Von N288 direkt auf den Koudekerkseweg. **Rad:** Ab Bhf Middelburg in westliche Richtung auf Fahrradweg neben der N288. **Preise:** Strandritt oder Waldritt 2 Std 30 €, Waldritt 1 Std 15 €.

▶ Alles Glück dieser Erde liegt auf dem Rücken der Pferde. Wenn das euer Motto ist, seid ihr hier richtig. Die robusten Islandpferde eignen sich für Kinder ab 6 Jahre. Dank ihres kräftigen Körperbaus tragen sie euch und sogar eure Eltern. Ihr könnt mit der ganzen Familie ausreiten und die Umgebung erkunden. Ein unvergessliches Erlebnis ist es, hoch im Sattel an der Nordsee entlang zu reiten und sich den frischen Wind um die Nase wehen zu lassen. Auch zünftige Waldritte im *Biggekerkse Bos* sind möglich. Natürlich begleitet euch ein erfahrener Führer. Wenn ihr möchtet, könnte ihr hier auch Reitstunden nehmen und so die Freude am Reiten entdecken.

Spielen, Toben, Werkeln

Da geht die Post ab

Kinderkirmes Kraayenest, Daleboutsweg 9, NL-4328 PN Burgh-Haamstede. ✆ 0031111/652351, Fax 652140. www.sportcentrumwesterschouwen.nl. srcwest@zeelandnet.nl. **Bahn/Bus:** Ab Bhf Middelburg Bus 133 bis 't Zeepe. **Auto:** An der N57. **Zeiten:** April – Aug täglich 10 – 17.30 Uhr. **Preise:** Eintritt frei; Kinder 6 €, Minigolf 4 € pro Person; Spielplatz frei.

▶ Hier können sich Sportskanonen beim Minigolf, Fußball, Trampolin und Tennis ausleben. Im Hallenspielplatz gibt es ebenfalls viel zu erleben. Werft euch ins bunte Bällebad und probiert die Hüpfburgen aus. Wer dann noch nicht müde ist, kann auf der farbenfrohen Kletteranlage mit abenteuerlicher Hängebrücke weiter toben. Auf der riesigen Piratenbahn müsst ihr viele Hindernisse überwinden, um das Ziel zu erreichen. Wen es hinaus ins Gelände zieht, der mietet sich ein Go-Kart und dreht seine Runden über den Tret-GoKart-Parcours.

Hunger & Durst
De Graanhalm, Burghseweg 53, Burgh-Haamstede. ✆ 0031-111/652415. www.pannekoeken-molen.nl. April – Okt täglich 12 – 20 Uhr. Pfannkuchen süß bis herzhaft ab 4,50 €.

Spielplatz Meiveld

Speeltuin Meiveld, Meiveldpad 53, NL-4336 XW Middelburg. ✆ 0031118/624312, www.speeltuin-meiveld.nl. s.meiveld@kpnplanet.nl. **Bahn/Bus:** Ab Bhf Middelburg Bus 57 bis Duunmede, dann zu Fuß über Westmede, Bruggemede auf Meiveldpad. **Auto:** Ab Schroeweg links auf Torenweg, 1. rechts Spinhuisweg, 3. rechts Regentenlaan bis Parkplatz. **Zeiten:** Feb – Nov, Mo, Di und Do 15.30 – 17.30, Mi und Fr – So 13 – 17.30 Uhr. **Preise:** Eintritt frei; Kinder 1 – 14 Jahre 2 €; Gruppen ab 10 Kinder 1,70 € pro Kind.

Achtung! Bei nassem Wetter bleibt der Spielplatz geschlossen. Hunde sind auf dem Gelände nicht zugelassen.

▶ Dieser Spielplatz soll das bestgehütete Geheimnis von Middelburg sein. Mitten in schöner, grüner Um-

gebung könnt ihr auf 30 abwechslungsreichen Geräten nach Herzenslust klettern, schaukeln, planschen, hüpfen, wippen, drehen und Go-Kart, Fahrrad oder Tretroller fahren. Da ist wirklich für jeden etwas dabei. Am Kiosk gibt es Erfrischungen.

© Glow Golf Middelburg

Ein leuchtendes Spiel: Minigolf bei Schwarzlicht

Minigolf im Dunkeln

Glowgolf Middelburg, Podium 21, NL-4337 WV Middelburg. ✆ 0031118/606780, www.glowgolf.nl/middelburg. middelburg@glowgolf.nl. **Bahn/Bus:** Ab Bhf Middelburg Bus 57 bis Duunmede, zu Fuß 800 m über Torenweg und Schroeweg bis Podium oder kostenloser Bus 63 ab Transferium. **Auto:** A58 Ausfahrt 39, rechts, kostenloser Parkplatz. **Rad:** Ab Zentrum Fahrradweg entlang des Schroeweg. **Zeiten:** Mo – So 11 – 19 Uhr. **Preise:** 7,95 €; Kinder 4 – 12 Jahre 5,95 €, bis 4 Jahre frei. **Infos:** Geeignet für Kinder ab 4 Jahre.

@ Ins Navigationssystem Tromboneweg Middelburg eingeben.

▶ Wer gern Minigolf spielt, sollte Glowgolf probieren. Es wird in einer Halle bei Schwarzlicht gespielt. Tretet ein in die Welt des Dschungels! Sofort seid ihr umgeben von leuchtenden Tigern, Elefanten, Schlangen und Affen.

Das Feuerwerk der Farben sorgt für ein neues Spielgefühl, das ihr durch eine 3D-Brille noch verstärken könnt. Wer etwas Weißes trägt, leuchtet ebenso wie die farbigen Bälle. Gesichter sind fast nicht zu unterscheiden. Am besten legt ihr keine Taschen auf den Boden, denn die findet ihr nur mühsam wieder.

Hier seid ihr die Größten

Spielparadies Mini Mundi mit Miniatur-Walcheren, Podium 35, NL-4337 WV Middelburg. ✆ 0031118/

41540, Fax 411463. www.minimundi.nl. info@minimundi.nl. **Bahn/Bus:** Ab Bhf Middelburg Bus 57 bis Duunmede, zu Fuß 800 m über Torenweg und Schroeweg bis Podium oder kostenloser Bus 63 ab Transferium. **Auto:** A58 Ausfahrt 39, rechts. Kostenloser Parkplatz. **Rad:** Ab Zentrum Fahrradweg entlang des Schroeweg. **Zeiten:** Jan – April Mi und Fr 12 – 19, Sa und So 10 – 19 Uhr, April – Juni Mo – So 10 – 19 Uhr, Juli – Sep Mo – So 10 – 20 Uhr. **Preise:** 12,50 €; Kinder ab 3 Jahre 13,50 €.

▶ In der Miniaturstadt sind Nachbauten von Städten und Landschaften der Halbinsel Walcheren im Maßstab 1:20 zu sehen. Erkennt ihr einige Gebäude, wie das Rathaus und den Abteiturm von Middelburg oder den Hafen von Vlissingen?
Nach einer rasanten Fahrt auf der schnellen Familienachterbahn geht es auf den Spielplatz mit Klettervulkan. Was das ist, findet ihr am besten selbst heraus. Der Minizug fährt euch kreuz und quer durch den Park. Bei schlechterem Wetter warten in der Halle spannende Klettergeräte auf euch.

Nicht erschrecken: Ein Riese bewacht die Miniaturlandschaft

Landwinkel Weststrate, Sandberglaan 10, Middelburg. ✆ 0031118/640022. www.weststrate.landwinkel.nl. Di – Fr 9 – 17.30, Sa 9 – 16, 12 – 13 Uhr geschlossen. Bauernhofladen, Obst, regionale Produkte.

Der Ball ist rund

Voetbal Experience, Podium 19, NL-4337 WV Middelburg. ✆ 0031118/415400, Fax 411463. www.voetbalexperience.nl. info@voetbalexperience.nl. **Bahn/Bus:** Ab Bhf Middelburg Bus 57 bis Duunmede, zu Fuß 800 m über Torenweg und Schroeweg bis Podium oder kostenloser Bus 63 ab Transferium. **Auto:** A58 Ausfahrt 39, rechts. Kostenloser Großparkplatz. **Rad:** Ab Zentrum Fahrradweg entlang des Schroeweg. **Zeiten:** April – Juni Mo – So 10 – 19 Uhr, Juli – Aug Mo – So 10 – 20, sonst Mi, Fr 12 – 19, Sa, So 10 – 19 Uhr. **Preise:** 17,50 €; Kinder ab 5 Jahre 17,50 €, bis 4 Jahre frei.

▶ Hier dreht sich alles um den runden Lederball. Schießt auf die Torwand und seht, wie schnell euer Ball ist. Macht einen Sprinttest gegen **Arjen Robben.** Wer von euch ist schneller? Für Playstation-Fans gibt

Arjen Robben *wurde 1984 in Bedum geboren. Er begann seine Fußballkarriere beim FC Groningen, spielte beim PSV Eindhoven, FC Chelsea, Real Madrid und ist seit 2009 beim Bayern München unter Vertrag.*

Hunger & Durst

Eetcafé De Derde Helft, Podium 19, Middelburg. ✆ 0031118/415400. www.voetbalexperience.nl/eetcaf-de-derde-helft. Täglich ab 10 Uhr. Sportcafé, Snacks und kleine Gerichte.

Der französische Kaiser ***Napoleon Bonaparte*** *(1769 – 1821) war seinerzeit ein erfolgreicher Feldherr. Auf dem Höhepunkt seiner Macht gehörten die Niederlande komplett zu seinem Reich.*

Rijwielshop Vlissingen, Stationsplein 1, Vlissingen. ✆ 0031118/465951. www.rijwielshopvlissingen.nl. Mai – Sep Mo – Fr 7 – 19, Sa 9 – 16, So, Fei 10 – 19 Uhr. Kinderfahrrad 6,50 €, Kaution.

De Afslag liegt am Fahrradknotenpunkt 25.

es die Möglichkeit, auf einer riesigen Leinwand die neuesten FIFA-Spiele auszuprobieren. Dabei wird natürlich die Zeit vergessen. Welche der Fußballstars in der Galerie der Großen oder der *Oranje Hall of Fame,* die holländischen Top-Fußballern gewidmet ist, kennt ihr?

Die Piraten der Nordsee

Piratenpark Het Arsenaal, Arsenaalplein 7, NL-4381 BL Vlissingen. ✆ 0031118/415400, Fax 411463. www.arsenaal.com. info@arsenaal.com. **Bahn/Bus:** Ab Bhf Vlissingen Bus 56 oder 57 bis Betje Wolffplein. **Auto:** A58, ab Vlissingen den Schildern P-Arsenaal folgen. **Zeiten:** Mo – So 10 – 20 Uhr. **Preise:** 14,50 €; Kinder 3 – 12 Jahre 12,50 €; Senioren ab 65 Jahre 13,50 €.

▶ Bereits **Napoleon** ließ die Fundamente des früheren Arsenals bauen. Dort wurden Waffen gelagert und repariert. Heute steht an der Stelle der bekannte Piratenpark. Da erwarten euch viele Abenteuer!
Im Rochenbecken schwimmen echte Rochen, die ihr streicheln dürft. Das mögen sie sehr.
Und weiter geht's! Ihr werdet Schiffbruch erleiden, echten Haien begegnen und die Papageien *Joke* und *Jopie* kennen lernen. Die beiden können tanzen, Fahrrad fahren, Puzzles legen und Roller fahren. Da staunt ihr nicht schlecht! Die Sensation ist das riesige Skelett eines vor der Insel Ameland gestrandeten Pottwals. So nah kommt ihr den Riesen des Meeres nicht oft.

Jede Menge Spaß und Spiel

Minigolfplatz und Spielplatz De Afslag, Kieweg 2, NL-4511 RP Breskens. ✆ 0031117/380230, www.deafslag.nl. info@deafslag.nl. **Bahn/Bus:** Ab Fähranleger rechts Richtung Dünen, nach 14 Min Fußweg links. **Auto:** N58 Richtung Vlissingen, rechts halten, Langeweg links halten, 3. rechts, 100 Parkplätze. **Rad:** Ab der Fähre aus Vlissingen (2,55 €, Fahrrad 0,85 €)

rechts Richtung Dünen, nach 1 km links. **Zeiten:** Mi – So ab 11 Uhr, Maiferien, Juli, Aug auch Di geöffnet. **Preise:** Minigolf Runde 3 €, Spielplatz 3 € pro Pers; nach 18 Uhr 1,50 € pro Kind.

▶ Der 18-Loch-Minigolfplatz ist mit Miniaturen aus der Umgebung dekoriert. Ihr spielt zwischen dem *Oostburger Wasserturm* und dem Musikpavillion von Breskens. Das ist besonders lustig, wenn ihr die Originalgebäude kennt.

Hier draußen gibt es noch viel mehr zu erleben. Entert das Piratenboot, klettert die Pyramide, die sich bewegt, an den Seilen hinauf. Das ist gar nicht so einfach! Auf der Modelleisenbahnanlage fahren die Züge an Häusern, Kirchen und Deichen vorbei. In der Halle geht der Spielspaß weiter. Wer findet den Weg aus dem Irrgarten?

Hunger & Durst

Restaurant De Afslag, Kieweg 2, Breskens. ✆ 0031117/380230. www.deafslag.nl. Di – So. Familienfreundlich, Kindergerichte.

UMWELT ERFORSCHEN

Tierparks & Kinderbauernhöfe

Ein Trip in die Tropen

Utropia, Kleverskerkseweg 3-5, NL-4338 PA Middelburg. ✆ 0031118/651199, Fax 674299. www.utropia.nl. info@utropia.nl. **Bahn/Bus:** Vom Bhf Middelburg 500 m, schräg gegenüber. **Auto:** A58, Ausfahrt 38, auf N665, Kleverkerkseweg, 13 kostenlose Parkplätze. **Zeiten:** Mo 13 – 17, Di – So 10 – 17 Uhr (Juli, Aug bis 17.30 Uhr). **Preise:** 7 €; Kinder 4 – 12 Jahre 6 €; Senioren ab 65 Jahre 6,50 €, Gruppenpreise ab 10 Pers nach Absprache.

▶ In dem überdachten Garten sind zahlreiche tropische Pflanzen und exotische Vögel zu sehen. Einige sind so bunt, als seien sie in einen Farbmalkasten gefallen. In dem plätschernden Bach mit Wasserfall und Brücke tummeln sich neugierige Koi-Karpfen. Die Lori-Papageien dürft ihr sogar füttern. Dazu braucht ihr jedoch ein bisschen Mut, denn die Tiere setzen sich dabei auf eure Schultern. Es gibt auch eine Suchtour in deutscher Sprache. Das macht Riesen-

Artig: Der Papagei sagt »Guten Tag« am Eingang zum Vogelpark

Het Kinderpaleis, Lange Delft 90, Middelburg. ✆ 0031-118/638351. www.het-kinderpaleis.nl. Mo 13 – 17, Di – Fr 9.30 – 17.30, Sa 9.30 – 17 Uhr. Holzspielzeug, Puppenhausmöbel.

Reptilien brüten ihre Eier nicht selbst aus. Sie vergraben sie im Sand und lassen sie von der Sonne ausbrüten. Diese Aufgabe erfüllt im Reptilienzoo der Brutkasten.

Hunger & Durst

Berkenhof, Langeweeg-je 10A, Kwadendamme. ✆ 0031113/649729. www.vlindertuindeber-kenhof.nl/restaurant-berkenhof. 10 – 17 Uhr. Kinderbrötchen mit Käse oder Schinken 3,50 €, Apfelsaft 1,60 €.

spaß und ihr entdeckt dabei die verborgenen Schätze dieses zeeländischen Dschungels!

Zwischen Schlangen, Krokodilen und Vogelspinnen

Reptielenzoo Iguana, Bellamypark 31-35, NL-4381 CH Vlissingen. ✆ 0031118/417219, Fax 410569. www.iguana.nl. info@iguana.nl. **Bahn/Bus:** Ab Bhf Vlissingen Bus 56 oder 57 bis Betje Wolffplein. **Auto:** A58, ab Vlissingen Centrum Beschilderung Reptielenzoo. **Zeiten:** Juni – Sep So und Mo 13 – 17.30, Di – Sa 10 – 17.30 Uhr, übrige Zeit täglich 13 – 17.30 Uhr. **Preise:** 8,50 €; Kinder 4 – 11 Jahre 7 €; Gruppen 10 – 25 Pers 7 €, größere Gruppen 6 €.

▶ Von außen sehen die beiden nebeneinander liegenden Reihenhäuser mit altholländischen Fassaden nicht nach einem Tierpark aus. Und doch betretet ihr eine andere Welt. Um einen tropischen Wintergarten herum leben hinter sicherem Glas 500 **Reptilien**, Amphibien und Insekten aus aller Welt.

Ihr trefft auf den giftigen Saharaskorpion, verschiedene Echsen und Frösche, Schildkröten, Riesenschnecken und Schlangen. Besonders beeindruckend ist der 5 m lange Tigerpython. Im Babyraum leben Jungtiere und werden Eier in Brutkästen ausgebrütet. Vielleicht schlüpft ja gerade ein Tierbaby, wenn ihr dort seid.

Dschungelabenteuer für die ganze Familie

Berkenhof's Tropical Zoo & Vlindertuin, Leny Antes, Langeweegje 10a, NL-4434 NE Kwadendamme. ✆ 0031113/649729 oder 649643, Fax 649394. www.tropicalzoo.nl. info@vlindertuindeberkenhof.nl. **Bahn/Bus:** Ab Goes mit dem ↗ Dampfzug Richtung Borsele. **Auto:** Südlich der N66, unweit des Bhf Kwadendamme. Kostenloser Parkplatz. **Zeiten:** Nov – Feb Mi, Sa, So 10 – 17 Uhr, ab März Di – So 10 – 17 Uhr. **Preise:** 8,50 €; Kinder 3 – 12 Jahre 6,50 €; Senioren ab 65 Jahre 7,50 €, Gruppen ab 25 Pers 7,50 €, Schulklassen 6,50 € pro Kind.

▶ Im Tropengarten mit bunten Orchideen, grünen Palmen und vielen anderen Pflanzen könnt ihr die Entwicklung zum Schmetterling verfolgen. Zuerst wird aus dem Ei eine Raupe, die sich verpuppt. Aus der so genannten Puppe wird schließlich ein wunderschöner Schmetterling. Mit ein wenig Glück seht ihr bei eurem Besuch diese Verwandlung mit eigenen Augen. Im Jahr 2010 haben die bunten Falter Gesellschaft bekommen, nun wohnen im Dschungel auch tropische Vögel, Reptilien und Insekten.

© Vlindertuin

Das kitzelt bestimmt: Der Schmetterling hat sich ausgerechnet Hannas Nase als Landeplatz ausgesucht

Besuch auf einer Straußenfarm

Struisvogelboerderij Monnikenwerve, Hogeweg 1, NL-4524 KG Sluis. ✆ 0031117/492131, Fax 492131. Handy 00316/22422520. www.destruisvogel.nl. info@destruisvogel.nl. **Bahn/Bus:** Vom Bhf Vlissingen Fähre nach Breskens, Bus 42 Richtung Brügge bis Draaibrug Aardenburg, dann 28 Min Fußweg. **Auto:** Ab Sluis Südost auf Nieuwstraat, Kreisverkehr, Heilleweg, Hogeweg. **Zeiten:** Mitte März – Nov Sa, So, Juli und Aug täglich 10.30 – 17 Uhr. Führungen 11, 12.30, 14, 15.30 Uhr. **Preise:** 4 €; Kinder bis 12 Jahre 2 €. **Infos:** Eintritt Laden und Teestube frei.

Im Hofladen werden die riesigen Eierschalen, Federn, Staubwedel, Straußenfleisch, Taschen aus Straußenleder und ganze Straußeneier verkauft.

© Monnikenwerve

Von wegen Kopf in den Sand: Neugierige Strauße kommen gucken

▶ Auf der Farm leben mehr als 150 Strauße. Die Vögel werden hier bis zu 60 Jahre alt. In Freiheit leben sie meist nur 30 Jahre. Gründe für die hohe Lebenserwartung sind die artgerechte Haltung und das Fehlen von natürlichen Feinden. Schaut euch die weitläufigen Freiluftgehege an. Ihr dürft die Strauße auch streicheln. Doch seid vorsichtig, sie sind sehr neugierig. In der Kükenstube seht ihr den Nachwuchs. Könnt ihr euch vorstellen, dass die süßen Straußenkinder einmal 2,5 m groß werden?

Tiere zum Anfassen

Kinderboerderij Terneuzen, Evertsenlaan 88, NL-4535 AD Terneuzen. ✆ 0031115/617462, kinderb@tragel.nl. **Bahn/Bus:** Vom Bhf Goes Bus 132 bis Tiendenschuur Goes, dort Bus 20 bis Rooseveltlaan Terneuzen, dann 6 Min Fußweg. **Auto:** N62, N61, bei N62/Tractaatweg links, Kreisverkehr 1. Ausfahrt, Kreisverkehr passieren, Kreisverkehr 1. Ausfahrt, 1. links. **Zeiten:** Di – Fr 9 – 12 und 13 – 16.45, Sa, So 13.30 – 16.45 Uhr. **Preise:** Eintritt frei.

Streichelzoo heißt hier kinderboerderij. Das bedeutet wörtlich übersetzt Kinderbauernhof.

▶ In dem **Streichelzoo** leben Hirsche, Ziegen, Kaninchen und Hühner, die sich alle über euren Besuch freuen. Ein großer Spielplatz ist ebenfalls vorhanden. Da könnt ihr nach Herzenslust herumtollen, klettern und springen.

Am 3. Samstag im September findet der Ezeltjesdag (Eselchentag) statt. Esel aller Arten und Größen kommen dann mit ihren Herrchen oder Frauchen hierher. Gemeinsam wandert ihr ab 10 Uhr durch das schöne Umland von Terneuzen. Um 11.30 Uhr wird in einem Café an der Strecke eine Pause eingelegt. Gegen 14 Uhr seid ihr zurück.

Natur erfahren, Sterne beobachten

Spielen und lernen im Wasserpark

Waterland Neeltje Jans, Faelweg 5, NL-4354 RB Vrouwenpolder. ✆ 0031111/655655, Fax 653164. www.neeltjejans.nl. info@neeltjejans.nl. **Bahn/Bus:** Ab Bhf Middelburg Bus 133 bis Neeltje Jans. **Auto:** A58, Ausfahrt Goes/Zierikzee, Beschilderung Neeltje Jans. **Rad:** Nahe LF1 Noordzeeroute. **Zeiten:** April – Okt Mo – So 10 – 17.30 Uhr, übrige Zeit siehe Webseite. **Preise:** 22 €; Kinder 2 – 3 Jahre 3 €, ab 4 Jahre 22 €; Familienkarte 2 Erw und 2 Kinder 4 – 12 Jahre 72 €, Schulgruppen 9,50 € pro Person, übrige Gruppen ab 20 Pers 10 % Rabatt. **Infos:** Parken 6,50 €, Reisebusse frei.

▶ Der Wasserpark informiert über das Sturmflutwehr in der Oosterschelde. Die Stahltore zwischen den Betonpfeilern werden bei drohender Sturmflut geschlossen. Gleichzeitig ist er ein spannender Freizeitpark zum Thema Wasser. Nach der Begrüßung von *Max,* dem Mammutskelett, besucht ihr die Seelöwen in ihrem Becken. Einige Meter weiter wartet schon der Wasserspielplatz mit einer riesigen Wasserrutsche. In der Walfischwelt lernt ihr die Riesen der Meere besser kennen. Wusstet ihr, dass ein junger Buckelwal 600 l Milch pro Tag trinkt? Schaut einmal, wie viele Eimer das sind.

Das höchste Alter, das ein Fisch je erreicht hat, war 88 Jahre.

ZEELAND

Der Ort für Sterngucker

Volkssternwarte Philippus Lansbergen, Herengracht 52, NL-4331 PX Middelburg. ✆ 0031118/640315, www.lansbergen.net. philippus@lansbergen.net. **Bahn/Bus:** Ab Bhf Middelburg Bus 52 bis Hof van Tange. **Auto:** A58, Ausfahrt 39, rechts N57, bei Seisplein rechts, 1. links. An der Herengracht und Molenwater Fr kostenlos parken. **Zeiten:** Fr ab 19.30 Uhr, Juli und Aug ab 19 Uhr. **Preise:** Eintritt frei.

▶ Die Sternwarte wurde 1967 gegründet und nach *Philippus Lansbergen,* einem flämisch-niederländischen Astronomen, benannt, der 1531 in Belgien ge-

Hunger & Durst

Cafetaria Lammers, Banckertstraat 2, Middelburg. ✆ 0031-118/614294. www.cafetarialammers.nl. Mo – Fr 11.30 – 22.30, Sa bis 21, So 14 – 20 Uhr. Kinderportion Pommes Frites ab 1,50 €.

POMMES FRITES UND SOSSEN

▶ Niederländer lieben Pommes Frites. Das seht ihr an den Snackbars, die es in jedem Ort gibt. Die frittierten Kartoffelstäbchen heißen hier *friet* oder *patat*, manchmal auch patat friet. Dazu isst man verschiedene Soßenkombinationen. Die beliebtesten sind

Friet met: mit Mayonnaise

Patatje rotzooi: mit Erdnusssoße, Mayonnaise, Currysoße und Zwiebeln

Friet speciaal: mit Mayonnaise, Curryketchup und Zwiebeln

Friet met satésaus: mit Erdnusssoße

Patat oorlog: mit Erdnusssoße, Mayonnaise und Zwiebeln

Patatje Peeters: mit Ketchup und Senf. ◀

boren wurde und 1632 in Middelburg starb. Jeden Freitag gibt es hier die Möglichkeit, ins Weltall zu gucken. Bei guter Sicht sind im Garten Teleskope aufgestellt. Findet ihr das Sternbild des Kleinen Bären? Welche Himmelskörper könnt ihr noch erkennen? Schlechtes Wetter ist kein Grund zur Enttäuschung. Denn dann werden Dias vom Sternenhimmel gezeigt. Im Juli und August stehen spezielle Teleskope bereit, durch die ihr die Sonne genauer betrachten könnt.

Achtung! Schaut nie mit einem Fernglas ohne Sonnenfilter in die Sonne, das schadet euren Augen.

HANDWERK UND GESCHICHTE

Bahnen & Betriebe

Mit dem Sonnenzug durch Vlissingen

Zonnetrein, Hans Knuijt, Postbus 358, NL-4380 AJ Vlissingen. Handy 00316/51214269. www.zonnetrein-zeeland.nl. info@zonnetreinzeeland.nl. **Bahn/Bus:** Abfahrt beim Bhf. **Auto:** Beschilderung Station. **Zeiten:** April/Mai – Aug täglich 11 – 22 Uhr, Sep täglich 11 – 18 Uhr, Okt – April Sa, So 11 – 18 Uhr. **Preise:** Tageskarte 6 €; Kinder bis 6 Jahre frei, bis 12 Jahre 3 €; Gruppen ab 8 Pers 5 €.

▶ Eine umweltfreundliche Rundfahrt in dem mit Sonnenenergie betriebenen Minizug dauert 1 Std 15

Min. Ihr könnt auch an einer der 11 Haltestellen aussteigen und einen späteren Zug für die Weiterfahrt nehmen. Die Abfahrt erfolgt auf dem Inselchen mit dem Namen **Eiland,** direkt hinter dem Bahnhof. Die Route führt über den *Groene Boulevard,* den *Zeilmarkt* zum Zentrum, dann über *Camping de Nolle* und *Nieuwendijk* zurück zum Bahnhof.

Auch in **Middelburg** geht es mit einem Sonnenzug ab der Loskade auf eine Rundfahrt durch die Stadt.

Im historischen Dampfzug nach Borsele

De stoomtrein, Stephensonweg 9, NL-4462 GM Goes. ✆ 0031113/270705, Fax 271599. www.destoomtrein.nl. info@destoomtrein.nl. **Bahn/Bus:** Ab Bhf Goes 250 m Fußweg, beschildert. **Auto:** Parkplätze am Albert Plesmanweg und auf dem Industriegelände De Poel I. **Zeiten:** April – Okt So und Fei, Juli – Sep täglich 11 und 14 Uhr. **Preise:** Tageskarte Goes – Hoedekenskerke in der 3. Klasse 11 €; Kinder 4 – 12 Jahre 5,50 €; Fahrräder und Kinderwagen fahren im Gepäckwagen kostenlos mit.

▶ Die Dampfeisenbahn aus den 30er Jahren des letzten Jahrhunderts zuckelt in gemütlichem Tempo durch die zeeländische Landschaft, vorbei an Obstgärten und Windmühlen. Entscheidet euch für eine Fahrt in der 3. Klasse und findet heraus, warum sie auch Holzklasse genannt wird. Oder genießt den Luxus in den Plüschsitzen der 1. Klasse. Über die Haltestelle *Kwadendamme,* wo der sehenswerte ↗ *Berkenhof's Tropical Zoo & Vlindertuin* liegt, gelangt ihr nach *Hoedekenskerke.* Das ist ein kleines Dorf mit gemütlichen zeeländischen Häusern in grüner Natur, das zur Gemeinde Borsele gehört.

Von den Bahnhöfen entlang der Strecke habt ihr Anschluss an das Wander- und Fahrradnetz. Wander- und Radkarten sind am Fahrkartenschalter und beim Schaffner erhältlich.

Getreidemühle und Mühlenladen

Brassers Molen, Oostweg 2 – 4, NL-4373 RA Biggekerke. ✆ 0031118/551323, www.brassersmolen.nl. brassersmolen@hetnet.nl. **Bahn/Bus:** Ab Bhf Middelburg Bus 53 bis Dorpstraat, gegenüber beginnt der Oostweg. **Auto:** N288 in Richtung Zoutelande, auf Koudekerkseweg, 2. Straße rechts. **Zeiten:** Di – Fr 9 – 12

© Niederl. Büro f. Tourismus & Convention

Gehören zu Holland wie … wie Windmühlen!

und 13 – 18, Sa 9 – 12 und 13 – 17 Uhr. **Preise:** Eintritt frei.

▶ Die weiß gekalkte Kornmühle wurde 1712 im Auftrag der Stadt Vlissingen gebaut und ist seitdem ununterbrochen in Betrieb. Seit 1852 befindet sie sich im Besitz der Familie Brasser. Viele Bäcker aus der Umgebung lassen ihr Mehl von hier liefern. Im angeschlossenen Geschäft könnt ihr Holzschuhe, Tierfutter und natürlich auch mühleneigene Produkte wie Mehl und Pfannkuchen-Fertigmischungen kaufen. Wenn das mal kein originelles Mitbringsel für die Daheimgebliebenen ist.

Mehl vom Erzeuger

Mühle Nooitgedacht, Sjaak Herman, Zuidzandseweg 3, NL-4506 HC Cadzand. ✆ 0031117/371578, www.cadzand-dorp.nl/molen. **Bahn/Bus:** Vom Bhf Vlissingen mit der Fußgänger- und Fahrradfahrerfähre nach Breskens, dann Bus 3 bis Molen. **Auto:** Aus Breskens ab N675 rechts auf Zuidzandsestraat. **Zeiten:** So und Mitte Juni – Aug auch Mi 14 – 18 Uhr. **Preise:** 1,15 €; Kinder bis 10 Jahre 0,50 €.

▶ Die runde Steinmühle aus dem Jahr 1898 steht auf einem kleinen Hügel am Ortsrand. Nachdem sie lange Zeit als Mühle genutzt wurde, war sie für kurze Zeit eine Pension und Bar. Nach einem zerstörerischen Brand wurde sie restauriert und nahm dann den Dienst als Getreidemühle wieder auf. Da sie von einem echten Müller betrieben wird, könnt ihr die Mühle nicht nur besichtigen, sondern auch Öko-Mehl aus eigener Herstellung kaufen. Die Bäcker von Cadzand beziehen ihr Mehl übrigens auch von hier.

Am Strand von Cadzand findet ihr versteinerte Haifischzähne, die zwischen 2 und 15 Mio Jahre alt sind. Am besten nehmt ihr ein Sieb mit.

Burgen, Museen, Stadtführungen

Haamstede: Ein märchenhaft schönes Schloss in Zeeland

Slot Haamstede, Ring 2, NL-4328 PW Burgh-Haamstede. **Bahn/Bus:** Ab Bhf Middelburg Bus 133 bis Kerk. **Auto:** N57 Richtung Burgh Haamstede, rechts Zandweg/Ooststraat. **Zeiten:** 2. Wochenende im Sep (Tag des offenen Denkmals). **Infos:** Infos bekommt ihr nur beim örtlichen Fremdenverkehrsbüro VVV in der Noordstraat 45a.

▶ Das Schloss liegt mitten im Dorf *Haamstede,* gleich gegenüber der Kirche. Sein berühmtester Bewohner war der Feldherr *Witte van Haamstede,* ein unehelicher Sohn von Graf Floris V. Der Legende nach schlug van Haamstede 1304 die eindringenden Flamen in die Flucht und erhielt daraufhin den Beinamen »Retter von Holland«.

Der Wohnturm des burgähnlichen Schlosses stammt aus dem 13. Jahrhundert. Das Gebäude ist in Privatbesitz. Ihr könnt es nur am sogenannten *Open Monumentendag,* dem Tag des offenen Denkmals, besichtigen. Dieser findet stets am 2. Wochenende im September statt. Im Rittersaal finden dann oft Konzerte statt. Zum Schloss gehört auch der angrenzende Wald, der einzige Laubwald von *Schouwen-Duiveland*.

Es gibt markierte Wanderrouten durch die Dünen von 3 bis 5 km Länge. Dabei trefft ihr auf grasende Shetlandponys. Die rote Route führt euch zu einem See. Dort steht eine Wand, hinter der ihr euch verstecken und Vögel beobachten könnt.

Hoch hinaus

Abteiturm De Lange Jan, Onder den Toren 1, NL-4331 BD Middelburg. ✆ 0031118/612525, Fax 639786. www.langejanmiddelburg.nl. info@langejanmiddelburg.nl. **Bahn/Bus:** Ab Bhf Middelburg 450 m Fußweg. **Auto:** Innenstadt/Zentrum. **Zeiten:** April – Juni und Sep – 1. Woche Nov Mo 13 – 16, Di – So 10 – 16 Uhr, Juli – Aug Mo – So 10 – 17 Uhr. **Preise:** 4 €; Kinder bis 4 Jahre kostenlos; Gruppenpreise ab 20 Pers auf Anfrage.

▶ Der **Turm der Abtei** mit dem schönen Namen »der lange Jan« steht im Zentrum des Städtchens. Er ge-

Ein Fernglas und ein Stadtplan oder eine Landkarte sind euch dort oben sehr nützlich.

hört mit 90,5 m zu den höchsten Türmen der Niederlande. Wenn ihr fit seid, bezwingt ihr die 207 Stufen locker. Es lohnt sich allemal. Denn von dort oben habt ihr einen herrlichen Rundblick über Middelburg und die Umgebung. Habt ihr das Rathaus mit seinen Türmchen schon entdeckt? Bei guter Sicht könnt ihr sogar die umliegenden Halbinseln sehen. Und wie klein die Leute von hier oben aussehen!

Im Haus des reichen Wollhändlers

Museum De Schotse Huizen, Kaai 25/27, NL-4351 AA Veere. ✆ 0031118/501744, www.schotse-huizen.nl. info@deltecultureel.nl. **Bahn/Bus:** Ab Bhf Middelburg Bus 54 bis Langedam. **Auto:** N663, Kreisverkehr 1. Ausfahrt, Veerseweg, bei Wagenaarstraat links, 3. rechts. **Zeiten:** Ostern – Okt täglich 13 – 17 Uhr. **Preise:** 4 €; Kinder bis 12 Jahre frei; Gruppen ab 10 Pers 2,50 €.

▶ Schottische Wollhändler ließen die beiden Gebäude 1539 und 1561 bauen. 1947 bekam der niederländische Staat die Häuser geschenkt, um ein Museum einzurichten. Heute könnt ihr farbenfrohe regionale Kleidertrachten, Porzellan, Möbel und wechselnde Ausstellungen sehen. Für Kinder 8 – 12 Jahre gibt es eine spannende Suchtour durch das Museum. Interessant für die Mädchen: ihr dürft den Puppen die traditionellen Kleidertrachten anziehen.

Hunger & Durst

Suster Anna, Markt 8, Veere. ✆ 0031118/501557. www.susteranna.nl. April – Okt täglich ab 10 Uhr. Pfannkuchen ab 5,75 €.

Naturmuseum Land des Meeres

Terra Maris, Duinvlietweg 6, NL-4356 ND Oostkapelle. ✆ 0031118/582620, Fax 582664. www.terramaris.nl. info@terramaris.nl. **Bahn/Bus:** Vom Bhf Middelburg Bus 52 Richtung Domburg bis Kasteel Westhove. **Auto:** N57, N287. Gebührenpflichtiger Parkplatz Westhove am Kreisverkehr. **Zeiten:** Mai – Okt Mo – So 10 – 17 Uhr, Nov – April Mi – So 12 – 17 Uhr. **Preise:** 6 €; Kinder 4 – 16 Jahre 3,50 €; Gruppen ab 10 Kindern 3 €.

In einer Orangerie überwintern Orangen- und Zitronenbäume.

▶ In der früheren Orangerie von **Schloss Westhove** ist das **Biologische Museum** von Zeeland untergebracht. Hier werden Pflanzen, Tiere und Muscheln gezeigt. Es gibt sogar ein Meeresaquarium! Werft einmal einen Blick in das Nest eines Spechts und schaut, wie er so lebt. Sogar den Milch-Stoßzahn eines Mammuts könnt ihr bestaunen! Im Garten werden für die Region typische Landschaftsformen gezeigt. Da dürfen die Dünen natürlich nicht fehlen! Schaut euch auf jeden Fall einmal beim Küstendeich um. Dort seht ihr, wie hoch das Wasser bei Flut und bei Sturmflut steigt.

Spuren des Zweiten Weltkriegs

Bunkermuseum, Dünenaufgang »Het Pauwtje«, Duinweg 40, NL-4374 EG Zoutelande. ✆ 0031118/ 612106, www.bunkerbehoud.com. **Bahn/Bus:** Vom Bhf Middelburg Bus 49 bis Langendam Zoutelande, dann 7 Min Fußweg. **Auto:** Im Ort Beschilderung Bunkermuseum folgen. **Zeiten:** Mai – Okt So und Mi 13 – 17 Uhr. **Preise:** Eintritt frei.

▶ Zwei Bunker aus dem **Zweiten Weltkrieg,** die Teil des Atlantikwalls waren, sind frei zugänglich. Schaut euch zuerst den tiefer gelegenen Unterkunftsbunker an, der aus 2 m dickem Beton besteht. Dort drinnen könnt ihr so laut sein wie ihr wollt, draußen wird euch niemand hören.

Wenn ihr gesehen habt, wie die Soldaten damals lebten und arbeiteten, geht ihr 500 m über einen Weg durch die Dünen zum höher gelegenen Beobachtungsbunker. Aus der 20 t schweren, gepanzerten Beobachtungskuppel konnte ein Sehrohr, Periskop genannt, ausgefahren werden. Auf diese Weise hatten die Soldaten die gesamte Umgebung unter Kontrolle.

*Im **Zweiten Weltkrieg** (1939 – 1945) sollte der 2685 km lange Atlantikwall die Küstenlinie entlang der Nordsee und dem Atlantik vor feindlichen Angriffen schützen.*

Gut getarnt: Der versteckt liegende Eingang zum Bunkermuseum

Hunger & Durst

Grand Café Raymondo, Dam 2, Goes. ✆ 0031-113/230066. www.raymondo.nl. Täglich ab 10 Uhr. Restaurant, Kindermenü, Fisch- und Fleischmenü.

Hunger & Durst

Vierwegen, 't Groentje 10, 4357 BC Domburg. ✆ 0031118/583393. www.vierwegen.nl. Sommer ab 9.15 Uhr. Pfannkuchen 8 €. Prinzessinnen- und Cowboyteller. Spielecke.

Zentrum für alte Handwerkskunst

Ambachtscentrum Goes, Kattendijksedijk 27, NL-4463 AL Goes. ✆ 0031113/214102, Fax 212744. www.ambachtscentrumgoes.nl. info@ambachtscentrumgoes.nl. **Bahn/Bus:** Ab Bhf Goes Bus 22 bis Sportpunt Zeeland. **Auto:** N289, rechts Ringbaan West, Kreisverkehr passieren, 4. Straße links, 1. Straße rechts, 2. Straße rechts. Kostenlose Parkplätze bei Sportpunt. **Zeiten:** Mi und Sa, im Juli und Aug auch Di und Do 13 – 16.30 Uhr. **Preise:** Eintritt frei.

▶ In der ehemaligen Scheune stehen hübsche Häuschen mit altholländischen Fassaden um einen nachgebauten Marktplatz. Darin werden alte Handwerke vorgeführt. Schaut der Weberin zu, wie sie mit flinken Fingern ihren Webstuhl bedient. Zünftiger geht es in der Schmiede zu. Mit kräftigen Schlägen schmiedet der Fachmann das Eisen, so lange es heiß ist. Gern erklärt er euch, an was er gerade arbeitet. Manchmal zeigen auch Bierbrauer oder Kerzenmacher ihre Kunst. Bei einigen Handwerkern dürft ihr zu bestimmten Zeiten selbst kleine Werkstücke anfertigen.

FESTKALENDER ZEELAND

Mai: Um Christi Himmelfahrt, Domburg: **Schildersweek** (Woche der Malerei), www.schildersweek.nl.

Juli: Letzte Woche, Vlissingen: **Kirmes**

August: 1. Woche, Middelburg: **Kirmes**
2. Wochenende, Breskens: **Fischereifest** www.visserijfeesten.com.
3. Sa, Yerseke: **Muscheltag** www.mosseldagyerseke.nl.

September: 3. Sa, Terneuzen: **Eselchentag** im ➚ Streichelzoo (Wanderung mit Eseln).
Vlissingen: **Filmfestival Film by the sea** www.filmbythesea.nl.
2. Wochenende: **Open Monumentendag** Tag des offenen Denkmals u.a. Schloss Haamstede

Hollands Küste
N
1 cm
25 km
www.PeterMeyerVerlag.de
DIE INSELN
WADDENZEE
Schiermonnikoog
Ameland
Nat.Park Schiermonnikoog
Terschelling
Ballum
West-Ter.
Vlieland
Oost-Vlie.
Texel
Den Burg
Den Helder
Emden
Delfzijl
Friesland
Groningen
Groningen
Leeuwarden
Franeker
Drachten
Leek
Scheemda
Workum
Sneek
A7
A28
A32
Drenthe
Meppel
A37
NOORD-HOLLAND
Callantsoog
Medemblik
IJSSEL-MEER
Enkhuizen
Schoorl
Alkmaar
Hoorn
Urk
Noordzee
Castricum
Kampen
A7
Markermeer
Beverwijk
Edam
Lelystad
Flevoland
Overijssel
Haarlem
Amsterdam
Almere
Harderwijk
NIEDERLANDE
Noordwijk
ZUID-HOLLAND
Apeldoorn
A1
Katwijk aan Zee
Leiden
Enschede
Gronau
Scheveningen
A4
DEN HAAG
Alphen
Utrecht
Gelderland
Hoek van Holland
Delft
Gouda
A12
Arnheim
31
Rotterdam
A15
Goedereede
Dordrecht
Leerdam
Nijmegen
D
3
Burg-Haamstede
Noord-Brabant
Wesel
Domburg
Breda
ZEELAND
Gelsenkirchen
Middelburg
Goes
Bergen op Zoom
A58
Eindhoven
Duisburg
Vlissingen
A58
B
67
Krefeld
Cadzand
Limburg
A2
Terneuzen
Roermond
Mönchenglad.
Aardenburg
Antwerpen
D'dorf

Südholland liegt im Westen des Landes und grenzt an die Nordsee. Im Süden, an der Grenze zu Zeeland, liegt das Rheindelta mit Halbinseln, die über Dämme oder Brücken erreichbar sind. Mit dem Nachbarn Nordholland bildete Südholland bis 1840 eine Einheit. Da diese Provinz Holland sehr bedeutend war, wird das ganze Land noch heute meistens Holland genannt. Provinzhauptstadt und gleichzeitig Sitz der Regierung und des Königshauses ist Den Haag.

Die größte Stadt ist Rotterdam mit dem größten Hafen Europas. Die hübschen, historischen Städtchen Leiden, Delft und Gouda liegen ebenso in Südholland wie die beliebten Urlaubsorte Noordwijk aan Zee, Katwijk aan Zee und Scheveningen.

HOLLAND GIBT ES GLEICH ZWEIMAL

Auch in Südholland gibt es das unter Zeeland beschriebene Fahrradknotenpunktsystem.

Spaßbäder

TIPPS FÜR WASSERRATTEN

Subtropisches Schwimmbad

Aquamar, Piet Heinlaan 5, NL-2224 SW Katwijk. ✆ 0031712534/4015947, Fax 4077015. www.zwembadaquamar.nl. aquamar@sportfondsen.nl. **Bahn/Bus:** Ab Bhf Leiden Centraal Bus 32 oder 36 bis Raadhuis. **Auto:** Ab VVV nach Osten, bei Zeeweg rechts, Kreisverkehr 3. Ausfahrt, 1. rechts. Kostenloser Parkplatz. **Zeiten:** Mitte Mai – Aug Di, Do, Fr 12 – 16 und 18 – 22 Uhr, Mi, 12 – 17 Uhr, Sa 10 – 17 Uhr, So 13 – 15 Uhr. **Preise:** 4,10 € pro Pers. **Infos:** Familienschwimmen mit Kindern bis 16 Jahre Sa 10 – 12 Uhr, So 10 – 13 Uhr.

▶ In der exotischen Umgebung mit Felsen, Palmen und Pflanzen fühlt ihr euch wie in den Tropen. Die 31 m lange Rutschbahn und die Wildwasserbahn garantieren Vergnügen und Abenteuer. Danach tankt ihr im Whirlpool oder bei einer Erfrischung im Aquamar Café neue Energie. So lässt sich ein Schlechtwettertag doch aushalten!

Für die Kleinsten gibt es ein flaches Spielbecken und ein Planschbecken. Draußen auf der Wiese sind Spielgeräte und Sandkisten aufgestellt.

Im Sauseschritt: Wem da nicht schwindlig wird …!

Exotische Badelandschaft

Aqua Mundo, Port Zélande 2, NL-3253 XA Ouddorp aan Zee. ✆ 0031187/674000, Fax 674892. www.dagje-centerparcs.nl. info@centerparcs.nl. **Bahn/Bus:** Ab Busstation Ouddorp Bus 104 bis Port Zélande. **Auto:** Ab N57 Richtung Brouwersdam, Beschilderung Port Zélande. **Zeiten:** täglich 10 – 21 Uhr. **Preise:** 12,50 €; Kinder 4 – 12 Jahre 8 €; ab 17 Uhr 6,25 € und 4 €. **Infos:** Tauch-Schnupperkurs für Kinder ab 10 Jahre (Dauer 1 Std) 24,95 €.

Achtung! Das Schwimmparadies gehört zum Bungalowpark Port Zélande. Deshalb müssen Tagesgäste reservieren.

▶ In der tropischen Badelandschaft erlebt ihr nasse Abenteuer auf der Wildwasserbahn. Ausgestattet mit Schwimmweste, Helm und Styroporbrett geht die wilde Fahrt los. Auf einem Reifen saust ihr anschließend durch den spektakulären Turbotunnel. Wer schon 10 Jahre alt ist, kann bei einem 2-stündigen Tauch-Schnupperkurs die Grundbegriffe dieses Sports erlernen. Wasserspaß pur erwartet euch im Wellenbad und im beheizten Außenbad.

Wassersport & Schiff fahren

Hart am Wind

Segel- und Surfzentrum Brouwersdam, Ossenhoek 1, NL-3253 XA Ouddorp aan Zee. ✆ 0031187/671480, Fax 672372. www.brouwersdam.nl. info@brouwersdam.nl. **Bahn/Bus:** Ab Busstation Ouddorp Bus 104 bis Port Zélande. **Auto:** N57 Richtung Brouwersdam, großer kostenpflichtiger Parkplatz. **Zeiten:** März – Okt Mo – So 8.30 – 18 Uhr. **Preise:** Waterjump Kinder bis 13 Jahre 1 Std 10 €, ab 14 Jahre 12,50 €; Bambinikurs Windsurfen 4 x 2,5 Std 180 €.

▶ Bei der Surf- und Segelschule könnt ihr ab einem Mindestalter von 5 Jahren surfen und ab 8 Jahre segeln lernen. Die Ausrüstung könnt ihr natürlich leihen. Neu und sicher nichts für Wasserscheue ist der Waterjump. Von der 7,5 m hohen und 25 m langen Schanze stürzt ihr euch mit BMX-Fahrrad, Snow-

Auf den 7 km zwischen Ouddorp, Punt West (am Brouwersdam) und Rotterdam zuckelt eine **Nostalgiestraßenbahn.** http://rtm-ouddorp.nl.

board, Ski oder auf Inline-Skates in die Fluten des Grevelingenmeeres. Davon werdet ihr noch lange erzählen. Bedingung ist, dass ihr schwimmen könnt. Und natürlich müssen eure Eltern einverstanden sein.

© Surfcentrum Brouwersdam

Kleine Pause muss sein: Windsurfen ist anstrengend

Rundfahrt durch Südholland

Rederij Triton, Prins Hendrikkade 43 – 44, NL-2225 NJ Katwijk aan Zee. ✆ 003171/013228, Fax 4077365. www.rederijtriton.nl. info@rederijtriton.nl. **Bahn/Bus:** Ab Bhf Leiden Centraal Bus 36 bis Tramstraat. **Auto:** Ab VVV 1. links auf Noordeinde, 2. rechts, 3 x links Beschilderung Parkeergarage Princehaven. **Zeiten:** März – Okt So, in der Hochsaison Ostern, Pfingsten und Juli – Aug täglich außer Do 14 Uhr, s. Webseite. **Preise:** 3-stündige Rundfahrt 14,50 €; Kinder 2 – 12 Jahre 11 €; Gruppen über 30 Pers und Senioren ab 65 Jahre 13 €.

▶ Die Reederei bietet verschiedene Rundfahrten durch das **grüne Herz** der Niederlande an. Die 3-stündige Schifffahrt führt euch mit der *MPS Prins Hendrik* vom Katwijker Hafen aus über die Dörfer *Rijnsburg, Oegstgeest, Warmond* und *Leiden* zu den **Kager Plassen.** Das ist eine besonders schöne Seenlandschaft mit Windmühlen. Auf dem Rückweg seht ihr vom Wasser aus malerische Dörfer und tief liegende Polderlandschaften. Wenn ihr nett fragt, lässt euch der Kapitän einen Blick in das Steuerhaus werfen und vielleicht sogar einmal das Steuerruder in die Hand nehmen.

*Het Groene Hart bedeutet **Grünes Herz.** So heißt das Gebiet zwischen den Städten Amsterdam, Rotterdam, Den Haag und Utrecht, weil es dort viel Natur gibt.*

Grachtenrundfahrt in Den Haag

De Ooievaart, Bierkade 18b, NL-2512 AB Den Haag. ✆ 003170/3385800 (VVV), www.ooievaart.nl. info@ooievaart.nl. **Bahn/Bus:** Ab Hbf Den Haag CS Tram 15 bis Amsterdamse Veerkade. **Auto:** A12, Ausfahrt 3 Bezuidenhout Richtung Mariahoeve, 1. links, Pletterijkade rechts, links halten. **Zeiten:** Di – Sa 13 und 15 Uhr, Juni – Sep zusätzliche Abfahrten möglich. **Preise:** 10 €; Kinder 4 – 12 Jahre 6 €. **Infos:** Reservierung erforderlich. Karten online oder Wagenstraat 193, Den Haag, ✆ 003170/4451869.

▶ Die Grachtenrundfahrt dauert 90 Minuten und wird in einem offenen Boot durchgeführt, denn Den Haag hat einige sehr niedrige Brücken. Darum können leider auch keine Kinderwagen mit an Bord. Unterwegs kommt ihr durch den Stadtteil *Schilderswijk* (deutsch: Malerviertel), wo die Straßen nach berühmten Malern wie Rubens oder Rembrandt benannt sind, sowie durch das Chinesenviertel Chinatown. Bei der *Veenkade* fahrt ihr in einen langen Tunnel. Wenn es wieder hell wird, passiert ihr die Gärten des Palasts *Noordeinde,* dem offiziellen Amtssitz von Königin Beatrix, und die königlichen Stallungen. Dort sind die 22 Pferde der Königin und ihre berühmte goldene Kutsche untergebracht. Dann geht es zurück ins Stadtzentrum mit seinen modernen Gebäuden, darunter zahlreiche Ministerien.

Die Erklärungen unterwegs sind nur in niederländischer Sprache. Es gibt jedoch deutschsprachiges Infomaterial.

Bewachtes Parkhaus für Fahrräder in der Nähe: Biesieklette, Palaceplein, ✆ 0031-70/3942211, 1 €, 10 – 18 Uhr.

Rundfahrt auf der Nordsee

Reederei Trip, Dr. Lelykade 3, NL-2583 CL Den Haag-Scheveningen. ✆ 003170/3541122, Fax 3063703. www.rederij-trip.nl. captain@rederij-trip.nl. **Bahn/Bus:** Ab Hbf Den Haag CS Tram 17 bis Prins Mauritslaan. **Auto:** Schilder Scheveningen-Haven, kostenloser Parkplatz. **Zeiten:** Juli und Aug Mi und So 16 – 17.30 Uhr. **Preise:** 8 €; Kinder bis 12 Jahre 6 €.

▶ Die Luft riecht salzig und die Möwen kreischen. Im Scheveninger Hafen geht ihr an Bord des Rundfahrtschiffs und macht eine aufregende Reise auf der Nordsee. Die Fahrt führt euch die Küste von Scheveningen entlang. Ihr seht das Kurhaus und den berühmten Pier einmal vom Wasser aus. Könnt ihr die Leute am Strand noch erkennen? Winkt einmal hinüber, vielleicht winkt jemand zurück. Besucht auch

Hunger & Durst

Visrestaurant Simonis a/d Haven, Visafslagweg 20, Scheveningen. ✆ 003170/3500042. www.simonisvis.nl. April – Okt täglich 9 – 21 Uhr. Fischbrötchen, Schollenfilet, Kibbeling.

den Kapitän auf seiner Brücke! Er zeigt euch gerne, wie er das Boot steuert.

Wassertaxi Delft

Canal Hopper Delft, Hooikade 13, NL-2627 AB Delft. Handy 00316/22992795. www.canalhopperdelft.com. info@canalhopperdelft.nl. **Bahn/Bus:** Ab Bhf Delft nach Süden über Laan van Vollering und Van Bleyswijckstraat auf Westlandseweg, Verlauf folgen. **Auto:** Ab Bhf über Westvet in südliche Richtung bis Hooikade. **Zeiten:** ganzjährig (nicht bei zugefrorenen Grachten), Juni – Aug täglich 10 – 22 Uhr. **Preise:** einfache Fahrt innerhalb der Grachten im Zentrum von Delft 2,50 €, außerhalb 5 €. **Infos:** Mehrere Haltestellen im Stadtgebiet, sonst Handzeichen geben.

Für Kinder bis 12 Jahre sind Schwimmwesten an Bord.

▶ Delft ist mit seinen 151 km langen Grachten und 286 Brücken eine echte Wasserstadt. Da macht eine Fahrt mit dem umweltfreundlichen, elektrischen Flüsterboot, das leise durch die Stadt gleitet, richtig Spaß. Ihr könnt an 8 Haltestellen in das Taxi springen und an einer anderen Stelle wieder von Bord gehen. Für kleines Geld habt ihr die Wahl aus verschiedenen Routen. Die Fahrt zum ↗ *Legermuseum,* wie das Militärmuseum hier genannt wird, oder zur Porzellanmanufaktur *De Porceleyne Fles* ist vom Passantenhafen Hooikade/Zuidkolk ebenfalls per Wassertransport möglich.

Rundfahrt durch Leerdam

Rederij Leerdam, Veerstoep 2, NL-4142 LD Leerdam. ✆ 0031345/651269, Fax 652466. www.rederijleerdam.nl. info@rederijleerdam.nl. **Bahn/Bus:** Ab Bhf Leerdam 900 m Fußweg durch das Zentrum bis zur Lingebrücke. **Auto:** Ab Bhf rechts, bei Van Hoevestraat links, 2. rechts, 1. links, bei Lingedijk rechts, 1. links, in 300 m gratis Parkplatz. **Zeiten:** Di – So 14.30 – 16 Uhr. **Preise:** 9,75 €; Kinder 4 – 11 Jahre 6,75 €.

Fernglas nicht vergessen!

▶ Die 90-minütige Fahrt beginnt in der Altstadt. Sucht euch einen Platz auf dem großen Sonnendeck, so

Hunger & Durst

De Blauwe Hoed, Veerstoep 1, LA Leerdam. ✆ 0031345/643256. www.deblauwehoed.nl. 10 – 22 Uhr. Kindermenü 9,50 €, Fleisch-, Fisch- und Wildgerichte.

habt ihr gleich zu Beginn einen tollen Blick auf den Hafen und die alten Stadtwälle. Die Fahrt geht stromabwärts über das Flüsschen *Linge,* vorbei am Fort *Asperen* und zu der Stelle, wo in früheren Zeiten während eines Deichbruchs ein ganzes Kloster im Wasser versank. Unterwegs seht ihr Reiher, Wildgänse und Störche. Zwischen den Dörfern Gellicum und Rhenoy dreht das Schiff und ihr macht euch auf die Rückreise.

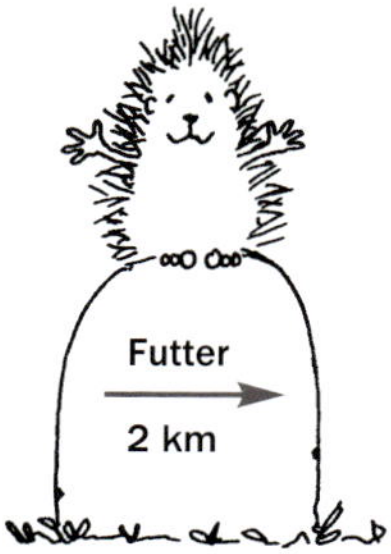

FRISCHE LUFT & SPORT

Radeln, wandern – oder doch reiten?

Fahrradroute Voorschoten – Wassenaar – Voorschoten

Stationsplein 1, NL-2252 TW Voorschoten. **Länge:** 24 km. **Bahn/Bus:** Ab Bhf Voorschoten. **Auto:** N44, N448, Bhf liegt am Ortseingang rechts.

▶ Die *Vliet en Wassenaar-Route* beginnt am Bahnhof in **Voorschoten** und führt über größtenteils autofreie Wege in Richtung des Naherholungsgebietes **Vlietlanden.** Im Sommer werden hier Boote vermietet. Die Route folgt dem Ufer des Baggersees und führt entlang der *Vliet* zurück. Ein kleiner Teil, die Straße Kniplaan, wird zweimal befahren. Am Ende der Kniplaan fahrt ihr durch den Tunnel und biegt dann links ab. Kurz dahinter liegt auf der linken Seite das **Ausflugslokal Ome Nick.** Frisch gestärkt geht es weiter durch die Polderlandschaft. Ihr radelt unter der Eisenbahnlinie Den Haag – Amsterdam durch. Unterwegs seht ihr alte Landhäuser, darunter auch das königliche **Landgut De Horsten.** Dann befindet ihr euch bereits auf dem Gebiet von Wassenaar. Neben der N44 fahrt ihr an uralten Landschaftsparks vorbei. Über die große Kreuzung, kurz bevor die N44 in die A44 übergeht, biegt ihr wieder in Richtung Voorschoten ab. An der anderen Seite des Landgutes De Horsten radelt ihr nun zurück zum **Bahnhof in Voorschoten.**

Hunger & Durst

Eiland van Ome Nick, Veurseweg 346, Voorschoten. ✆ 0031-71/5617994. www.heteilandvanomenick.nl. Di – 10 – 17, Mi – So 10 – 21.30 Uhr. Pfannkuchen ab 5 €, Sandwich 4 €.

Landgut De Horsten gehört Königin Beatrix. Auf dem waldreichen Gelände steht auch das Landhaus Eikenhorst. Dort wohnt Prinz Willem-Alexander mit seiner Familie.

Flitzer auf vier Rollen

Skateland, Piekstraat 45, NL-3071 EL Rotterdam. ✆ 003110/4113413, Fax 2809463. www.skateland.nl. info@skateland.nl. **Bahn/Bus:** Ab Bhf Rotterdam-Zuid Bus 66 bis vor die Tür. **Auto:** A16, Ausfahrt 24 Feyenoord, Stadion links liegen lassen, Ampel rechts, gleich links, hinter Tankstelle 2. Straße rechts. **Zeiten:** Mi 13 – 22, Do 18 – 22, Fr 15 – 23, Sa 13 – 20, So 13 – 18 Uhr. **Preise:** 5,50 € pro Person; Kinder bis 11 Jahre 5,50 € (Mi, Fr 4,50 €, Do 4 €), Leihgebühr Skates und Skateboards 3 €, Helme, Knie- und Ellbogenschoner je 1 €. **Infos:** In den Schulferien erweiterte Öffnungszeiten.

▶ In der großen Halle fahren begeisterte Skater auf verschiedene Bahnen für Skateboard und im Kidsdyland gibt es eine 17 x 25 m große Skateboard- und Inlinebahn zum Üben für die weniger Erfahrenen. Sport macht durstig, in der Kantine werden Erfrischungen angeboten. Die Ausrüstung könnt ihr mieten.

SÜDHOLLAND

Wanderung durch die Dünen von Kijkduin

Deltaplein 200, NL-2554 EJ Den Haag. **Länge:** ca. 3,5 km. **Bahn/Bus:** Ab Hbf Den Haag CS mit Stadsbus 24 bis Kijkduinsestraat. **Auto:** Beschilderung Kijkduin.

▶ Hinter dem **Atlantic Hotel** beginnt der Dünenweg. Bei Strandslag 5 steht die Hütte **Jutterskeet** von *Onkel Jan,* einem echten Scheveninger Strandräuber. Samstags und sonntags ab 11.30 Uhr öffnet er die Tür und zeigt seine Strandfunde. Ihr dürft Muscheln, den Zahn eines Mammuts, Schuhe, Haarbürsten und unendlich viele Fahrradschlüssel bewundern! Außerdem könnt ihr ein Schöpfnetz oder einen Metalldetektor ausleihen, um selbst im Sand nach Schätzen zu suchen.

Hart und widerstandsfähig: Dünengras

Hunger & Durst

Klein Seinpost, Deltaplein 603/604, Kijkduin. ✆ 0031-70/3236258. Mo – Fr 10 – 19.30, Sa 9.30 – 19.30, So 9 – 19.30 Uhr. Pfannkuchen und Poffertjes.

Poffertjes sind ganz kleine, etwas dickere Pfannkuchen. Sie werden in einer besonderen Poffertjespfanne, die viele kleine Backmulden hat, gebacken.

Achtung! Bei Hochwasser fährt die **Fähre** nicht. Prüft auf der Grundwasseranzeige des Biesboschzentrums, wie hoch der Wasserstand gerade ist. Beim Bootshaus könnt ihr Gummistiefel leihen, denn die Strecke ist im Frühling und Herbst oft sumpfig.

Folgt dem Dünenweg bis zum **Savornin Lohmanpad** und wechselt dann auf den Pfad, der zum Strand zurück führt. Von dort geht ihr über die steile Treppe in Richtung **Atlantic Hotel.** Der Leuchtturm gleich nebenan ist zum Klettern freigegeben.

Wanderung Griendmuseumpad

Biesboschcentrum, Baanhoekweg 53, NL-3313 LP Dordrecht. ✆ 003178/6305353, www.biesbosch.org. info@biesbosch.org. **Länge:** 5 km. **Bahn/Bus:** Ab Bhf Dordrecht fährt Ende April – Aug jede Std der nostalgische Bus 801 zum Hollandse Biesbosch. **Auto:** A15, Ausfahrt 24, N3 Schilder Dordrecht/Holl. Biesbosch. **Rad:** Ab Zentrum der rot-weißen Beschilderung Richtung Hollandse Biesbosch folgen. **Zeiten:** Fähre März – Okt 9.45 – 1.45 Uhr halbstündlich. **Preise:** 1,55 €; Kinder 4 – 12 Jahre 1,05 €. **Infos:** Eine Broschüre ist für 0,50 € beim Besucherzentrum erhältlich.

▶ Der Wanderweg liegt gegenüber dem **Biesboschzentrum,** einer Informationsstelle zum Thema *Nationalpark Biesbosch,* und ist erreichbar mit der **Fußgängerfähre Zonnepont 7,** die mit Sonnenenergie fährt. Die Wanderung führt durch ein schönes Naturgebiet mit Weidenwäldern.

Folgt dem bequemen Pfad und denkt an die Arbeiter, die hier bis 1970 Binsen und Schilf ernteten. Sie hatten keinen angelegten Weg zur Verfügung und schliefen in einfachen Hütten. Auf eurem Weg kommt ihr an drei von diesen Holzhäuschen vorbei. Auf halber Strecke genießt ihr einen Blick auf den Mariapolder, der früher landwirtschaftlich genutzt wurde. Heute ist hier ein wichtiger Futterplatz für Wasservögel. Wer ein Fernglas hat, kann die Tiere gut beobachten.

Auf dem Rücken der Pferde

Reitstall Manege Smit, Schulpweg 129, NL-2211 XM Noordwijkerhout. ✆ 0031-252/372763, www.manegesmit.nl. **Auto:** Ab Zentrum Noordwijk Parallel Boulevard, rechts in Quarles van Uffordstraat, links auf Duinweg, rechts Duindamseweg/Schulpweg. **Zeiten:** Okt – April am Wochenende, Mai – Sep täglich. **Preise:** bis 16 Jahre Ausritt 1,5 Std 22,50 € Ausritt 2 Std 30 €, Frühstücksritt Ontbijtrit inklusive Frühstück 39,50 €. **Infos:** Gruppenunterricht ab 6 Pers pro Std 15 €.

▶ Der Reitstall bietet Ausritte durch die Dünen und am Strand an. Dazu ist jedoch ein wenig Reiterfahrung nötig. In den Sommermonaten werden Frühstücksausritte organisiert. Dann müsst ihr früh aus den Federn, denn ihr trefft euch um 5.30 Uhr, um die Pferde zu satteln. Um 6 Uhr reitet ihr los, die Morgensonne steht am Himmel und Vögel zwitschern. Möglicherweise begegnet ihr zu so früher Stunde Hirschen, Rehen, Kaninchen oder Füchsen. Nach der Rückkehr versorgt ihr die Pferde. Für euch steht auch ein leckeres Frühstück bereit.

Reitstall in Katwijk

Manege Jonker, Noordduinseweg 7, NL-2221 BL Katwijk aan Zee. ✆ 003171/4024743, Handy 00316/30127035. www.manegejonker.nl. info@manegejonker.nl. **Bahn/Bus:** Ab Bhf Leiden Centraal Bus 37 bis Camping Noord. **Auto:** Ab VVV, 1. links auf Noordeinde, 1 links, 2. rechts, Sluisweg folgen, Kreisverkehr 2. Ausfahrt, 2. links, gegenüber großer Parkplatz Noordduinen. **Zeiten:** Mai – Aug Mo – Sa. **Preise:** Strandritt pro Stunde 18,50 €, Reitunterricht Std 13 €, Miete Reitkappe 1,50 €.

▶ Was gibt es Schöneres als ein Ritt über den Strand, am Meer entlang? In der Sommersaison wird montags bis donnerstags ab 19 Uhr eine Stunde geritten. Wem das zu kurz ist: freitags dauert der Ritt 2 Stunden. Die Gruppen sind klein, sie bestehen maximal aus 10 Reitern. Ihr werdet dabei von erfahrenen Begleitern unterstützt, müsst aber traben und galoppieren können. Übrigens ist das Tragen einer Sicherheitskappe Pflicht. Diese könnt ihr gegen Gebühr beim Reitstall ausleihen. Dann steht dem Reitvergnügen am Nordseestrand nichts mehr im Wege.

Hunger & Durst

Pfannkuchenhäuschen Hans & Grietje, Parallelboulevard 14, Noordwijk. ✆ 003171/3610874. www.pannenkoekenhuisje.nl. Täglich außer Di ab 12 Uhr. Kinderpfannkuchen 3,25 €.

Wer ein eigenes Pferd hat, kann dieses mit in den Urlaub nehmen und hier in der Pferdepension unterbringen.

So kennt man Holland: Bunte Tulpen und eine malerische Windmühle locken in den Keukenhof

Spielen & Spazieren

Tulpen, Tulpen, Tulpen

Keukenhof, Stationsweg 166a, NL-2161 AM Lisse. ✆ 0031252/465555, Fax 465565. www.keukenhof.nl. info@keukenhof.nl. **Bahn/Bus:** Ab Hbf Leiden Centraal Bus 54 bis Keukenhof. **Auto:** A4, N207, Beschilderung Keukenhof. **Zeiten:** März – Mai 8 – 19.30 Uhr. **Preise:** 14,50 €; Kinder 4 – 11 Jahre 7 €. **Infos:** Parken 6 €, Reisebusse frei.

▶ In dem bekannten Blumenpark blühen in jedem Frühling Tulpen, Narzissen und Krokusse in leuchtend bunten Farben. Das ist ein Fest für die Augen. An der Kasse bekommt ihr Infos für eine Schnitzeljagd, die euch auf eine spannende Entdeckungsreise schickt. Seht, wie aus einer Zwiebel eine Blume entsteht und erfahrt, warum die meisten Blumenzwiebeln aus den Niederlanden kommen.

Wer noch nie eine **Windmühle** von innen gesehen hat, kann das hier nachholen.

Auf der **Spielwiese** stehen viele Geräte, auf denen ihr nach Herzenslust klettern und toben könnt. Wenn noch Zeit ist, solltet ihr den Kinderbauernhof und den Irrgarten besuchen!

Die Frühlingsblumen werden zeitlich versetzt gepflanzt, damit der Park von März bis Mai stets in voller Blüte steht.

Vielseitiger Park

Duinrell, Duinrell 1, NL-2242 JP Wassenaar. ✆ 0031-70/5155155, Fax 5155370. www.duinrell.nl. info@duinrell.nl. **Bahn/Bus:** Ab Hbf Den Haag CS Bus 91, Bus 491 bis Duinrell, nur im Juli und Aug. **Auto:** A12 bis Ende fahren, Beschilderung Wassenaar und Duinrell folgen. **Rad:** LF4 Midden-Nederlandroute. **Zeiten:** Mitte April – Ende Okt 10 – 17 Uhr. **Preise:** Pers ab 4 Jahre ohne Tikibad 19 €, dazu 2 Std Tikibad 3,50 €; Kinder bis 3 Jahre frei; Senioren ab 65 Jahre 15 €.

▶ **Duinrell** ist ein Freizeitpark mit Campingplatz, Gruppenherberge und tropischem Schwimmbad. Im **Erlebnispark** rodelt ihr auf der Sommerrodelbahn den Dünenhügel hinab. Probiert auch die spektakulären Achterbahnen *Mad Mill* und *Waterspin.* Für diejenigen, die es weniger wild mögen, gibt es *Rick's Fun Factory,* ein großes Spielhaus.

Ein Höhepunkt ist der Besuch des **Tikibads.** Lasst euch treiben auf dem *Lazy River,* dabei könnt ihr wunderbar träumen. Wenn ihr alle Wasserrutschen hinunter gerutscht seid, habt ihr einen ganzen Kilometer geschafft. Das ist bestimmt ein neuer persönlicher Rekord. Neben dem **Campingplatz** werden Häuschen, die Duingalows heißen, und ein ↗ *Duinhostel* für Gruppen vermietet.

*Der Name **Duinrell** bedeutet Brunnen in den Dünen. Das Maskottchen des Parks ist der Frosch Rick. Ihm begegnet ihr überall.*

Hunger & Durst

La Place Restaurant, Duinrell 1, Wassenaar. ✆ 003170/ 5155155. www.duinrell.nl. Täglich 13 – 20 Uhr. Selbstbedienung, frisch zubereitete Gerichte.

Reise in die Vergangenheit

Archeon, Archeonlaan 1, NL-2408 ZB Alphen aan den Rijn. ✆ 0031172/447744, Fax 447700. www.archeon.nl. info@archeon.nl. **Bahn/Bus:** Ab Bhf Alphen aan den Rijn beschildert. **Auto:** A4 Ausfahrt 6a auf N11, ab Kerk en Zanen Beschilderung Archeon. **Zeiten:** April – Okt Di – So 10 – 17 Uhr. **Preise:** 17,50 €; Kinder 5 – 10 Jahre 15,50 €; Gruppen ab 20 Pers 1 € Ermäßigung, Familienkarte für 2 Erw und 2 Kinder ab 66 €.

▶ Auf dem Gelände stehen 43 Nachbauten aus der Urgeschichte, der Römerzeit und dem Mittelalter. Die Bewohner, Archeotolken genannt, zeigen euch ihren Alltag. Doch ihr seid hier nicht nur zum Zuschauen, ihr sollt selbst aktiv werden. Wie wäre es mit einer

© Archeon

Zurück in die Ritterzeit: Kampf mit dem (Holz-) Schwert

SÜDHOLLAND

Hunger & Durst

Jeder Tag klingt aus mit einem rustikalen Mahl, das *Spijspot* heißt. Es gibt Spare-Ribs, Hühnchen, Würstchen oder ein vegetarisches Gericht mit Brot und Kräuterbutter für 4,50 €.

In dem Buch *Gullivers Reisen* von Jonathan Swift reist der Titelheld Gulliver auf die Insel Liliput, wo winzig kleine Menschen leben.

Kanufahrt in einem ausgehöhlten Baumstamm? Danach wandelt ihr beim Bogenschießen auf Robin Hoods Pfaden. Wer möchte, kann lernen, sich ein Filzarmband zu machen. Das hat nun wirklich nicht jeder! Ein riesiges Spektakel ist der tägliche Gladiatorenkampf in der Arena, den ihr nicht verpassen solltet!

Holland im Kleinformat

Madurodam, George Maduroplein 1, NL-2584 RZ Den Haag-Scheveningen. ✆ 003170/4162400, Fax 3512185. www.madurodam.nl. info@madurodam.nl. **Bahn/Bus:** Ab Hbf Den Haag CS Tram 9 bis Madurodam. **Auto:** Beschilderung Scheveningen, Scheveningen-Haven und Madurodam. Eigener Parkplatz 6,50 €, Reisebusse gratis. **Zeiten:** Mo – So 9 – 18 Uhr, April – Juni 9 – 20 Uhr, Juli und Aug 9 – 23 Uhr. **Preise:** 14,50 €; Kinder 3 – 11 Jahre 10,50 €; Onlinetickets mit 10 % Ermäßigung; Gruppen ab 20 Pers 10,25 €, Kinder 7,25 €.

▶ In *Madurodam* bekommt ihr einen Eindruck von den wichtigsten Sehenswürdigkeiten des Landes und fühlt euch dabei wie Gulliver im Zwergenland. Auf dem großen Gelände stehen über 300 Modelle der wichtigsten Bauwerke im Maßstab 1:25. Da seht ihr den berühmten Käsemarkt in Alkmaar, das Rathaus von Gouda und den Bahnhof Enkhuizen. Auf dem Amsterdamer Flughafen Schiphol sind Flugzeuge unterwegs. Wer schon einmal auf Texel war, erkennt die Teso-Fähre sofort. Achtet auch auf die Details. Wer entdeckt den Wasserskiläufer? Wo macht der Fotograf ein Gruppenfoto?

Alles echt: Die Schiffe bewegen sich wirklich, sogar ein Brand wird gelöscht

© Madurodam

Minigolf mal anders

Glowgolf, Gevers Deynootweg 990-7 (Palace Promenade), NL-2586 BZ Den Haag-Scheveningen. ✆ 003170/3589387, www.glowgolf.nl/scheveningen. scheveningen@glowgolf.nl. **Bahn/Bus:** Ab Hbf Den Haag CS Tram 9 bis Kurhaus. **Auto:** Schilder Scheveningen-Bad, Parkhaus in der Zwolse Straat. **Zeiten:** Mai – Aug Mo – So 10 – 22 Uhr, Sep, April Mo, Di, Do 14 – 20, Mi, So 10 – 20, Fr, Sa 10 – 22 Uhr, Okt – März Mo, Di, Do 14 – 18, Mi, So 10 – 18, Fr, Sa 10 – 22 Uhr. **Preise:** 8,25 €; Kinder 4 – 12 Jahre 6,75 €; Familienkarte 2 Erw und 2 Kinder 25 €. **Infos:** Reservierung wird empfohlen. Geeignet für Kinder ab 4 Jahre.

▶ Es ist ein besonderes Erlebnis, Minigolf in einer Halle bei Schwarzlicht zu spielen. Taucht ab in die Welt der Piraten. Das abenteuerliche Spiel beginnt im Maul eines Hais und geht in der Unterwasserwelt weiter. Hier begegnet ihr Tintenfisch, Meerjungfrau und Walfisch und außerdem findet ihr eine Schatzkiste. Eine funkelnde Runde dauert 45 – 60 Minuten. Wer mag, kauft eine 3D-Brille, dann wirken die Figuren noch echter.

Am Neujahrstag stürzen sich am Strand von Scheveningen tausende Unerschrockene zum Nieuwjaarsduik in die eiskalte Nordsee.

Abenteuer im Grünen

Naturspielplatz De Speeldernis, Roel Langerakweg 25 B, NL-3041 JK Rotterdam. ✆ 003110/4158583, www.speeldernis.nl. **Bahn/Bus:** Ab Hbf Rotterdam CS Bus 38 bis Beukelsbrug. **Auto:** A20, Ausfahrt 13, Kreisverkehr 5. Ausfahrt, bei Abraham van Stolkweg rechts, bei Aelbrechtsplein rechts, 1. rechts auf Mevlanaplein. **Rad:** Beukelsdijk, Kreisverkehr Burg Meineszplein, rechts auf Beukelsweg, hinter Mevlanamoschee rechts. **Zeiten:** April – Okt Mo – Sa 12 – 18 Uhr, übrige Zeit Mi – So 12 – 17 Uhr. **Preise:** 2 €; Kinder 2 – 18 Jahre 0,50 €. **Infos:** Aus Naturschutzgründen dürfen sich pro Tag höchstens 250 Pers auf dem Gelände aufhalten.

▶ Die Kleinen bis 6 Jahre haben im vorderen Bereich Spaß im Spielhaus und mit den Spielgeräten. Weiter hinten geht für die größeren Kinder die Post ab. Hier

Hunger & Durst

Pfannkuchenboot, Parkhaven gegenüber Euromast, Rotterdam. ✆ 003110/4367295. www.pannenkoekenboot.nl. Mi, Fr – So 16.30 und 18 Uhr. Rundfahrt mit Pfannkuchenbüffet 15 €, Kinder 3 – 12 Jahre 10 €.

Achtung! Auf dem Gelände sind Hunde nicht zugelassen.

Floß bauen im De Speeldernis

warten Baumhäuser und Flöße auf unerschrockene Abenteurer. Es werden Dämme gebaut, um Wasser zu stauen. Im hügeligen Wald kriecht ihr durch versteckt liegende Tunnel. Doch deren Eingänge müsst ihr zuerst finden. Das ist gar nicht so einfach.

UMWELT ERFORSCHEN

Tiere erleben

Gefiederte Freunde aus aller Welt

Vogelpark Avifauna, Hoorn 65, NL-2404 HG Alphen aan den Rijn. ✆ 0031172/487575, Fax 487506. www.avifauna.nl. info@avifauna.nl. **Bahn/Bus:** Ab Bhf Alphen aan den Rijn Bus 74 bis Zwembad De Hoorn, 8 Min Fußweg. **Auto:** A12 Ausfahrt Alphen aan den Rijn, Beschilderung folgen. Kostenloser Parkplatz. **Zeiten:** Mo – So 9 – 18 Uhr. **Preise:** April – Okt 13,50 €, sonst 6,75 €; Kinder April – Okt 3 – 12 Jahre 12 €, sonst 6 €; Ermäßigung Onlinetickets 0,50 – 1 €.

▶ Im Park leben 450 Vogelarten. Da gibt es eine Menge zu sehen und zu hören. Die zierlichen Flamingos staksen durch das Sumpfgebiet. Könnt ihr auch so elegant auf einem Bein stehen? In der Filipijnenhalle ist der Dschungel mit frei fliegenden Vögeln untergebracht. Die farbenfrohen Lori-Papageien freuen sich darauf, von euch gefüttert zu werden. Damit ist die Entdeckungsreise nicht zu Ende. Bei der Nachtsafari geben euch Nachtvögel einen Einblick in ihr Leben. Wer dann noch genug Energie hat, geht auf den Spielplatz mit der hohen **Rutschbahn.** Steigt die Wendeltreppe hinauf. Oben angekommen, rutscht ihr im Nu wieder hinab.

*Die **Rutsche** ist mit 30 m die höchste des Landes.*

Schildkrötenzentrum

Schildpaddencentrum, J.-Keplerweg 2, NL-2408 ZB Alphen aan den Rijn. ✆ 0031172/9007244537. www.schildpaddencentrum.nl. info@schildpaddencentrum.nl. **Bahn/Bus:** Ab Bhf Alphen aan den Rijn 5 Min Fußweg über Zuidpoolsingel, Australielaan, Provinciepassage bis Europaplein, dort Bus 73 bis Albert Einsteinweg. **Auto:** N11 Ausfahrt Avifauna/Molenwetering, 1. rechts, 2. rechts, am Ende links, Verlauf etwa 100 m folgen, kostenlose Parkplätze. **Zeiten:** Mi – So 12 – 18 Uhr. **Preise:** 8 €; Kinder 3 – 11 Jahre 6 €; Senioren ab 65 Jahre 7 €, Ermäßigung ab 15 Pers auf Anfrage.

▶ Keine der hier lebenden Schildkröten wurde in freier Natur gefangen oder irgendwo gekauft. Alle Tiere wurden ausgesetzt oder abgegeben. In den Becken und Terrarien tummeln sich hunderte heimische und exotische Land- und Wasserschildkröten wie griechische Landschildkröten, Rotwangenschildkröten oder Chinesische Dreikielschildkröten. Einige von ihnen haben Beschädigungen am Panzer, doch das beeinträchtigt ihre Gesundheit nicht. Das Zentrum versucht, möglichst optimale Lebensbedingungen zu schaffen, damit die Tiere sich wohlfühlen.

Hunger & Durst

Van der Valk Restaurant, Hoorn 65, Alphen a/d Rijn. ✆ 0031172/487575. www.avifauna.nl. Mo – So 7 – 24 Uhr. Kinderportionen, Fleisch-, Fisch- und vegetarische Gerichte.

Bunte Unterwasserwelt

Sea Life, Strandweg 13 (Boulevard), NL-2586 BZ Den Haag-Scheveningen. ✆ 003170/3542100. www.visitsealife.com. info@sealife.nl. **Bahn/Bus:** Ab Hbf Den Haag CS Tram 9 bis Kurhaus. **Auto:** Schilder Scheveningen Bad. **Zeiten:** Jan, Dez 10 – 18, Feb – Juni und Sep – Nov 10 -19, Juli, Aug 10 – 20 Uhr. **Preise:** 15,50 €; Kinder 3 – 11 Jahre 10,50 €; Senioren ab 65 Jahre 13,50 €. **Infos:** Onlinetickets 2 € Rabatt.

▶ In 40 Aquarien tummeln sich Haie, Muränen, Korallenteufel und Seeigel. Eines der Aquarien ist besonders originell, es war früher mal ein Auto. Bitte nicht nachmachen, eure Eltern wären nicht begeistert! Im Unterwassertunnel seid ihr umringt von Meerestieren und habt das Gefühl, auf dem Grund eines

Verschmust: Rochen streicheln im Sea Life

Ozeans zu laufen. Ganz ohne Taucherbrille und Sauerstoffflasche! Im Amazonasbereich mit Wasserfall und Piranhabecken solltet ihr die Fütterung der südamerikanischen Fische beobachten, das ist ein Spektakel. Seit 2010 tummelt sich hier die japanische Riesenkrabbe Crabzilla und zieht jede Menge Besucher an.

Einmal um die Welt an einem Tag

Zoo Blijdorp, Blijdorplaan 8, NL-3041 JE Rotterdam. ✆ 003110/4431495, Fax 4677811. www.blijdorp.nl. info@rotterdamblijdorp.nl. **Bahn/Bus:** Beim Hbf Rotterdam CS Eingang Stadtseite. **Auto:** A20, Ausfahrt 13 Blijdorp, dann Beschilderung Diergaarde Blijdorp, Parkplatz Oceanium-Seite 7 €/Tag. **Zeiten:** täglich 9 – 18 Uhr, im Winter – 17 Uhr. **Preise:** 19,50 €; Kinder 3 – 9 Jahre 16,50 €; Onlinetickets 1 € Ermäßigung, Gruppen ab 20 Pers 1,50 € Rabatt.

▶ Blijdorp heißt euch willkommen zur Reise um die Welt! Entdeckt Asien mit seinen Elefanten und Tigern. Die Hängebrücke am Wasserfall ist ein tolles Erlebnis. Traut ihr euch in die Höhle zu den Fledermäusen? Im **Oceanum** reist ihr zum Meeresgrund. Dort trefft ihr die wendigen Haie und Krokodile mit Riesen-Gebissen. Auf dem Spielplatz mit Schaukeln und Hängematten gilt es, den 15 m hohen Spielturm zu bezwingen und dabei über Wände, Netze und Seile zu klettern. Die Kleinen spielen auf einem eigenen Gelände mit integriertem Wasserspielplatz.

De Berenboot, Benthuizerstraat 77 – 79d, Rotterdam. ✆ 003110/ 2655120. www.deberenboot.com. Di – Fr 10 – 17.30, Sa 10 – 16 Uhr. Kindermode Größe 50 – 158.

Ein Zoo für Wassertiere

AquaZoo Leerdam, Koningin Emmalaan 82, NL-4141 EE Leerdam. ✆ 0031345/610878, Fax 614507.

Handy 00316/53550858. www.aquazoo-leerdam.nl. info@aquazoo-leerdam.nl. **Bahn/Bus:** Ab Bhf Leerdam Bus Buurtbus 703 bis Lingepolikliniek. **Auto:** Ab Bhf links, 1. rechts, 1.links N327, bei De Lingebolder rechts. **Zeiten:** So 13 – 17 Uhr und nach Absprache. **Preise:** 5,50 €; Kinder 4 – 11 Jahre 3,50 €.

▶ Im Untergeschoss des Pflegeheims *Lingesteyn* befindet sich der **Wasserzoo.** Dort geht ihr auf eine Unterwassersafari der besonderen Art. Hinter 100 m Glas gibt es bunte Süß- und Salzwasserfische, Seepferdchen, Frösche, tropische Pflanzen und Korallen zu bestaunen. Die Biotope wurden so gestaltet, dass sie euch den natürlichen Lebensraum der Tiere zeigen. Wer möchte, darf auf Nachfrage einen Blick hinter die Kulissen werfen. Dabei seht ihr, wie die lebenswichtigen Filter funktionieren.

Natur erfahren

Der ersten Tulpe auf der Spur

Hortus Botanicus, Rapenburg 73, NL-2311 GJ Leiden. ✆ 003171/5277249, Fax 5275199. www.hortusleiden.nl. hortus@ hortus.leidenuniv.nl. **Bahn/Bus:** Ab Bhf Leiden Centraal Bus 187 oder 206 bis Breestraat, ab dort beschildert. **Auto:** A44, Ausfahrt 8 Leiden, links Plesmanlaan, in Leiden Beschilderung Centrum und Parkeren folgen. **Zeiten:** April – Okt Mo – So 10 – 18 Uhr, übrige Zeit Di – So 10 – 16 Uhr. **Preise:** 6 €; Kinder 4 – 12 Jahre 3 €; Schulklassen 2 €.

▶ Neben der ältesten Universtät des Landes gibt es in Leiden auch den ältesten Botanischen Garten, den der Pflanzenkundler Carolus Clusius 1593 anlegte. Hier blühte einst Hollands erste Tulpe. Ihr findet hier Palmen, fleischfressende Pflanzen, Farne und Rosen. Die Blätter der Riesen-Seerose tragen ein Gewicht von bis zu 40 kg, also sogar ein kleines Kind. Sehenswert sind auch die alten Gewächse, zum Beispiel ein im Jahr 1601 gepflanzter Goldregen und ein

Tulpen kommen ursprünglich aus Kasachstan, Afghanistan und dem Iran. Über die Türkei fanden sie ihren Weg nach Europa.

Prachtstück: Gelbe Tulpe

Tulpenbaum aus dem Jahr 1715. Sie haben sich gut gehalten, findet ihr nicht auch?

Entdecke deine Möglichkeiten

Ontdekhoek, Pannekoekstraat 55, NL-3011 LC Rotterdam. ✆ 003110/4143103, Fax 4230102. www.ontdekhoek.nl. b.nagel@ontdekhoek.nl. **Bahn/Bus:** Von Bhf oder Metro Blaak 300 m. **Auto:** VVV Richtung Stadhuisplein, bei Churchillplein links, Mariniersbrug links halten, Vogelenzang links, 2. rechts, Parkhaus Kiphof. **Zeiten:** Di – Sa 10 – 17, So 11 – 17 Uhr. **Preise:** 8 €; Kinder 10 €; Schulklassen 2 1/2 Std pro Schüler 5 € mit Reservierung.

Ihr dürft eigene Getränke mitbringen.

▶ Mädchen und Jungen im Alter von 4 bis 14 Jahre können in der riesigen Kinderwerkstatt viele verschiedene Dinge ausprobieren. Entdeckt, wie Steine fließendes Wasser aufhalten oder warum ein Segelboot so schnell werden kann.

Habt ihr Lust, selbst Kartoffelchips oder Seife zu machen? Was ihr hergestellt habt, dürft ihr natürlich mit nach Hause nehmen. Damit habt ihr eine schöne Erinnerung an einen unvergesslichen Tag.

Nette Meckerer

Ziegenbauernhof Mekkerstee, A. de Jong, Hofdijksweg 34, NL-3253 XA Ouddorp aan Zee. ✆ 0031187/684050, Fax 687024. www.demekkerstee.nl. demekkerstee@eleos.nl. **Auto:** Ab VVV Smalle Einde rechts, Bredeweg rechts, 1. links, im Kreisverkehr 1. Ausfahrt. Eigener kostenloser Parkplatz. **Zeiten:** Di – Sa 9 – 17 Uhr. **Preise:** Eintritt frei.

Hunger & Durst

Wer noch nie Eis aus Ziegenmilch probiert hat, kann dies im hauseigenen Eissalon nachholen.

▶ Der Bio-Ziegenbauernhof mit Käserei liegt am Ortsrand. Besucht die 400 Ziegen in ihrem Stall. Doch seid gewarnt, dort wird ganz schön viel gemeckert! Wenn ihr zwischen 15.30 und 16 Uhr hier seid, habt ihr die Gelegenheit, beim Melken zuzuschauen. Das habt ihr sicher noch nie gesehen! Im Frühjahr werden die Ziegenbabys geboren und warten dann im kleinen Stall auf euch. Im **Hofladen** könnt ihr Ziegenkäse aus eigener Produktion und eine große Auswahl an regionalen Spezialitäten wie Kartoffeln, Gemüse, Obst, Honig zu kaufen. Außerdem gibt es einen Streichelzoo mit Kühen und Schweinen und einen Spielplatz.

Tipps für kleine Forscher

Natur erleben im Nationalpark

Besucherzentrum Hollandse Biesbosch, Baanhoekweg 53, NL-3313 LP Dordrecht. ✆ 003178/6305353, Fax 6305350. www.biesbosch.org. info@biesbosch.org. **Bahn/Bus:** Ab Bhf Dordrecht fährt Ende April – Aug jede Std der nostalgische Bus 801 zum Hollandse Biesbosch. **Auto:** A15, Ausfahrt 24, N3 Schilder Dordrecht/ Holl. Biesbosch. **Rad:** Ab Merwedekade in Dordrecht Waterbus zum Hollandse Biesbosch, Fahrrädertransport frei. **Zeiten:** Mai – Sep Mo – So 9 – 17, übrige Zeit Di – So 10 – 17 Uhr. **Preise:** Eintritt frei.

Schräg gegenüber liegt ein Badesee mit Strand und Naturspielplatz.

▶ Im *Nationalpark Biesbosch* mit seinen Sumpfwäldern, Wiesen und Weiden leben zahlreiche Vogelarten mit lustigen Namen wie *Weißwangengänse, Strandläufer oder Kiebitzregenpfeifer.*

Vom Informationszentrum werden viele Naturaktivitäten organisiert. Gleich nebenan liegt der **Biberwald BeverBos.** Hier wohnen die Biber *Beert* und *Benthe* in natürlicher Umgebung. Wenn ihr sie draußen nicht entdecken könnt, findet ihr sie vielleicht hinter Glas in dem Nachbau einer Biberburg. Bei einer Rundfahrt mit einem umweltfreundlichen Flüsterboot mit Elektroantrieb trefft ihr wahrscheinlich auf einen

Schon gewusst? Biber fressen, während sie im Wasser schwimmen

ZU BESUCH BEI FAMILIE BIBER

▶ Zwischen 1988 und 1991 wurden insgesamt 42 Biber im **Nationalpark Biesbosch** angesiedelt. Heute leben dort etwa 200 der putzigen Nagetiere. Im 1 ha großen Biberwald Beverbos neben dem Biebosch-zentrum Dordrecht hat das Biberpaar *Beert* und *Benthe* eine neue Heimat gefunden. Die beiden fühlen sich sehr wohl hier. Inzwischen haben sie die Babys *Leen* und *Peet* bekommen.
Im Frühling steigt die Wahrscheinlichkeit, dass ihr Biber zu Gesicht bekommt. Dann sind die kleinen Säugetiere sehr aktiv und nagen sogar ganze Bäume um! ◀

der anderen 150 Biber. Insgesamt gibt es hier 60 Biberburgen.

Eine Reise durch den Menschen

Museum CORPUS, Willem Einthovenstraat 1, NL-2342 BH Oegstgeest. ✆ 003171/7510200, Fax 7510201. www.corpusexperience.nl. info@corpusexperience.nl. **Bahn/Bus:** Ab Bhf Leiden Centraal Bus 38 bis Transferium A44, dann 8 Min Fußweg, die Figur ist weithin sichtbar. **Auto:** An der A44, Ausfahrt 7, eigenes Parkhaus für 125 Autos, 5 € für 4 Std. **Zeiten:** Di – So 9 – 19 Uhr. **Preise:** 16,50 €; Kinder 8 – 14 Jahre 14 €; Gruppen ab 10 – 16 Pers 14,50 €.

▶ Das 35 m hohe Gebäude, neben dem die ebenso große Figur eines Menschen sitzt, ist von weither zu sehen. Ihr geht dort auf eine einzigartige Reise durch den menschlichen Körper. Per Kopfhörer, der euch Informationen in deutscher Sprache gibt, folgt ihr der Tour von den Knien und bis zum Gehirn. Seht, fühlt und riecht, wie ein Mensch funktioniert. Ihr fließt mit den roten Blutkörperchen durch die Adern. Das ist sehr spannend! Was macht euer Magen mit einem Käsebrötchen? Was passiert, wenn ihr niest? Diese und andere Fragen werden auf anschauliche Weise beantwortet.

Achtung! Nicht geeignet für Kinder unter 6 Jahren.

In einem früheren Waisenhaus setzt man sich auf internationaler Ebene für die Rechte von Kindern ein: **Kinderrechtenhuis,** Hooglandse Kerkgracht 17, 2312 HS Leiden, ✆ 003171/5160980, info@kinderrechtenhuis.nl.

Weltraumkino

Luke Skywalker lässt grüßen

Weltraumausstellung Space Expo, Keplerlaan 3, NL-2201 AZ Noordwijk. ✆ 003171/3646446, Fax 3646453. www.space-expo.nl. info@spaceexpo.nl. **Bahn/Bus:** Ab Hbf Leiden CS Bus 32 bis Space Expo. **Auto:** A44, N444, Beschilderung Space Expo, kostenlose Parkplätze. **Zeiten:** Di – So 10 – 17 Uhr. **Preise:** 9,50 €; Kinder 4 – 12 Jahre 6 €; Gruppen ab 20 Erw 8 €, Kinder 5,50 €, Zugfahrt 3 € pro Person (Mindestalter 9 Jahre). Info: Kinder bis 12 Jahre haben nur Zutritt in Begleitung von Erwachsenen.

▶ *Space Expo* ist eine Ausstellung zum Thema Raumfahrt und das Besucherzentrum der Europäischen Weltraumorganisation ESA.

Bestaunt den Nachbau einer Raumstation, werdet Astronaut auf Zeit und repariert mit dem Roboterarm eine Beschädigung. Schaut euch die spektakuläre Multimediashow an. Sie simuliert die Landung auf dem Mond, den Start einer Ariane-Rakete und zeigt euch das Space Shuttle sowie die sowjetische Raumstation MIR. Der *Spacetrain* bringt euch ab einem Mindestalter von 9 Jahren zum Besucherzentrum.

© Space Expo

Stolz wie Oskar: Nachwuchsastronauten beim Training

© Space Expo

Dort werft ihr einen Blick hinter die Kulissen der europäischen Raumfahrt. Wusstet ihr, dass Satelliten vor ihrer Reise ins All ausgiebig geprüft werden? Das geschieht hier, in der einzigartigen Testanlage.

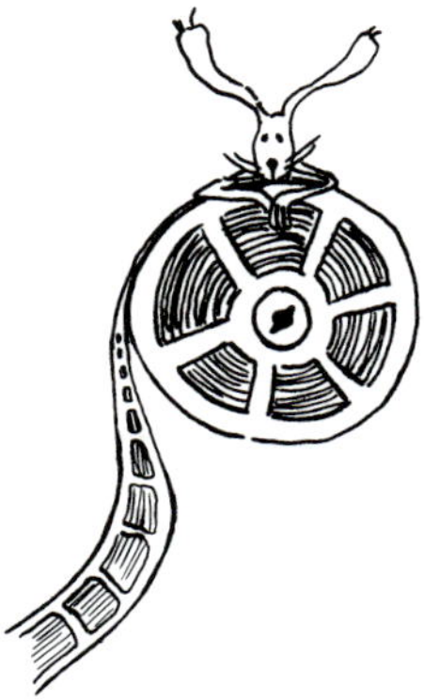

Ein Kino der besonderen Art

Omniversum, President Kennedylaan 5, NL-2517 JK Den Haag. ✆ 003170/3073456, Fax 3073450. www.omniversum.nl. administratie@omniversum.nl. **Bahn/Bus:** Ab Hbf Den Haag CS Bus 24 oder Tram 17 bis Gemeentemuseum/Museon. **Auto:** Ab Zentrum Schilder Scheveningen, Kijkduin und Omniversum. Kostenloser Parkplatz. **Zeiten:** Mo 10 – 15, Di, Mi 10 – 17, Do, So 10 – 21, Fr, Sa 10 – 22 Uhr. **Preise:** 10 €; Kinder 4 – 11 Jahre 8,50 €; Gruppen ab 20 Pers 8,50 €, Kinder 7,50 €. **Infos:** Omniversum ist geeignet für Kinder ab 6 Jahre.

▶ Omniversum ist Europas erstes Weltraum-Theater, eine Mischung aus Planetarium und supermodernem Kino. Der gezeigte 3D-Film ist zehnmal größer als ihr das vom Kino in eurer Heimatstadt kennt. Zusammen mit dem fantastischen Klang habt ihr das Gefühl, mitten im Geschehen zu sein.

Die Filme wechseln regelmäßig. Geht auf eine abenteuerliche Reise durch den Grand Canyon in den USA oder zu den südamerikanischen Iguazù-Wasserfällen. Fliegt mit dem Space Shuttle Atlantis vorbei an Sternen und Planeten auf eine Mission zum Hubble Teleskop.

Für kleine und große Sterngucker

Sternwarte Mercurius, Baanhoekweg 75, NL-3313 LP Dordrecht. ✆ 0031184/490660, www.sterrenwacht-mercurius.nl. info@sterrenwacht-mercurius.nl. **Bahn/ Bus:** Vom Bhf Sliedrecht Bus 77 bis Oosterbrug, dann Waterbus bis Hollandse Biesbosch Dordrecht, 10 Min Fußweg. **Auto:** A15, Ausfahrt 24 Sliedrecht West, N3 Schilder Dordrecht/Holl. Biesbosch. **Rad:** LF12 Maasen Vestingsroute. **Zeiten:** Mi – Fr 9 – 17, 1. Fr im Monat auch 20 – 23, Sa 13 – 22, So 13 – 18 Uhr. **Preise:** 3 €; Kinder 4 – 12 Jahre 2 €.

▶ Dreht sich die Sonne um die Erde oder umgekehrt? Was ist eine Sonnenfinsternis? Hier gibt es die Antworten auf diese und viele weitere Fragen. Ihr erfahrt, wie viel 2 kg auf anderen Planeten wiegen und wie lange eine Reise zum Planeten Uranus dauern würde. An der Tornadomaschine lasst ihr auf Knopfdruck einen Wirbelsturm entstehen. Das ist spannend, ebenso wie die ausgestellten Teile von Meteoriten, die in verschiedenen Ländern der Erde vom Himmel stürzten. Eines wiegt stolze 240 kg!

In der Aluminiumkuppel ist ein **Carl-Zeiss-Teleskop** aus dem Jahr 1920 aufgestellt. Seht mal hindurch, es funktioniert noch immer!

Carl Zeiss (1816 – 1888) war ein deutscher Feinmechaniker und Optiker. Er entwickelte Linsen und Objektive für Mikroskope und Fotokameras. Bis heute werden sie von bekannten Kameraherstellern verwendet.

Bahnen & Betriebe

HANDWERK UND GESCHICHTE

Volldampf voraus

Museum Stoomtrein Valkenburgse Meer, J. Pellenbargweg 1, NL-2235 SP Valkenburg. ✆ 003171/5724275, Fax 5724276. www.smalspoormuseum.nl. info@smalspoormuseum.nl. **Auto:** A44, Ausfahrt Leiden Zuid, kostenloser Parkplatz. **Zeiten:** Juni – Sep Museum 10.30 – 17 Uhr. Abfahrt 13.30 und 15 Uhr. **Preise:** 7 € (Museum und Zugfahrt); Kinder 4 – 12 Jahre 5 €.

▶ Bis vor 50 Jahren wurden **Schmalspurbahnen** bei der Torfgewinnung, im Landschaftsbau und in Steinfabriken eingesetzt. Mit den 16 Dampfloks und 70 Diesellokomotiven seht ihr hier die größte Sammlung Schmalspurfahrzeuge des Landes. Ihr dürft die ausgestellten Loks anfassen und betreten.

Der Höhepunkt des Besuchs ist eine Fahrt mit der schnaufenden Museumseisenbahn entlang des Valkenburgse Meer. An der Endstation wechselt die Lok von hinten nach vorne, das solltet ihr euch genau ansehen.

Die Bahn führte ursprünglich 12 km durch die Dünen von Katwijk und gehörte der Leidse Duinwater Maatschappij. Deren Aufgabe war und ist die Trinkwassergewinnung.

Die Miniatur-Eisenbahnanlage

Railz Miniworld, Weena 745, NL-3013 AL Rotterdam. ✆ 003110/2400501, Fax 2400501. www.railzminiworld.com. info@railzminiworld.com. **Bahn/Bus:** Ab Hbf rechts Weena, ca. 5 Min Fußweg. **Auto:** Beschilderung Centraal Station folgen, Parkhaus Groot Handelsgebouw. **Zeiten:** Mi und Do 12 – 17, Fr, Sa und So 10 – 17 Uhr, Juli und Aug Mo – So 10 – 17 Uhr. **Preise:** 9,50 €; Kinder 3 – 12 Jahre 6,75 €; Senioren ab 65 Jahre 7,75 €, Gruppenrabatt ab 15 Pers 10 %. **Infos:** Kinder unter 12 Jahre nur in Begleitung eines Erw.

Im angeschlossenen Geschäft können Eisenbahnfans sich mit Zubehör zum Modellbau eindecken.

▶ In der Eisenbahnmodellwelt fahren Züge und sogar Autos. Die Anlage besteht aus einer Stadt nach dem Vorbild Rotterdams, einer Küsten- und Polderlandschaft, dem Hafen und einer holländischen Kleinstadt. Einige Gebäude und Sehenswürdigkeiten werdet ihr vielleicht kennen. Alle 24 Minuten wird es Nacht, in den Straßen und Häusern gehen die Lichter an. Dann hat die kleine Welt einen ganz besonderen Zauber! Die Anlage ist noch lange nicht fertig. Eine Erweiterung auf ausländische Themen ist geplant.

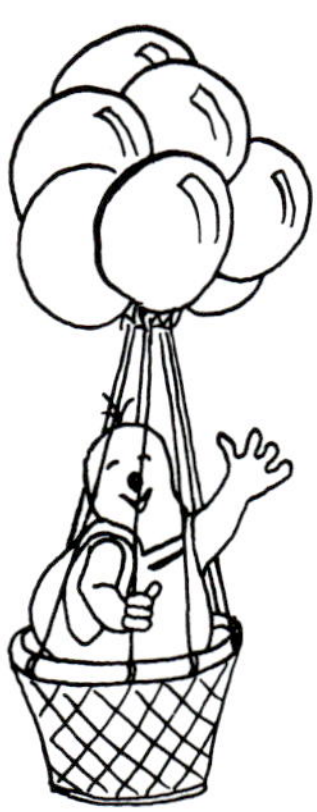

Mühlenmuseum

Stedelijk Molenmuseum De Valk, 2e Binnenvestgracht 1, NL-2312 BZ Leiden. ✆ 003171/5165353, Fax 5134805. www.molenmuseumdevalk.nl. molenmuseumdevalk@leiden.nl. **Bahn/Bus:** Ab Bhf Leiden Centraal Bus 13, 14 bis Lammermarkt. **Auto:** Ab Bhf rechts, 1. rechts, bei Molenwerf links halten, bei Lammermarkt rechts, Parkplatz auch für Busse. **Zeiten:** Di – Sa 10 – 17, So 13 – 17 Uhr. **Preise:** 3 €; Kinder 6 – 15 Jahre 1,70 €; Senioren ab 65 Jahre 1,70 €, Gruppen ab 10 Erw 1,80 €, ab 10 Kinder 1,15 €.

▶ Die Wohnung des Müllers ist in der Getreidemühle aus 1743 zu besichtigen. In der Küche seht ihr wertvolle Wandfliesen im berühmten Delfter Blau aus dem 18. Jahrhundert. Der Salon wurde nur sonntags genutzt. Dort hängen die Familienporträts. Wer sieht wem ähnlich? In den oberen Etagen, wo sich früher die Schlafzimmer befanden, stehen Vitrinen mit Büchern, Werkzeugen und Mühlenmodellen. Noch weiter oben, vom Mehlboden aus, kann der Müller die gesamte Gegend überblicken.

Der umlaufende Balkon der Mühle wird Galerie genannt.

Hier entsteht das berühmte Delfter Blau

Porzellanmanufaktur Royal Delft, Rotterdamseweg 196, NL-2628 AR Delft. ✆ 003115/2512030, Fax 2512031. www.royaldelft.com. info@royaldelft.com. **Bahn/Bus:** Ab Bhf Delft fährt stündlich 10.35 – 16.35 Uhr der Minizug Delftexpress bis zur Porzellanmanufaktur. **Auto:** A13 Ausfahrt 9 Delft, rechts abbiegen, 2. Ampel links, Beschilderung folgen. Kostenloser Parkplatz. **Zeiten:** März – Okt Mo – So 9 – 17 Uhr, übrige Zeit Mo – Sa 9 – 17 Uhr. **Preise:** 8 €; Kinder bis 12 Jahre frei; Gruppen ab 20 Pers 5 € pro Person. **Infos:** Es steht eine Audiotour in Deutsch zur Verfügung.

Kind & Co, Kruisstraat 22, Delft. ✆ 0031115/2121126. www.kindenco.eu. Di – Do 10 – 17.30, Fr 10 – 21, Sa 10 – 17 Uhr. Spielzeug, Kinderkleidung.

▶ Ihr habt bestimmt schon einmal das weltberühmte blau-weiße Delfter Porzellan gesehen. Eine Tasse, eine Fliese oder vielleicht einen Wandteller. Die älteste Porzellanmanufaktur der Niederlande, die heute noch produziert, wurde im Jahr 1653 gegründet. Bei einem Besuch könnt ihr zusehen, wie die kostbaren Stücke entstehen und von Hand bemalt werden. Genau deshalb ist dieses Porzellan so wertvoll!

Die blau-weißen Souvenirs in den Andenkenläden werden in Fabriken hergestellt und sind viel billiger.

So wird die Nordsee ausgesperrt

Maeslantkering, Het Keringhuis, Nieuw Oranjekanaal 139, NL-3151 AK Hoek van Holland. ✆ 0031174/511222, Fax 540324. www.keringhuis.nl. info@keringhuis.nl. **Bahn/Bus:** Ab Bhf Hoek van Holland Haven, Fährhafen Berghaven Fähre bis Veerhaven Maeslant Europoort Rotterdam. **Auto:** Ab Den Haag Beschilderung Hoek van Holland, ab Hoek van Holland N220 Richtung Maassluis, Ausfahrt Maeslantkering, beschildert. **Zeiten:** Mo – Fr 10 – 16, Sa, So, Fei 11 – 17 Uhr. **Preise:** Eintritt frei. **Infos:** Gruppen können eine kostenpflichtige Führung in deutscher Sprache buchen. Bitte vorab reservieren!

Hunger & Durst

Restaurant Keringhuis, Nieuw Oranjekanaal 139, Hoek van Holland. ✆ 0031174/511222. www.keringhuis.nl. Di – So Nov – März Sa, So. Kleine Karte, Erfrischungen.

Eine 1-stündige Fahrt mit dem Zug FutureLandExpress bringt euch vom Informationszentrum Futureland auf das Gelände. Dazu müsst ihr jedoch aus Sicherheitsgründen min 1,35 m groß sein.

▶ Die Nordsee kann bei Sturmflut zur Gefahr werden. Das **Sturmflutwehr** *Maeslantkering* schützt vor Überschwemmungen. Es besteht aus 2 riesigen weißen Toren, die sich bei drohendem Hochwasser schließen. Im **Keringhuis,** dem Informationszentrum gleich nebenan, könnt ihr euch genau informieren. Ein Film berichtet über den Bau des Wehrs.

Dann ist es an euch, Holland zu retten. Am Modell der Maeslantkering kontrolliert ihr den Wasserstand und schließt das Sturmflutwehr eigenhändig.

Informationszentrum für Land- und Wasserratten

Futureland, Europaweg 902, NL-3199 LC Rotterdam-Maasvlakte. ✆ 003110/2522520, www.futureland.nl. info@futureland.nl. **Bahn/Bus:** Ab Brielle Busstation Bus 113 bis ECT Maasvlakte. **Auto:** A20, Beneluxtunnel (A4) Richtung Europoort, Botlektunnel (A15), im Hafengebiet Beschilderung Nummer 8213 folgen. **Rad:** Ab Hoek van Holland mit der Schnellfähre von RET. **Zeiten:** Di – Fr 10 – 17, So 11 – 17 Uhr (Nov – Ostern bis 16 Uhr). **Preise:** Eintritt frei, Fahrt mit dem Zug FutureLand-Express 5 €.

▶ Futureland zeigt euch die Ausbreitung des Rotterdamer Hafens. Das Projekt trägt den Namen *Maasvlakte 2*. Informiert euch, wie das Baggern auf dem Meer und das Laden und Löschen von Gütern in einem modernen Welthafen vonstatten gehen. Bei einem virtuellen Flug über den zukünftigen Hafen rast ihr haarscharf an hohen Kränen entlang. Den Kopf müsst ihr aber nicht einziehen! Entdeckt die Aussicht vom Panorama-Deck auf das Baugebiet.

Habt ihr Lust, selbst zu bauen? Dann nehmt das Steuer des Baggers in die Hand und schaut zu, wie Land aus dem Wasser aufsteigt.

Es klappert die Mühle

Kornmühle 't Vliegend Hert, Molenstraat 14, NL-3231 AJ Brielle. Handy 00316/53580519. www.vliegendhert.org. info@vliegendhert.org. **Auto:** A15, Ausfahrt 12, N57, Groene Kruisweg/N218 rechts, Thoelaverweg rechts, 1. links, 1. rechts, 1. rechts, Molenstraat rechts. **Zeiten:** Fr 10 – 16, Sa 10 – 16 Uhr unter Vorbehalt. **Preise:** Eintritt frei.

▶ Die ehemals hölzerne Mühle wurde 1696 durch eine Mühle aus Stein ersetzt, die 200 Jahre später einem Brand zum Opfer fiel. 1984 wurde sie schließlich nach dem Vorbild der Ursprungsmühle nachgebaut, 2 Jahre später feierte die Kornmühle ihre Eröffnung. Heute könnt ihr die Müller *Sjoerd, Henk* und *Jeroen* bei der Arbeit besuchen. In der alten Scheune findet ihr einen **Mühlenladen.** Dort gibt es Mehl, Haferflocken, Kekse und Nüsse zu kaufen.

Mühlenladen Molenwinkel, Molenstraat 14, Brielle. ✆ 00316/53580519. www.vliegendhert.org. Fr 10 – 17, 1. und 3. Sa im Monat – 13 Uhr. Mehl, Nüsse, Müsli.

Glaskunst vom Feinsten

Glasbläserei Leerdam, Zuidwal 2, NL-4141 MP Leerdam. ✆ 0031345/614960, Fax 633070. www.deglasblazerij.nl. winkel@stichtingglas.nl. **Bahn/Bus:** Ab Bhf Leerdam 5 Min Fußweg über Spoorstraat und Oranje Nassaulaan. **Auto:** Beschildert, P Glasblazerij 2, kostenlos parken. **Zeiten:** Di – Sa 10 – 17, So 12 – 17 Uhr. **Preise:** 7 €; Kinder bis 6 Jahre frei, 6 – 12 Jahre 5,50 €; Gruppen ab 20 Pers 6,50 €.

▶ Wer einmal sehen möchte, wie Glas entsteht, sollte der Glasbläserei Leerdam einen Besuch abstatten. In einer großen Scheune zeigen euch internationale Glaskünstler wie sie aus einem Gemisch von Sand, Kalk und Soda kleine gläserne Kunstwerke machen. Da wird gedreht, geblasen und wieder gedreht. Lange Zeit ahnt man gar nicht, was da entstehen soll. Und plötzlich ist die Vase fertig!

Im angeschlossenen Geschäft werden handgefertigte Glasobjekte ab 25 € verkauft.

Hunger & Durst

Da Piero Pasta & Pizza, Hoogstraat 19, Leerdam. ✆ 0031345/616627. www.dapiero.nl. Di – So 17 – 22.30 Uhr. Pizza ab 5 €, Pasta ab 6 €, Salate ab 3,50 €.

Die Windmühlen von Kinderdijk

Kinderdijk, Nederwaard 1, NL-2961 AS Kinderdijk. ✆ 00316/6912830, Fax 6918294. www.kinderdijk.nl. info@kinderdijk.nl. **Bahn/Bus:** Ab Bhf Rotterdam-Lombardijen Bus 90 bis Molenkade, Beschilderung Molen. **Auto:** A15, Ausfahrt 22, Parkplätze beschildert. **Zeiten:**

Eine 12 km lange Wanderroute führt durch das Mühlengebiet. Folgt den gelb-rot-gelben Schildern.

Hunger & Durst

Buena Vista, Molenstraat 230, Kinderdijk. ✆ 003178/6912485. www.grandcafebuenavista.nl. Mi – So 12 – 21 Uhr. Pfannkuchen 3,35 €.

Im Museumsladen gibt es Fossilien und den Bausatz eines Stegosaurus.

Besuchermühle April – Okt 9.30 – 17.30 Uhr, Nov – März Sa, So 11 – 16 Uhr. **Preise:** Gelände frei zugänglich, Eintritt Besuchermühle 6 €; Kinder 6 – 12 Jahre 4 €. **Infos:** Bootsfahrten April – Sep 10 – 17 Uhr. Karten im Boot 4 €, Kinder 4 – 12 Jahre 3 €.

▶ Kinderdijk wurde 1997 in die Liste des UNESCO-Weltkulturerbes aufgenommen. Die 19 Windmühlen aus dem 18. Jahrhundert stehen in einer Reihe wie Perlen an einer Schnur. Einst pumpten sie Wasser aus den Poldern in den nahe gelegenen Fluss *Lek,* um den Boden landwirtschaftlich nutzbar zu machen. Heute übernehmen moderne Pumpen diese Aufgabe. In der Besuchermühle seht ihr, wie der Müller mit seiner Familie früher wohnte. Die Erklärungen gibt's auch auf Deutsch.

Museen & Stadtführungen

Natur und Umwelt im Blick

Museum Naturalis, Darwinweg 2, NL-2333 CR Leiden. ✆ 003171/5687600, Fax 5687666. www.naturalis.nl. naturalis@naturalis.nl. **Bahn/Bus:** Von Hbf Leiden Centraal Bus 43 oder 232 bis Darwinweg oder zu Fuß Richtung LUMC, Beschilderung Naturalis (800 m). **Auto:** Ab Zentrum Beschilderung Naturalis, Parkmünze 3 €. **Zeiten:** Mo – So 10 – 17 Uhr. **Preise:** 11 €; Kinder 4 – 12 Jahre 7 €, Jugendliche 13 – 17 Jahre 9 €; Gruppen ab 10 Pers 1 € Ermäßigung.

Kannst du Livingstone sehen? Junge Forscher auf Entdeckungsreise

© Naturalis

▶ In dem bemerkenswerten Museum werft ihr einen faszinierenden Blick auf die Entwicklung des Lebens auf unserer Erde. Gezeigt werden Tiere, Pflanzen, Mineralien, Gesteine und Fossilien. Der riesige Globus mit seinem Durchmesser von 4 m dreht sich. Findet ihr Deutschland? Der Saal *Kijkje aarde* (Die Erde im Blick) richtet sich an Kinder von 6 – 10 Jahren. Untersucht den riesigen Eichenbaum und entlockt ihm seine Geheimnisse. Im Lijfkijker (Körpergucker) seht ihr, wo die Bausteine aus eurer Nahrung in eurem Körper landen.

Von Kindern für Kinder

Het Van Kinderen Museum, Waldeck Pyrmontkade 116, NL-2518 AA Den Haag-Scheveningen. ✆ 0031 70/3454401, www.hetvankinderenmuseum.nl. info@hetvankinderenmuseum.nl. **Bahn/Bus:** Ab Hbf Den Haag CS Tram 3 bis Elandstraat. **Auto:** Ab Hbf Den Haag CS Beschilderung Kijkduin. **Zeiten:** So 12 – 16 Uhr, Mi auf Anfrage. **Preise:** Eintritt frei; 2,50 € Materialkosten. **Infos:** Mindestalter 6 Jahre, Mi Reservierung erforderlich.

▶ Im Kindermuseum sind ausschließlich Werke von Kindern ausgestellt. Wer Lust hat kann, unter Anleitung von Fachleuten, etwas basteln oder zimmern. Für die Ausstellung *Die Kraft des Lichts* müssen Instrumente oder Gebäude zu diesem Thema gebastelt werden. Dabei sind eurer Fantasie keine Grenzen gesetzt.

Wer lieber ein Gemälde ausstellen möchte, stellt erst mal seine Farbe selbst her. Wenn euer Kunstwerk fertig ist, entscheidet ihr, wie es präsentiert werden soll. Ihr werdet feststellen, dass es gar nicht so leicht ist, ein Museum einzurichten.

Zurück ins Jahr 1881

Panorama Mesdag, Zeestraat 65, NL-2518 AA Den Haag-Scheveningen. ✆ 003170/3644544, Fax 3450431. www.panorama-mesdag.com. info@panorama-mesdag.com. **Bahn/Bus:** Ab Hbf Den Haag CS Bus 22 bis Mauritskade. **Auto:** A12, bei Zuid-Hollandlaan links, links halten, rechts halten bei Koningskade, bei

Spielzeugladen Lilá, Nieuwsteeg 16, Leiden. ✆ 003171/5121673. www.kinderwinkellila.nl. Di – Fr 10 – 17.30, Sa 10 – 17, Do bis 21 Uhr. Hochwertiges Spielzeug.

Hunger & Durst

Hagedis, Waldeck Pyrmontkade 116, Scheveningen. ✆ 003170/3640456. www.restauranthagedis.nl. Mi – Sa 17 – 21 Uhr. Biologisch-vegetarisches Restaurant. Salate ab 4 €, Pizza oder Gemüseburger 6 €.

Der amtliche Name von Den Haag lautet 's-Gravenhage. Das bedeutet auf Deutsch Wald des Grafen, denn im 13. Jahrhundert hatten die Grafen von Holland dort ihr Jagdrevier.

Noordeinde rechts. Kostenpflichtiges Parken Zeestraat. **Zeiten:** Mo – Sa 10 – 17, So, Fei 12 – 17 Uhr. **Preise:** 7 €; Kinder 3 – 12 Jahre 3,50 €; Senioren ab 65 Jahre 6,50 €, Gruppen ab 10 Pers 5,50 €.

▶ Geht auf eine Zeitreise in die Vergangenheit. Das größte Bild von Holland, ein 120 m langes Rundgemälde, zeigt den Strand von Scheveningen um das Jahr 1881. Auf der ebenfalls runden Aussichtsplattform steht ihr in der Mitte, umringt von Sanddünen. Durch geschickte Beleuchtung und Möwengekreische vom Band wird die Täuschung komplett. Ihr habt das Gefühl, ihr steht wirklich am Strand. Seht ihr die Fischer, die Ihre Netze flicken? Und das viele Treibgut, das herumliegt? Wenn euer Kinderzimmer so aussähe, müsstet ihr dringend aufräumen!

Hunger & Durst

Binky Beer, Strandweg 11F, Scheveningen. ✆ 003170/ 3512929. www.beren.nl. Mo – So ab 10 Uhr. Kindermenüs 5,90 €.

Militärmuseum

Legermuseum, Korte Geer 1, NL-2611 HN Delft. ✆ 003115/2150500, Fax 2150544. www.legermuseum.nl. info@legermuseum.nl. **Bahn/Bus:** Ab Bhf Delft Richtung Centrum, Bahnhofsplatz und West Vest überqueren, auf Barbarasteeg Brücke überqueren, vor der 2. Brücke rechts. **Auto:** A13, Ausfahrt Delft (bei IKEA), Beschilderung, Parkplatz Gasthuisplaats. **Zeiten:** Di – Fr 10 – 17, Sa, So, Fei 12 – 17 Uhr. **Preise:** 7,50 €; Kinder 4 – 17 Jahre 3 €; Familienkarte 2 Erw und 3 Kinder 18 €, Gruppen ab 10 Pers 3 €.

▶ Das Museum liegt malerisch in einer Gracht. Es zeigt niederländische Militärgeschichte aus römischer Zeit, über die Ritterzeit und beide **Weltkriege** bis heute. Ihr seht römische Helme, jahrhundertealte Kanonen und moderne Panzer. In dem Bereich *Actie Zone* durchlauft ihr die militärische Grundausbildung in 45 Minuten. Habt ihr Lust? Ihr werdet eingewiesen in spannende Missionen und lernt, Minen aufzuspüren. Seid ihr fit genug, um mit vollem Marschgepäck zu rennen? Nach dem Training seid ihr vom Rekruten, wie ein Soldat in Ausbildung heißt, zum General aufgestiegen!

Dann doch lieber Zivildienst: Soldatenleben im Legermuseum

Der Erste ***Weltkrieg*** *dauerte von 1914 bis 1918, der Zweiter Weltkrieg von 1939 bis 1945.*

Ansichten eines Hafens

Hafenmuseum, Leuvehaven 50/72, NL-3011 EA Rotterdam. ✆ 003110/4048072, Fax 4049508. www.havenmuseum.nl. info@havenmuseum.nl. **Bahn/Bus:** Ab Hbf Rotterdam CS Metro D bis Leuvehaven. **Auto:** VVV Richtung Stadhuisplein, Churchillplein, bei Vasteland links, 1.links, Parkhaus De Boompjes. **Zeiten:** Di – Fr 10 – 17, Sa, So, Fei 11 – 17 Uhr. **Preise:** Eintritt frei.

▶ Das Hafenmuseum befindet sich im Leuvehaven mitten in der Stadt. Am Kai liegen viele bunte Schiffe. Sie geben euch, gemeinsam mit alten Hafenwerkzeugen und Motoren, Einblick in die Geschichte des Hafens in der Zeit 1850 – 1970. Bei gutem Wetter starten einige der Schiffe zu einer Rundfahrt. In den **Werkstätten** werden alte Handwerke vorgeführt.

Achtung! Das Hafenmuseum ist auf ehrenamtliche Mitarbeiter angewiesen, deshalb können die Öffnungszeiten abweichen.

Wohnen im Würfel

Kijkkubus, Overblaak 70, NL-3011 MH Rotterdam. ✆ 003110/4142285, Fax 4144797. www.kubuswoning.nl. info@kijkkubus.nl. **Bahn/Bus:** Ab Bhf Rotterdam-Blaak links, 1 Min Fußweg. **Auto:** VVV Richtung Stadhuisplein, links bei Churchillplein, Parkhaus Oude Haven. **Zeiten:** Mo – So 11 – 17 Uhr. **Preise:** 2,50 €; Kinder 4 – 12 Jahre 1,50 €; Senioren ab 65 Jahre 2 €, Gruppen 10 – 20 Pers 2 €, Gruppen ab 21 Pers 1,50 €.

▶ In Rotterdam stehen 40 Kubushäuser beieinander. Solch ein Haus sieht aus wie ein Würfel, der auf einer spitzen Ecke steht. Besucht das Musterhaus, den Kijkkubus. Darin sehr ihr, wie es sich mit schiefen Wänden leben lässt. Als erstes fällt auf, dass es wenig Möbel gibt. Und alles läuft irgendwie spitz zu. Wahrscheinlich fühlt ihr euch bei eurem Rundgang an ein Raumschiff erinnert.

Wenn ihr selbst einmal so ungewöhnlich wohnen möchtet: in einem Teil der Würfelhäuser ist das Stayokay-Hostel Rotterdam untergebracht, ↗ Ferienadressen.

Mit dem Bus durch den Fluss

Splash Tours, Büro, Willem Buytewechstraat 45, NL-3024 BK Rotterdam. ✆ 003110/4369491, www.splashtours.nl. info@splashtours.nl. **Bahn/Bus:** Ab Hbf Rotterdam Centraal Metro D bis Leuvehaven.

Auto: Parkhaus Westblaak oder Beursplein. **Zeiten:** April – Juni, Sep, Okt Mi – So, Juli und Aug Di – So, März, Nov, Dez Sa, So 12.30, 14, 15.30 und 17 Uhr. **Preise:** 22,50 €; Kinder 3 – 12 Jahre 15,50 €. **Infos:** Fahrkarten gibt's beim VVV oder auf der Webseite; auf Onlinetickets teilweise 15 % Ermäßigung.

▶ Vor dem *Maritiem Museum* am Leuvehaven 1, Ecke Aan den Blaak, beginnt die außergewöhnliche Stadtrundfahrt mit dem knallgelben Bus. Die Route führt euch am Leuvehaven vorbei, über das Wahrzeichen der Stadt, die Erasmus-Brücke. Dann fährt der Bus in die Maas. Ihr habt richtig gelesen! Dieser besondere Bus kann durchs Wasser fahren. Genießt den Blick vom Wasser auf die Stadt – und die staunenden Blicke der Fußgänger an Land. Nach einiger Zeit habt ihr wieder trockenen Boden unter den Rädern und die ungewöhnliche Fahrt geht zu Ende.

Musik-Museum

Museum RockArt, Zekkenstraat 42, NL-3151 AK Hoek van Holland. ✆ 0031174/384103, www.rockart.nl. info@rockart.nl. **Bahn/Bus:** Ab Bhf Hoek van Holland Haven Bus 35 bis De Houtmanstraat, am Ende links in Prins Hendrikweg, rechts in Zekkenweg. **Auto:** Beschilderung Industrieterrein de Haak, kostenloser Parkplatz. **Zeiten:** Do, Fr, Sa, 1. So des Monats und Mi in den Ferien 13 – 17 Uhr. **Preise:** 5 €; Kinder ab 8 Jahre 5 €.

▶ Das Museum nennt sich *Schatzkammer der niederländischen Popgeschichte.* Niederländische Popmusik von den 50er Jahren des letzten Jahrhunderts bis heute wird euch hier in Bild, Ton und mittels Erinnerungsstücken näher gebracht.

Leuchtturmmuseum

Nederlands Kustverlichtingsmuseum, In de Vuurtoren, René Vas, Willem van Houtenstraat 102, NL-3151 AK Hoek van Holland. ✆ 0031174/383571, www.kustverlichtingsmuseum.nl. dorva@casema.nl. **Bahn/Bus:** Ab Bhf Hoek van Holland Haven 15 Min Fußweg. **Auto:**

Richtung Norden Harwichweg, 1. rechts, 1. rechts, bei Jolinkstraat rechts, 1. links. **Zeiten:** Mai – Sep 1. Sa des Monats 13 – 16 Uhr. **Preise:** Eintritt frei. **Infos:** Führungen 1 € pro Pers.

▶ Seit seinem Bau 1893 bis ins Jahr 1974 war der Leuchtturm *Het Hoge Licht* in Betrieb. 1977 wurde der Turm in zwei Teile zerlegt. Der Unterfeuer genannte Teil wurde zum Leuvehaven nach Rotterdam transportiert und steht dort auf dem Gelände des Maritiem Museums. In dem verbleibenden Teil des roten, gusseisernen Turms wurde das niederländische Leuchtturmmuseum untergebracht. Gezeigt werden Modelle von Leuchttürmen, Einrichtungen zum Lampenwechsel und Fotos. Die 6 Etagen verteilen sich auf 21 m Höhe. Von dort oben habt ihr einen grandiosen Blick über den Ort und das Meer.

Der ägyptische Leuchtturm von Pharos ist eins der sieben Weltwunder der Antike. Er wurde 280 vor Christus erbaut und gilt als der erste Leuchtturm weltweit.

Heimatmuseum im alten Rathaus

Ouddorps Raad- en Polderhuis, Raadhuisstraat 4, NL-3253 XA Ouddorp aan Zee. ✆ 0031187/684419, www.raadenpolderhuis.nl. info@raadenpolderhuis.nl. **Bahn/Bus:** Ab VVV 750 m über Spaanseweg, Hazersweg, Weststraat. **Auto:** Ab VVV bei Smalle Einde links, 1. rechts, bei Hazersweg rechts, 1. rechts, bei Raadhuisstraat links. **Zeiten:** Mai, Juni, Sep Do, Di 10 – 14, Do und Sa 14 – 16.30 Uhr, Juli und Aug Di 10 – 14 Uhr, Do und Sa 11 – 16.30 Uhr, Sep Do und Sa 14 – 16.30 Uhr. **Preise:** 1 € pro Person.

▶ Das ehemalige Rathaus erinnert mit seinem Treppengiebel und dem Türmchen an ein Lebkuchenhaus. Es beherbergt seit 1983 das Heimatmuseum, in dem euch die Natur, die Geschichte, der Dialekt, die Kleidertracht sowie die Tier- und Pflanzenwelt von Ouddorp und Umgebung näher gebracht werden. Kennt ihr alle Vögel, die hier ausgestellt sind? Natürlich kommen bei einem Ort an der Küste die Themen Fischerei und Entwicklung des Tourismus nicht zu kurz. Hoch oben auf dem Dachboden dreht sich alles um das Thema Natur.

Hunger & Durst

Strandrestaurant C-side, Oud Nieuwlandseweg 20, Ouddorp. ✆ 0031187/681984. www.c-side.nl. Täglich ab 12 Uhr, Sommer 8.30 – 23 Uhr. Empfehlenswert. Leckere Kindergerichte, Spielmöglichkeiten.

Strandkletteraffen: Diese seltene Spezies lebt am C-Side-Lokal

© C-side

SÜDHOLLAND

Käse wird oft nach seinem Herkunftsort benannt. Leerdamer kommt aus Leerdam. Jetzt ratet mal, wo der Edamer herkommt.

Dicker auf dem Blumenkorso – WER ist hier dick?!

Käsemarkt = Kaasmarkt

Gouda, Markt 1, NL-2801 JG Gouda. www.gouda-kaas.nl. **Bahn/Bus:** Ab Bhf Gouda, 700 m nach Südosten. **Auto:** A12, Ausfahrt 11, N207 Richtung Boskoop, Gouda, Centrum. **Zeiten:** Ende Juni – Ende Aug Do 10 – 12.30 Uhr. **Preise:** Eintritt frei. **Infos:** Infos beim VVV Gouda.

▶ Auf dem Marktplatz am Rathaus liefern die Bauern der Umgebung ihren Käse an, der durch Klatschen in die Hände verkauft wird. Dann wird er gewogen. Auch ihr könnt euch auf der Käsewaage wiegen lassen. Dazu bekommt ihr eine Urkunde. Eine Fahrt mit dem von Pferden gezogenen **Käse-Express** ist ein tolles Erlebnis. Die Rundfahrt dauert 20 Minuten und kostet 2 Euro. Karten gibt es hinter der Käsewaage an der Kapelle Agnietenkapel.

FESTKALENDER SÜDHOLLAND

April:	Noordwijk: **Haarlem Blumenkorso,** www.bloemencorso-bollenstreek.nl.
Juni:	Den Haag/Scheveningen: **Vlaggetjesdag,** Fischereifest, Eröffnung des Matjessaison, www.vlaggetjesdag.com.
	Letzter So, Den Haag: **Popfestival** im Zuiderpark in Den Haag, www.parkpop.nl.
	Mitte Juni – Ende Aug, Gouda: **Käsemarkt,** Do 10 – 12.30 Uhr.
Juli:	1. Wochenende, Leiden: **Lakenfest,** Grachtenfest mit Booten, www.lakenfeesten.nl.
September:	Anfang, Rotterdam: **Welthafentage,** www.wereldhavendagen.nl.
	Den Haag/Scheveningen: **Drachenfestival,** www.vliegerfeestscheveningen.nl.
Dezember:	Mitte des Monats, Gouda: **Gouda bei Kerzenlicht**

ZEELAND

SÜDHOLLAND

NORDHOLLAND

AMSTERDAM

DIE INSELN

IJSSELMEERKÜSTE

WATTENMEERKÜSTE

ORTE, INFO & VERKEHR

FERIENADRESSEN

KARTEN & REGISTER

ZWISCHEN NORDSEE UND IJSSELMEER

Die Provinz Nordholland ist eine Halbinsel zwischen Nordsee und IJsselmeer. Deshalb ist der Weg ans Wasser nie weit. Das fruchtbare Land besteht zu einem großen Teil aus trockengelegten Gebieten, die Polder genannt werden. Amsterdam ist zwar die größte Stadt, doch die Provinzhauptstadt heißt Haarlem.

Die **Nordseeküste** ist ein beliebtes Urlaubsgebiet für Touristen aus nah und fern. Populäre Badeorte sind Zandvoort, Egmond aan Zee oder Bergen aan Zee. Auch am **IJsselmeer** liegen hübsche Orte mit alten Häusern und viel Seemannsatmosphäre. Zwar gehört die Insel Texel auch zu Nordholland, wird jedoch in diesem Buch gemeinsam mit den anderen Inseln in einem eigenen Kapitel aufgeführt. Auch die Orte rund ums IJsselmeer, ob zu Nordholland, Friesland oder Flevoland gehörend, werden gesondert zusammengefasst und vorgestellt.

Ähnlich wie hierzulande die Bundesländer, gibt es in den Niederlanden die 12 Provinzen Groningen, Friesland, Drenthe, Overijssel, Flevoland, Gelderland, Nordbrabant, Utrecht, Nord- und Südholland, Zeeland und Limburg.

TIPPS FÜR WASSERRATTEN

Schwimmen und Schiff fahren

Wasserspaß für die ganze Familie

Zwembad De Heerenduinen, Heerenduinweg 6, NL-1971 JE IJmuiden. ✆ 0031255/531888, Fax 521194. www.zwembadvelsen.nl. zwembad@velsen.nl. **Bahn/ Bus:** Ab Bhf Haarlem Bus 4 oder 75 bis Zeeweg IJmuiden. **Auto:** Ab VVV bei Zoutmanstraat rechts, 1. links, 1. rechts, Heerenduinweg rechts. **Zeiten:** Mo 10 – 13, Di 9 – 10, 12 – 13, 15 – 15.45, Mi 9 – 10, 12 – 15.30, 20 – 22.15, Do 9 – 10, 12 – 13, Fr 9 – 10, 12 – 13, 18 – 21, Sa 8.30 – 17, So 12 – 17 Uhr. **Preise:** 4,75 €; Kinder 2 – 16 Jahre 4,25 €.

▶ Im Familienschwimmbad habt ihr viel Spaß auf der 60 m langen Wasserrutsche, im Wildwasserbach und unter dem Wasserfalls. Die Kleinsten vergnügen sich im Planschbecken mit kleiner Wasserrutschbahn und einem Wasserspieltisch. Im Außenbereich mit Freibad gibt es eine große Liegewiese und einen Beachvolleyballplatz.

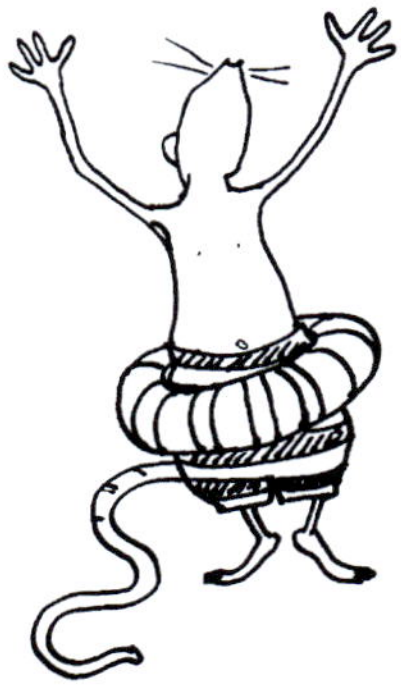

Auf dem Wasserspielplatz des Linneaushofs steht Wasserspaß an erster Stelle

@ **Newcastle** hat neben zahlreichen Einkaufsmöglichkeiten auch eine reiche Kultur und viele Sehenswürdigkeiten zu bieten, www.visitbritain.com.

Hans Brinker or the silver skates von Mary Mapes Dodge (nur auf Englisch), ISBN 978-1-1512-4352-2, 18,80 €.

Minikreuzfahrt nach Newcastle/England

Hafen IJmuiden, The Felison Terminal, Quays No. 1 + No. 2, Sluisplein 34 – 65, NL-1975 AG IJmuiden. ✆ 0031255/546666, Fax 545426. www.dfdsseaways.de. post@dfdsseaways.de. **Bahn/Bus:** Ab Bhf Beverwijk oder Bloemendaal Bus 74 bis Oranjestraat. **Auto:** A22, Ausfahrt IJmuiden, Beschilderung Newcastle-Fähre, Parkplatz am Terminal, Kosten bei einer 3-Tage-Mini-Cruise 13 €. **Zeiten:** ganzjährig, Abfahrt Hinreise 17.30, Ankunft Rückreise 9.30 Uhr. **Preise:** Minikreuzfahrt mit Frühstück und Bustransfer nach Newscastle und zurück ab 99 € pro Pers. **Infos:** Fährgesellschaft DFDS, ✆ 01805/8901051 (D).

▶ Für die Minikreuzfahrt nach Newcastle geht ihr in IJmuiden an Bord des komfortablen Fährschiffs. Um 17 Uhr heißt das Kommando: Leinen los! Bevor ihr euch in der Kabine schlafen legt, geht ihr natürlich auf Entdeckungstour. Vielleicht seht ihr euch im Kino einen Film an, bevor ihr das Büffet stürmt. Um 9 Uhr morgens erreicht ihr den Hafen von Newcastle, in die Stadt fahrt ihr mit dem Bus. Um 17.30 Uhr geht es zurück, gegen 9.30 Uhr seid ihr zurück in Holland.

HANS BRINKER, DER HELD VON HAARLEM

▶ Hans Brinker, der 8-jährige Sohn des Schleusenwärters von Haarlem, bringt einem alten und blinden Mann ein paar Pfannkuchen. Auf dem Heimweg entdeckt Hans, dass Wasser durch ein Loch im Deich eindringt und erkennt sofort die Gefahr einer Überschwemmung. Er steckt seinen Finger in die Bruchstelle, das Wasser strömt nicht mehr. Es ist schon spät und wird allmählich kalt und dunkel. Der mutige Junge ruft verzweifelt um Hilfe. Doch niemand hört ihn. Die Eltern glauben, er bliebe über Nacht bei dem alten Mann. So muss Hans die lange Nacht am Deich zu verbringen. Erst am nächsten Morgen findet der Pastor des Städtchens den Jungen, müde und frierend. Alle freuen sich und sind dankbar für die heldenhafte Tat des kleinen Hans. ◀

Die amerikanische Kinderbuchautorin Mary M. Dodge lebte 1831 – 1905.

Rundfahrt Hafen & Nordsee

IJmuidense Rondvaart Maatschappij, Trawlerkade 64, NL-1976 CC IJmuiden. ✆ 0031225/511676, Fax 535874. Handy 00316/51598917. www.ijmuidenserondvaart.nl. info@ijmuidenserondvaart.nl. **Bahn/Bus:** Ab Bhf Beverwijk Bus 74 bis Vissershaven IJmuiden. **Auto:** A22, vor dem Velsertunnel Ausfahrt IJmuiden, Beschilderung Sluizen, Kop van de haven und IJmuidense Rondvaart. **Zeiten:** Juni – Aug täglich 14 und 16 Uhr. **Preise:** Pers ab 7 Jahre 9 €; Kinder bis 6 Jahre frei. **Infos:** Reservierung empfohlen. Abfahrt: am Dankzij Terminal, Sluisplein.

▶ Die ereignisreiche Rundfahrt *Haven & Noordzee* führt euch durch den Hafen, vorbei an der Fischversteigerung, an Fischerbooten und einem deutschen U-Boot-Bunker aus dem Zweiten Weltkrieg.
Ihr seht die Schleusen von IJmuiden und das Stahlwerk Corus. Bei gutem Wetter geht es weiter hinaus auf die Nordsee in Richtung Zandvoort oder Wijk aan Zee. Am Ende der 1-stündigen Fahrt bekommt ihr im Namen des Wassergottes Neptun ein Diplom ausgehändigt.

Es werden auch Ausflüge zum Windmolenpark Egmond aan Zee angeboten.

Hunger & Durst

IJmuiden aan Zee, Kennemerboulevard 404, IJmuiden. ✆ 0031255/510762. www.eetcafe-ijmuidenaanzee.nl. Mi – So 12 – 22 Uhr. Pfannkuchen ab 4 €.

Radeln, wandern – oder doch reiten?

FRISCHE LUFT & SPORT

Radtour von de Banjaert nach de Hoep

Burgemeester Rothestraat 53a, NL-1949 CC Wijk aan Zee. **Länge:** 20 km. **Bahn/Bus:** Ab Bhf Beverwijk NS Bus 78 bis Julianaweg.

▶ Ab dem ↗ **Naturfreundehaus Banjaert** in **Wijk aan Zee** rechts abbiegen, ihr radelt über die Burgemeester Rothestraat zum Meeuwenweg. Folgt der Beschilderung des Radwegs in Richtung Heemskerk und Castricum, unterwegs genießt ihr die waldreiche Natur. Ab **Castricum** ist das ↗ **Besucherzentrum de Hoep** ausgeschildert.

Wanderung von Alkmaar nach Egmond aan Zee

Bahnhof Alkmaar, Stationsweg 47, NL-1815 CB Alkmaar. **Länge:** 16 km. **Bahn/Bus:** Ab Bhf Alkmaar.

▶ Geht am **Bahnhof von Alkmaar** durch den Tunnel zur Rückseite des Gebäudes auf den *Kruseman van Eltenweg.* Vor der Brücke nehmt ihr links den Fußweg am Kanal entlang. Am Ende überquert ihr den Bergerweg und geht auf der *Van Oostsanenkade* weiter. An deren Ende lauft ihr wieder über eine Brücke, dann geht es geradeaus über den Fahrradweg und einen Parkplatz. Biegt rechts ab, passiert eine weitere Brücke und dann geht ihr links auf den nächsten Fußweg am Wasser. Am Ende steht die **Mühle Geestmolen.** Sie kann nur nach Terminabsprache besichtigt werden. Weiter geht die Route über eine Brücke, dann auf die Straße *Van Ostadelaan,* die im Verlauf zur *Aert de Gelderlaan* wird. Nach dem Überqueren der Terborchtlaan geht eure Tour auf dem Fußweg am Kanal weiter bis ihr die *Picassolaan* erreicht. Rechts überquert ihr die **Aert de Gelderlaan** und dann den **Martin Luther Kingweg.** Durch den Hoeverpad geht es wieder am Wasser vorbei. Nach ca. 2 km erreicht ihr einen **Bauernhof,** biegt links ab und überquert die Holzbrücke. Nun führt euer Weg etwa 3 km entlang des Kanals Egmonder Binnenvaart. Rechts liegen im Frühling ausgedehnte Tulpenfelder. Überquert die Straße *Zomerdijkje* und den *Heiloer Zeeweg,* biegt beim Seitenarm der Gracht rechts ab und klettert über den **Zaun** bei dem Tritt, der für diese Zwecke dort steht. Rechts geht die Wanderung weiter nach **Egmond-Binnen,** das ihr am Ortsrand links über das Luilaantje erreicht. Die erste Straße links, den Klosterweg, geht ihr bis zum Ende, biegt dort rechts in die Abdijlaan. Links befindet sich der Eingang der **Abtei von Egmond.** Am Ende der Abdijlaan überquert ihr den Heren- und den Randweg. Geht geradeaus weiter auf dem St. Adelbertusweg. Auf der Route liegt der **Brunnen des heiligen Adelbertus.** Dem Wasser wer-

Im Laden der Abtei von Egmond könnt ihr Kerzen aus eigener Herstellung für alle Gelegenheiten kaufen. Auch Führungen werden angeboten.

den heilende Kräfte nachgesagt. Am Ende des St. Adelbertuswegs geht es links in den *Oude Schulpweg,* über einen Parkplatz und in das **Dünengebiet.** An der Kreuzung geradeaus, nach der Erhebung den zweiten Weg rechts und den Reiterpfad überqueren. Bei den nächsten drei Kreuzungen geht ihr geradeaus, so gelangt ihr zu einer **Spielwiese.** Gelegenheit für eine Rast vielleicht? Wenn ihr euren Weg fortsetzt, geht es an der nächsten Kreuzung wieder geradeaus.

An der nun folgenden Gabelung haltet ihr euch links, bei der Kreuzung marschiert ihr geradeaus nach **Egmond aan Zee.** Nachdem ihr das Dünenreservat hinter euch gelassen habt, haltet ihr euch links und folgt ihr dem Dünenrand bis zum Apartmenthaus an den Dünen zum Strand. Nehmt die Treppe hinter zum Strand und lauft dort durch den Sand bis zum *Restaurant Het Lido.* Dort verlasst ihr den Strand und erreicht über die Voorstraat die **Bushaltestelle** bei der **Kirche.** Nehmt Bus 165 zurück nach **Alkmaar.**

Hunger & Durst

Restaurant Zonnig Zuid, Smidstraat 2, 1931 EX Egmond aan Zee, ✆ 003172/ 5070407, www.zonnig-zuid.info. Empfehlenswertes Restaurant mit Kindergerichten zu 7,50 € sowie biologischen und vegetarischen Speisen.

Kamelsafari

Cameltrek, Munnikenweg 29, NL-1871 GR Schoorl-Camperduin. ✆ 0031226/383414, Handy 00316/ 51582670. www.cameltrek-schoorl.nl. info@cameltrek-schoorl.nl. **Bahn/ Bus:** Ab Bhf Alkmaar Bus 151 bis Munnikenweg. **Auto:** Ab Schoorl Richtung Petten dem Straßenverlauf 4 km folgen. **Zeiten:** Juli und Aug Mo und Mi ab 19, So ab 10 Uhr, Kinderritte Fr ab 14 Uhr. **Preise:** Pers ab 12 Jahre 22,50 € für 30 Min,

Die Karawane zieht weiter – aber nur mit euch oben drauf!

© Camel trek

40 € für 1 Std; Für Kindergruppen unter 12 Jahre 10 Min Kamel reiten auf der Weide 7,50. **Infos:** Arrangements für Gruppen.

▶ Das erwartet ihr in Ägypten, aber nicht in Holland: schwankende Ritte auf freundlichen **Kamelen.** Spaß macht das in beiden Ländern gleichermaßen!

Los geht's beim Stall am Munnikenweg in Camperduin. Hoch auf dem Rücken eines sibirischen Steppenkamels geht ihr auf die ungewöhnliche Tour in die umliegende Natur. Kamelreiter müssen mindestens 12 Jahre alt und körperlich fit sein. Freitags ab 14 Uhr besteht für jüngere Kinder die Möglichkeit, auf der Weide einen Kamelritt auszuprobieren.

Kamele werden bis zu 40 Jahre alt!

Spazieren in Parks & Gärten

Historischer Garten

Historische Tuin, Praamplein, NL-1431 EC Aalsmeer. ✆ 0031297/322562, Fax 322562. www.htaalsmeer.org. htaalsmeer@planet.nl. **Bahn/Bus:** Ab Bhf Hoofddorp Bus 140 bis TV Studio Aalsmeer. **Auto:** N201, abbiegen auf Dorpsstraat, Molenpad, Beschilderung Parkeren centrum folgen, ausreichend Parkmöglichkeiten. **Zeiten:** Mitte April – Mitte Okt Di – Fr 10 – 16.30, Sa, So 13.30 – 16.30 Uhr. **Preise:** 4 €; Kinder bis 12 Jahre frei; Gruppen ab 15 Pers 3,50 €, Führung 25 €.

▶ Der sehenswerte Garten mit Bauernhof und Gewächshäusern voll duftender Rosen liegt direkt am Wasser. Historische Boote, die früher zum Transport der Pflanzen und Blumen in Aalsmeer und Umgebung eingesetzt wurden, sind

Alles gut verpackt: Ganz viele Tulpen warten auf den Transport

© Flora Holland

hier zu sehen. Schaut euch die riesige Versteigerungsuhr aus den 30er Jahren des 20. Jahrhunderts an, die in der hölzernen Versteigerungshalle hängt. Sie kommt manchmal noch zum Einsatz, wenn **Blumenversteigerungen** für die Besucher des Gartens veranstaltet werden. Das ist ein beeindruckendes Schauspiel. Doch die Sensation des Gartens ist ein Birnbaum, der sage und schreibe 13 verschiedene Sorten Birnen trägt.

*Bei einer **Blumenversteigerung** wird der Preis auf einer Art Uhr angezeigt. Der Zeiger läuft und der Preis fällt. Sobald der Käufer seinen Knopf drückt, kauft er zu dem gerade angezeigten Preis. Er darf also nicht zu früh drücken!*

Spielen, Toben, Werkeln

Hallenspielplatz

Chimpie Champ, Oosteinderweg 247c, NL-1432 AT Aalsmeer. ✆ 0031297/361223, Fax 361223. www.chimpiechamp.nl. info@chimpiechamp.nl.
Bahn/Bus: Von Busstation Amstelveen Bus 171 bis Machineweg Aalsmeer, dann 5 Min Fußweg. **Auto:** Ab VVV Stationsweg rechts, 3. rechts, 3 km geradeaus.
Zeiten: Di – So 10 – 19 Uhr, in den Ferien auch Mo.
Preise: 2,50 €; Kinder 1 – 12 Jahre 7,50 €; Kombikarte Chimpie Champ/GlowGolf Kinder 13 €, Erw 9,95 €.

▶ Im Hallenspielplatz für Kinder bis 12 Jahre taucht ihr ein in die bunte Welt des Dschungels. Ihr könnt nach Herzenslust rennen, klettern und bauen. Die größeren Dschungelbesucher erobern den Tempel. Eine Hängebrücke, Rutschbahnen und zahlreiche Kletterpartien sind dabei zu überwinden. Wer dann noch Puste hat, rockt in der Dschungeldisco.
Die kleineren Tarzans und Janes amüsieren sich mit Laufautos, in Spielhäuschen, auf Minirutschbahnen oder beim Bauen mit extra großen Bauklötzen. Wer baut den höchsten Turm?

Hunger & Durst
Chimpies Corner, Oosteinderweg 247c, Aalsmeer. ✆ 0031297/361223. www.chimpiechamp.nl/aalsmeer/home. Di – So 10 – 19 Uhr, in den Ferien auch Mo. Belegte Brötchen, Pommes Frites, Limonade.

Minigolf bei Schwarzlicht

Glowgolf Aalsmeer, Oosteinderweg 247, NL-1432 AT Aalsmeer. ✆ 0031297/361114, Fax 362488. www.glowgolf.nl/nl/aalsmeer. aalsmeer@glowgolf.nl.

Bahn/Bus: Siehe Chimpie Champ. **Auto:** Siehe Chimpie Champ. **Zeiten:** Di – So 10 – 18 Uhr. **Preise:** 7,95 €; Kinder 4 – 12 Jahre 6,75 €; . **Infos:** Kinder unter 12 Jahren nur in Begleitung eines Erw.

▶ Glowgolf bedeutet, Minigolf in einer Halle bei leuchtendem Schwarzlicht zu spielen. Eine spezielle Farbe, die auf die Wände aufgetragen wurde, erzeugt diesen besonderen Effekt. Ihr beginnt eure Spielrunde tief auf dem Meeresgrund in der Dekoration einer Unterwasserwelt. Das Spiel führt euch weiter über die schaurig-schöne Welt der Dinosaurier in den tropischen Dschungel, wo die Runde endet.

Hatshoe, Huigbrouwerstraat 2, Alkmaar. ✆ 0031-72/5202718. www.hatshoe.nl. Mo 13 – 18, Di – Do 10 – 18, Sa 9.30 – 17.30 Uhr. Kinderschuhe Größe 18 – 41.

Spielvergnügen pur!

Speelderij De Batavier, Bergerweg 100, NL-1817 MN Alkmaar. ✆ 003172/5114816, Fax 5115446. www.debatavier.nl. info@debatavier.nl. **Bahn/Bus:** Ab Bhf Alkmaar Bus 6 bis Jan Ligthartstraat oder Bus 360 bis Hogeschool. **Auto:** Beschilderung Camping Alkmaar folgen (De Batavier liegt 200 m neben dem Campingplatz). **Zeiten:** April und Sep Mi, Sa 13 – 18, So 12 – 18, Mai und Juni Di – So 10 – 18, Juli und Aug Mo – So 10 – 18, Sep 10 – 18, Okt So 12 – 18 Uhr. **Preise:** 5,50 €; Kinder 2 – 5 Jahre 5,50, Kinder ab 6 Jahre 8,50 €.

▶ Auf dem riesigen Spielplatz mit Trampolinpark, Miniautos und Minimotorradparcour, Hüpfburgen, Ruder- und Tretbooten wird getobt, gehüpft, gefahren und geklettert. Bei der neuesten Attraktion *Luno Loop* dreht ihr euch in einer Tonne, die sich wiederum im Kreis dreht. Wenn euch da mal nicht schwindelig wird! Auf dem gleichen Gelände lädt eine Minigolfbahn dazu ein, eine Runde zu spielen.

Spielwald = Speelbos

Bezoekerscentrum Het Zandspoor, Oorsprongweg 1, NL-1871 HA Schoorl. ✆ 003172/5093352, Fax 5095491. www.staatsbosbeheer.nl. info@staatsbosbeheer.nl. **Bahn/Bus:** Ab Bhf Alkmaar Bus 151 bis Idenslaan. **Auto:** Ab VVV bei Sportlaan links, bei Heereweg rechts, bei Oorsprongweg links, 1. rechts, kostenpflichtiger Parkplatz. **Zeiten:** März – Okt Di – So 10 – 17 Uhr, Nov – Feb Di – So 11 – 16 Uhr. **Preise:** Eintritt frei.

▶ Der Spielwald wird bewacht von lustigen Baumpuppen, die *Wortelwakers* und *Knotse Knoesten* genannt werden. So gut beschützt macht das Spielen, Klettern und Toben noch mehr Spaß. Transportiert eine Ladung Sand mit dem kleinen Zug. Die Wasserratten unter euch vergnügen sich auf dem Wasserspielplatz. Schaut mal nach den **Pfotenabdrücken** von Tieren. Erkennt ihr, welcher Abdruck von welchem Tier stammt?

Probiert aus, ob ihr genauso weit springen könnt wie ein Fuchs. Zwischen den Bäumen und hinter den Zweigen findet ihr tolle Verstecke, wo eure Freunde euch so schnell nicht finden. Ganz in der Nähe liegt ein spannender **Barfußpfad.**

Größter Spielplatz in ganz Europa

Linnaeushof, Rijksstraatweg 4, NL-2121 AE Bennebroek. ✆ 003123/5847624, Fax 5845362. www.linnaeushof.nl. info@linnaeushof.nl. **Bahn/Bus:** Ab Bhf Haarlem Bus 50 oder 51 bis Linnaeushof West. **Auto:** An der N208 zwischen Haarlem und Lisse. **Zeiten:** Ende März – Anfang Okt 10 – 18 Uhr. **Preise:** Pers ab 2 Jahre 11 €; Rollstuhlfahrer 5,50 €, Gruppen ab 20 Pers und Senioren ab 65 Jahre 9 €, Parken 5 €.

▶ Im größten Spielplatz Europas erwarten euch spannende Attraktionen. Saust mit der Seilbahn durch die Luft, fahrt mit dem Tretboot übers Wasser. Es gibt nicht nur eine Rutschbahn, sondern gleich sechs nebeneinander. Schafft ihr es, mit mehreren Kindern los zu rutschen und alle gleichzeitig unten anzukommen? Doch jetzt warten schon Trampolins, Karussells, Schaukeln, Wippen und die Hüpfburg auf euch. Bei warmem Wetter tobt ihr auf dem Wasserspielplatz. Bei Regenwetter locken die Hallenspielplätze mit einer Burg, Miniautos und einer Spielstraße.

Hunger & Durst

't Trefpunt, Laanweg 2, Schoorl. ✆ 003172/5093399. www.trefpunt-schoorl.nl. Mo – Sa ab 11, So ab 10 Uhr. Pfannkuchen oder Pizza ab 6,50 €.

Vergleicht die Pfotenspuren: Links Fuchs, rechts Hund

Es gibt Fahrgeschäfte, die für Kinder im Rollstuhl geeignet sind.

Klettern & Kraxeln

Abenteuerpark Saplaza

Adventurepark, A. Hofmanweg 62, NL-2031 BL Haarlem. ✆ 003123/5511131, Fax 5519216. www.saplaza.nl. info@saplaza.nl. **Bahn/Bus:** Ab Bhf Haarlem-Spaarnwoude 5 Min Fußweg über Robertus Nurksweg und Camera Obscuraweg. **Auto:** A200, wird N200, 1. Ampel links bis vor KPN-Turm, 2mal rechts abbiegen, kostenloser Parkplatz. **Zeiten:** April – Sep Di – Fr 12 – 18, Sa und So 10 – 18 Uhr. **Preise:** 18,50 €; Kinder 8 – 12 Jahre 12,50 €, Jugendliche 13 – 17 Jahre 16,50 €; Gruppen bis 50 Pers 12 €. **Infos:** Preise gelten je für 3 Std, jede weitere Std 5 €.

▶ Der große Abenteuerpark hat viele unterschiedliche Klettermöglichkeiten zu bieten. Es gibt 4 Varianten für Kletterer ab 8 Jahre, die in Höhe und Schwierigkeit sehr verschieden sind. Lasst euch am besten vom kompetenten Personal beraten. Dann kann es losgehen. Selbstverständlich werdet ihr angeschnallt; es wird ein modernes, geprüftes Sicherheitssystem eingesetzt. Für Nachwuchskletterer ab 3 Jahre stehen 2 kostenlose Kletterparcours zum Üben zur Verfügung. Viel Spaß beim Kraxeln und Hangeln!

Hunger & Durst

Sa Plaza Restaurant, A. Hofmanweg 62, Haarlem. ✆ 003123/5511131. www.saplaza.nl/nl/restaurant. Ab 10 Uhr, Küche bis 21 Uhr. Kindermenü 5,50 €.

UMWELT ERFORSCHEN

Tiere hautnah

Fast eine Tauchfahrt

Meeresaquarium Zee Aquarium, Van der Wijckplein 16, NL-1865 AP Bergen aan Zee. ✆ 003172/581-2928, Fax -8214. www.zeeaquarium.nl. info@zeeaquarium.nl. **Bahn/Bus:** Ab Bhf Heiloo Bus 407 bis Busstation Bergen aan Zee. **Auto:** Ab VVV beschildert, eigener Parkplatz. **Zeiten:** April – Sep täglich 10 – 18 Uhr, Okt – März täglich 11 – 17 Uhr. **Preise:** 9 €; Kinder 3 – 12 Jahre 7 €; Ermäßigung für Gruppen ab 21 Pers nach Absprache.

Findet Nemo: Ein Clownfisch versteckt sich, findet ihn!

Das Salzwasser für die Aquarien wird aus dem Meer gepumpt.

▶ Die Meerestiere leben in 44 Aquarien. In der sogenannten Kalten Zone leben die Nordseebewohner direkt aus der Nachbarschaft.

Die Gemäßigte Zone ist die Heimat von Tieren aus dem Mittelmeer und dem Atlantik. Im Amazonasaquarium schwimmen die fleischfressenden Piranhas. Finger weg, hier dürft ihr nur gucken! Haie ziehen ihre Kreise durch das Wasser des Tropenaquariums. In einem offenen Becken warten zutrauliche Rochen darauf, von euch gestreichelt zu werden.

Zu den Höhepunkten zählt das Skelett eines 15 m langen Pottwals. Habt ihr so einen beeindruckenden Riesen schon einmal gesehen?

Hunger & Durst

Zilte Zoen, Zeiler Boulevard 12, BB Bergen aan Zee. ✆ 0031-72/5817004. www.ziltezoen.nl. Täglich ab 10 Uhr. Kindermenüs ab 3 €.

Streichelzoo der besonderen Art

Animal Farm, Willem Alexanderplantsoen, NL-1946 SR Beverwijk. ✆ 0031251/238724, www.animalfarm.nl. info@animalfarm.nl. **Bahn/Bus:** Ab Bhf Beverwijk Bus 73 bis Van Riemsdijklaan. **Auto:** Bhf über Wijckermolen, Spoorsingel, links in Laan der Nederlanden, rechts in Fokkerlaan, 2 x rechts. **Zeiten:** Mo – Fr 10 – 17, Sa, So 12 – 17 Uhr. **Preise:** Eintritt frei.

▶ Tierfreunde aufgepasst! Animal Farm ist ein ganz besonderer Streichelzoo. Natürlich gibt es Ziegen, Schafe, Kaninchen, Hühner und viele andere Bauernhoftiere. Doch ihr dürft nicht alle Bewohner strei-

Eine Portion Tierfutter im Becher kostet 0,50 €.

cheln, denn hier leben auch Erdmännchen, Waschbären, Leguane und Krokodile. Füttern ist allerdings bei allen Tieren erlaubt.

Auf der Ziegenfarm

Geitenboerderij De Ridammerhoeve, Nieuwe Meerlaan 4, NL-1182 DB Amstelveen. ✆ 003120/6455034, Fax 4532046. www.geitenboerderij.nl. info@geitenboerderij.nl. **Bahn/Bus:** Ab Bhf Amsterdam-Zuid Bus 199 bis Schiphol-Oost, Gebouw 70, zu Fuß Richtung Brücke, am Wasser entlang durch den Wald, Beschilderung Geitenboerderij. **Auto:** A9, Ausfahrt 6, großer Parkplatz. **Rad:** Im Wald Amsterdamse Bos Beschilderung Geitenboerderij. **Zeiten:** Mi – Mo (Nov – Feb Mi – So) 10 – 17 Uhr. **Preise:** Eintritt frei. **Infos:** Gruppen nach Absprache.

▶ Auf dem Bauernhof leben etwa 100 Ziegen, deren Milch zu Käse, Joghurt und Eis verarbeitet wird. Morgens um 5.30 Uhr und am späten Nachmittag um 17.30 Uhr werden die Tiere gemolken. Auf dem Kinderbauernhof leben die Babyziegen. Ihr dürft helfen und einem der niedlichen Tierbabys ein Fläschchen geben. Hier leben auch noch zwei Kühe, das Pferd Ronald, das Schwein Betsie, das Pony Honnie, ein Hängebauchschweinchen und viele Hühner.

Hunger & Durst

De Ridammerhoeve, Nieuwe Meerlaan 4, Amstelveen. ✆ 0031-20/6455034. www.geitenboerderij.nl. Mi – Mo (Nov – Feb Mi – So) 10 – 17 Uhr. Bio-Brötchen, Suppen, Säfte.

Streichelzoo ’t Dierentuintje

Kinderboerderij ’t Dierentuintje, Duinenboschweg 1a, NL-1901 AA Castricum. ✆ 0031251/671343, www.dierenduintje.nl. **Bahn/Bus:** Vom Bhf Castricum Gleise an der Nordseite überqueren, rechts abbiegen. Nach etwa 150 m liegt der Streichelzoo rechts. **Auto:** Bhf Stationsweg nach Süden, über Beverwijkerstraatweg, Puikman, Kramersweg auf Duinenboschweg. **Zeiten:** Sa 10 – 15 Uhr, Mai – Sep auch So 12 – 15 und Mi 14 – 16 Uhr. **Preise:** Eintritt frei.

▶ Das Motto des Streichelzoos lautet: Jedes Tier hat das Recht auf ein gutes Leben. Darum wurden und werden hier auch Senioren, wie ein 14 Jahre altes Huhn und eine 22 Jahre alte Ziege, gehegt und ge-

Louis traut sich was: Hühner füttern

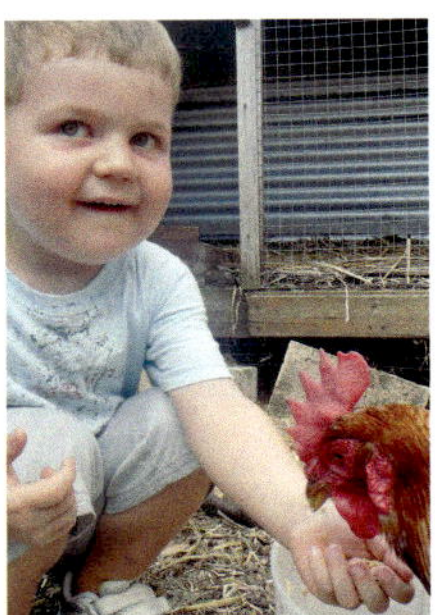

© Martina Höppner

pflegt. Die Gänse *Knobbel* und *Bobbel,* das Texelschaf *Roos* und all ihre Freunde erwarten euch und möchten so gerne gestreichelt werden. Eine Sammlung alter Landwirtschaftswerkzeuge lässt euch ahnen, wie mühsam die Arbeit der Bauern in früheren Zeiten war.

Natur erfahren, Lehrpfade testen

Insel De Woude im Alkmaardermeer

De Woude, Woude 14, NL-1489 NB De Woude. ✆ 0031756/11566, 41783, www.dewoude.net. info@dewoude.net. **Bahn/Bus:** Nur mit Regiotaxi erreichbar, Reservierung erforderlich ✆ 0900/2000-150. **Auto:** Abfahrt der Fähre nahe Zaanstad an der N246, beschildert, Parken am Fähranleger. **Zeiten:** Fähre Mo – Fr 6 – 23, Sa, So 7.30 – 24 Uhr. **Preise:** Fährüberfahrt hin und zurück 1,30 € pro Person inklusive Fahrrad; Kinder bis 12 Jahre frei.

▶ Die kleine Insel liegt im See Alkmaardermeer, etwa 20 km von Alkmaar entfernt, und ist ein ideales Ausflugsziel für entdeckungsfreudige Naturliebhaber. Sie ist nur mit einer kleinen Fähre zu erreichen. *De Woude* hat 160 Einwohner, die in 45 Häusern leben. Es gibt strenge Bauvorschriften, dadurch wird kaum neu gebaut. So bleiben der ursprüngliche Charakter des Dorfes erhalten und die wunderschöne Natur der Insel intakt. In den Feldern und Wiesen leben seltene Vogelarten. Es gibt zwei Campingplätze, eine Snackbar und ein Restaurant.

Eine schöne Wanderroute führt in 7 km um die Insel. Dabei kommt ihr am Dorf, den Weiden und am Alkmaardermeer vorbei.

Hunger & Durst

Eetcafé De Woude, Woude 1, De Woude. ✆ 003175/6413609. www.dewoude.info. April – Herbst Mo – So ab 10 Uhr. Direkt am Wasser, 3-Gang-Kindermenü 10 €.

Besucherzentrum in den Dünen

Bezoekerscentrum De Hoep, Johannisweg 2, NL-1901 NX Castricum. ✆ 0031251/661066, Fax 661077. www.pwn.nl. pwn@pwn.nl. **Bahn/Bus:** Mitte Juni – Aug ab Bhf Castricum Bus 267 bis Provinciaal Kampeerterrein. **Auto:** Ab VVV Richtung Nordwesten, Vinkebaan

Eine 2,1 km lange Wanderung führt vom Eingang des Besucherzentrums durch die Dünen. Folgt dem blauen Dreieck.

links, Duinenboschweg rechts, 1. links, 1. rechts, Johannisweg links, kostenlose Parkplätze. **Rad:** Unbewachter Fahrradparkplatz. **Zeiten:** Di – So 10 – 17 Uhr. **Preise:** Eintritt frei. **Infos:** Zutritt zum Dünengebiet 1 € pro Tag.

Ein Haus in der Form eines U-Boot-Deichs: Das Dünenzentrum De Hoep

▶ Das moderne Gebäude mit dem gewellten Dach liegt am Eingang zum Dünengebiet und gegenüber dem **Restaurant Johanna's Hof.** Es wurde nach der chinesischen Lehre Feng Shui gebaut und eingerichtet, damit die Besucher sich besonders wohlfühlen können. In entspannter Atmosphäre widmet ihr euch allen Aspekten des Wassers und der Tier- und Pflanzenwelt des Dünengebietes. Werdet aktiv bei den Computerspielen. Dabei lernt ihr, wie Wasser gereinigt wird und welche wichtige Rolle die Natur dabei spielt.

Hunger & Durst

Johanna's Hof, Johannisweg 3, Castricum. ✆ 0031251/ 652486. www.johhof.nl. Täglich 8.30 – 23 Uhr. Kindermenü 6,75 €, Spielplatz, Tierweide.

Ein lehrreicher Bauernhof

Informatieboerderij Zorgvrij, Genieweg 50, NL-1981 LN Velsen-Zuid. ✆ 003123/5202828, Fax 5202838. www.spaarnwoude.nl. info@spaarnwoude.nl. **Auto:** A9, Beschilderung Recreatiegebied Spaarnwoude und R101 Informatieboerderij Zorgvrij, großer Parkplatz. **Zeiten:** März – Okt Di – So 10 – 17 Uhr, Nov – Feb Mi – So 11 – 17 Uhr. **Preise:** Eintritt frei.

▶ Auf dem Bauernhof leben Kühe, Schafe, Ziegen, Schweine, Hühner, Kaninchen und ein Pferd. Macht eine der aufregenden Touren, wie die Rucksacktour durch den Eulenwald oder die abenteuerliche Inlineskater-Tour.

Besucht auch den **Wettergarten** mit den Instrumenten zur Bestimmung des Wetters und den Kräutergarten mit seinen herrlich duftenden Küchenkräutern.

Ab dem Pontplein in Velsen-Zuid fahren die schnellen Tragflügelboote von Fast Flying Ferry halbstündlich nach Amsterdam, www.fff.nl.

Etwa 3 x jährlich finden besondere Veranstaltungen statt, z.B. ein Schafschurtag.

Riecht mal daran. Welche würdet ihr auf eine Pizza geben? Im Nutzgarten seht ihr, wie Rosenkohl wächst und wo die Kartoffeln herkommen.

Auf nackten Füßen durch die Dünen

Barfußpfad am Besucherzentrum Het Zandspoor, Oorsprongweg 1, NL-1871 EA Schoorl. ✆ 003172/ 5093352, 150 m. **Bahn/Bus:** Ab Bhf Alkmaar Bus 151 bis Idenslaan. **Auto:** Ab VVV bei Sportlaan links, bei Heereweg rechts, bei Oorsprongweg links, 1. rechts, kostenpflichtiger Parkplatz. **Zeiten:** März – Okt Di – So 10 – 17 Uhr, Nov – Feb Di – So 11 – 16 Uhr. **Preise:** Eintritt frei.

▶ Zieht eure Schuhe und Strümpfe aus und konzentriert euch nur auf eure Fußsohlen. Spürt den Unterschied zwischen glatt und rau, weich und hart, nass und trocken. Wie fühlt es sich an, über Muscheln zu laufen? Ist euch Sand oder Moos lieber? Am Ende des Pfades könnt ihr eure Füße mit **Dünenwasser** abspülen.

Hunger & Durst

Pannenkoekenboerderij Onder de Platanen, Genieweg 50, Velsen-Zuid. ✆ 003123/5396059. www.onderdeplatanen.nl. Di – Fr 10 – 17, Sa und So 10 – 19 Uhr. Apfelstrudel 2,75 €, Tagessuppe 3,50 €, Pfannkuchen ab 4,75 €.

Dünenwasser ist Regenwasser, dass sich in den Dünen als Grundwasser sammelt.

Burgen, Museen, Stadtführungen

Fort mit Aquarium

Fort Kijkduin, Admiraal VerHuellplein 1, NL-1783 AX Den Helder. ✆ 0031223/612366, Fax 623104. www.fortkijkduin.nl. info@fortkijkduin.nl. **Bahn/Bus:** Ab Bhf Den Helder Stadsbus 31 Richtung Station NS Zuid bis Tuintjesweg Den Helder, dann 13 Min Fußweg. **Auto:** Ab VVV, Polderweg links, Kreisverkehr 1. Ausfahrt, Timorlaan rechts, Huisduinerweg links, Zeeweg links. **Zeiten:** Sommer 10 – 18, Winter 11 – 17 Uhr. **Preise:** 8 €; Kinder 4 – 12 Jahre 5,50 €; Gruppen ab 25 Pers 7 €, Kinder 5 €.

▶ Der französische Kaiser Napoleon gab den Auftrag zum Bau des Forts. Historische Waffen und Uniformen zeigen euch die militärische Geschichte des Forts. In den dicken Mauern ist auch ein **Aquarium**

HANDWERK UND GESCHICHTE

untergebracht. Beim Besuch darf ein Gang durch das 14 m lange, gläserne Tunnelaquarium nicht fehlen. Da sogar der Boden aus Glas ist, seht ihr unter euch den Meeresboden. Das ist wie Tauchen ohne Taucherausrüstung. Interessant ist auch das **Gezeitenbecken.** Dort wechseln Ebbe und Flut alle 6 Minuten. So könnt ihr auf die Schnelle beobachten, was in der Natur viele Stunden dauert.

Bewohntes Freilichtmuseum

Zaanse Schans, Schansend 7, NL-1509 AW Zaandam. ✆ 003175/6162862, Fax 6176980. www.zaanse-schans.nl. info@zaanseschans-museum.nl. **Bahn/Bus:** Ab Bhf Zaandam Bus 89 bis Beeldentuin. **Auto:** A7, Ausfahrt 2, Beschilderung Zaanse Schans, kostenpflichtige Parkplätze. **Rad:** LF7 Oeverlandroute. **Zeiten:** ganzjährig. **Preise:** Zaanse Schans Card 9,50 €; Zaanse Schans Card Kinder 4 – 12 Jahre 5,75 €, Jugendliche 13 – 17 Jahre 6,75 €. **Infos:** Mit der Zaanse Schans Card habt ihr freien oder ermäßigten Eintritt bei den Sehenswürdigkeiten und Attraktionen.

▶ Die Bewohner des Museumsdorfs leben einen normalen Dorfalltag. *Zaanse Schans* ist jedoch gleichzeitig ein Freilichtmuseum. Einige der grünen Holzhäuser können besichtigt werden. Das gilt auch für die Käserei, eine Schiffswerft, eine Holzschuhwerkstatt, ein Bäckereimuseum, das Zaanse-Uhrenmuseum und die Öl- und Farbmühlen. Im angeschlossenen Zaans Museum bekommt ihr einen Eindruck von der Entwicklung der Region Zaanstreek als Industriegebiet. Der Eintritt in das Museumsdorf und den Museumsladen der Supermarktkette *Albert Heijn* ist frei, andere Besichtigungen sind kostenpflichtig.

U-Boot-Besichtigung

Marinemuseum, Hoofdgracht 3, NL-1781 AA Den Helder. ✆ 0031223/657534, Fax 657282. www.defensie.nl/marine/cultureel/marinemuseum. info@marinemuseum.nl. **Bahn/Bus:** Ab Bhf Den Helder Stadsbus

Die Fort-Kijkduin-Wanderroute ist ca. 5 km lang. Der Start liegt beim Routeninformationsschild am Eingang. 6-eckige ANWB-VSB-Schilder weisen den Weg.

April – Sep werden Di – So Schiffsrundfahrten angeboten; Erw 6 €, Kinder 2 – 12 Jahre 3 €.

Hunger & Durst

Restaurant De Kraai, Kraaienpad 1, Zaandam. ✆ 003175/6156403. www.de-kraai.nl. Mo – So 9 – 18 Uhr. Terrasse am Wasser, Suppe 4 €, Pfannkuchen ab 6,25 €, Brötchen 4 €.

Zorg Hengelsport, Baljuwstraat 9, Den Helder. ✆ 0031-223/633207. www.zorghengelsport.nl. Di – Fr 9 – 18, Sa 9 – 17 Uhr. Angelsport-Zubehör.

33 bis Marinemuseum. **Auto:** Ab A7 auf die N99 Richtung Den Helder und Texel dort Beschilderung **Marinemuseum** folgen. Kostenloser Parkplatz. **Zeiten:** Nov – April Di – Fr 10 – 17, Sa, So 12 – 17 Uhr, Mai – Okt auch Mo. **Preise:** 6 €; Kinder 5 – 15 Jahre 3 €; Gruppen ab 20 Pers 5 € Erw oder 2 € Kinder, Familienkarte 2 Erw und 2 Kinder 15 €.

▶ Zu den Höhepunkten eures Besuchs im Marinemuseum gehört neben dem Minenräumboot *Abraham Crijnssen* zweifellos das 78 m lange U-Boot *de Tonijn.* Da drin ist es zwar richtig eng, aber gerade das macht den Besuch spannend und lohnend. Werft einen Blick in die Kommandozentrale und stellt euch die Hektik in kritischen Situationen vor.

In der kleinen Schiffsküche, der Kombüse, brutzelte früher der Koch die Mahlzeiten für die Mannschaft. Seht euch die Kapitänskajüte an und entdeckt, wo die Besatzung auf die Toilette ging!

Hunger & Durst

Lunchroom en Bakkerij Fermento, Laat 123, Alkmaar. ✆ 003172/5275050. www.fermento.nl. Mo 13 – 16.30, Di – Fr 10 – 16.30, Sa 9.30 – 16 Uhr. Bio-Produkte, Mittagssnacks, Spielecke.

Alles Käse!

Käsemuseum, Waagplein 2, NL-1811 JP Alkmaar. ✆ 003172/5114284, Fax 5117513. www.kaasmuseum.nl. info@kaasmuseum.nl. **Bahn/Bus:** Ab Bhf Alkmaar Bus 7, 10 oder 360 bis Kanaalkade, zu Fuß nach Westen, über Pieterstraat und Houttil. **Auto:** ➚ VVV. **Zeiten:** April – Okt Mo – Sa 10 – 16, Fr zum Käsemarkt 9 – 16 Uhr. **Preise:** 3 €; Kinder 4 – 12 Jahre 1,50 €. **Infos:** Deutschsprachige Führungen für Gruppen nach vorheriger Reservierung. Im Erdgeschoss des Gebäudes ist die Touristeninformation VVV untergebracht.

▶ Im denkmalgeschützten Waagenhaus aus dem Jahr 1390 ist das Käsemuseum untergebracht. Hier dreht sich alles um die Herstellung der typisch holländischen Spezialität. Zahlreiche historische Gebrauchsgegenstände wie Käsepressen und Butterfässer, Gemälde und Zeichnungen sind ausgestellt. Ein Film erklärt den Prozess der Käseherstellung. Natürlich dürft ihr auch ein Stück Käse probieren. Lecker!

Autsch: So wird der Käse gepresst

Oldtimermuseum

Auto Union, Ruinelaan 11, NL-1861 LK Bergen. ✆ 003172/5813640, Fax 5813640. www.autounion-museum.nl. autounionmuseum@quicknet.nl. **Bahn/Bus:** Ab Bhf Alkmaar Bus 6 bis Plein in Bergen. **Auto:** Ab VVV 300 m nach Süden. **Zeiten:** April – Mitte Dez Sa und So 13 – 17 Uhr. **Preise:** Eintritt frei.

▶ Das einzigartige Museum zeigt Oldtimer von Auto Union, einem Zusammenschluss der Marken *Audi, DKW, Horch* und *Wanderer*. Von Horch und Wanderer sind eindrucksvolle Fotos, Gemälde und Modelle ausgestellt. Künstler aus der Region stellen außerdem hier ihre Gemälde und Skulpturen aus.

Kaasboerderij De Franschman, Heerenweg 5, Bergen. ✆ 003172/5818246. www.kaasboerderijde-franschman.nl. Juli und Aug Di – Fr 9 – 18, Sa 9 – 17 Uhr, übrige Zeit nur Fr und Sa. Käse und andere Milchprodukte.

Museum für kleine und große Matrosen

Museum Prins Hendrik de Zeevaarder, Voorstraat 41, NL-1931 AH Egmond aan Zee. ✆ 003172/5061224, Fax 5067006. secretariaat@eckmunde.nl. **Bahn/Bus:** Ab Bhf Alkmaar Bus 165 bis Prins Hendrik Stichting. **Auto:** Gleiche Straße wie VVV. **Zeiten:** Mo – So 10 – 17 Uhr. **Preise:** Eintritt frei (nur am Empfang melden).

▶ Prins Hendrik war der Bruder von König Willem III. und ein berühmter Seefahrer. Das Museum ist im Pflegeheim der Stiftung *Prins Hendrik Stichting* untergebracht. Es sind 80 Schiffsmodelle aus nächster Nähe zu bestaunen. Achtet dabei auf die Einzelheiten. Denn es handelt sich um *Seemannsmodelle.* Das Besondere an ihnen ist, dass sie nicht nach Zeichnungen oder Plänen, sondern aus der Erinnerung der Seeleute und mit einfachen Werkzeugen gefertigt wurden. Außerdem wollen Gemälde, Aquarelle und alte Seekarten von euch bewundert werden.

Hunger & Durst

De Oude Clipper, Smidstraat 3, Egmond aan Zee. ✆ 003171/5061600. www.oude-clipper.nl. Mi – So 17.30 – 22 Uhr. 3-Gang-Kindermenü Fisch, Fleisch oder vegetarisch 13,50 €.

Helden des Widerstands

Corrie ten Boom Haus, Barteljoristraat 19, NL-2011 RA Haarlem. ✆ 003123/5310823, Fax 5268481. www.corrietenboom.com. info@corrietenboom.com. **Bahn/Bus:** Ab Bhf Haarlem Bus 300 bis Centrum/Verwulft. **Auto:** Ab VVV über Gedempte Oude Gracht/Verwulft zur Koningstraat, Verlauf folgen, wird Barteljorisstraat. **Zeiten:** April – Okt Di – Sa 10 – 15.30, übrige Zeit Di – Sa 11 – 15 Uhr. **Preise:** Eintritt frei.

▶ Hier wohnte der Uhrmacher *Casper ten Boom* mit seinen beiden Töchtern *Corrie* und *Betsie.* Sie versteckten während des Zweiten Weltkrieges Juden in einem geheimen Zimmer. Am 28. Februar 1944 wurde die Familie verraten. Die Gestapo durchsuchte das Haus, konnte das Versteck jedoch nicht finden. Dort harrten 4 Juden und 2 Widerstandskämpfer fast 3 Tage ohne Nahrung aus, bevor sie das Haus verlassen konnten. Familie ten Boom wurde dennoch verhaftet. Der Vater kam ins Gefängnis, wo er nach einem Monat verstarb. Beide Töchter wurden ins deutsche Konzentrationslager Ravensbrück gebracht. Dort starb Betsie im Dezember 1944. Corrie überlebte und wurde, wahrscheinlich durch einen Verwaltungsfehler, freigelassen. Sie verstarb 91-jährig an ihrem Geburtstag, dem 15. April 1983.

Hunger & Durst

Restaurant De Ark, Nieuw Heiligland 3, Haarlem. ✆ 003123/5311078. www.restaurantdeark.nl. Täglich 17 – 22 Uhr. Schmortopf ab 9 €, Kinderteller ab 8 €.

Strandräuber ahoi!

Strandräubermuseum, Juttersmuseum, Strandweg 2, NL-2042 JA Zandvoort. ✆ 003123/5712221, www.juttersmuseum.nl. info@juttersmuseum.nl. **Bahn/Bus:** Ab Bhf Zandvoort über Zeestraat, Burgemeester Engelbertsstraat und De Favaugeplein. **Auto:** Kostenpflichtige Parkplätze in Strandnähe. **Zeiten:** Mi 13.30 – 16, Sa und So 12 – 16 Uhr, in den Ferien täglich 13 – 16 Uhr. **Preise:** Entritt frei.

▶ Gezeigt wird, was sich im Laufe vieler Jahre an Strandfunden angesammelt hat. Das ist eine ziemlich bunte Mischung, zum Beispiel Bojen, Rettungsringe, Netze, Fahnen und sogar ein Kinderdreirad. Werft einen Blick in die Schatzkiste, die vielleicht von einem Piratenschiff gefallen ist. Und von wem stammt wohl die Flaschenpost? Ihr bekommt Dinge zu sehen, die ihr wahrscheinlich noch nie vorher gesehen habt, wie den Knochen eines Mammuts und ein Urzeit-Beil. Wenn ihr selbst etwas Besonderes

Hunger & Durst

De Lachende Zeerover, Strandweg 1, Zandvoort. ✆ 003123/5738740. www.de-lachende-zeerover.nl. Sommer Mo – So 10 – 22, Winter Mo – Fr 11 – 20, Sa, So 10 – 20 Uhr. Superleckere Pfannkuchen, Spielecke.

am Strand findet, bringt euren Schatz zum Museum. Es ist gut möglich, dass euer Fund ausgestellt wird.

Feste & Märkte

Riesiger überdachter Markt

Bazaar Beverwijk, Montageweg 35, NL-1948 PH Beverwijk. ✆ 0031251/262626, Fax 224069. www.debazaar.nl. info@debazaar.nl. **Bahn/Bus:** Ab Bhf Beverwijk Bus 76 bis Eingang Zwarte Markt (Schwarzmarkt) und Orientalischer Markt. **Auto:** A9, Ausfahrt 8, Kreisverkehr links, nächster Kreisverkehr rechts in Ringvaartweg, Parkplatz P1. **Zeiten:** Sa, So 8.30 – 18 Uhr. **Preise:** 2,25 €; Kinder bis 12 Jahre frei; Orientalischer Markt Eintritt frei. **Infos:** Kinder haben nur Zutritt in Begleitung eines Erw.

▶ Der Bazaar besteht aus mehreren Teilen wie dem Orientalischen Markt, Zwarte Markt, Grand Bazaar, Computermarkt und ChinaTown. Jeder dieser Märkte hat seine eigene Kultur und Atmosphäre mit einem typischen Warenangebot. An 2500 Ständen gibt es so viel zu gucken. Es werden Antiquitäten, Kuriositäten, Kleidung, Schuhe, Bücher, neue und gebrauchte Computer, Autoersatzteile und vieles mehr zum Verkauf angeboten.

FESTKALENDER NORDHOLLAND

April: Anfang April – September, Alkmaar: **Käsemarkt,** Fr 10 – 12.30 Uhr, www.kaasmarkt.nl.

Juli: Callantsoog: **Musikfestival,** Livemusik verschiedener Stilrichtungen, www.muziekfestival.net.

August: 1. Mi, Bergen: **Verlichtingsavond,** Lichterabend, ein Lichtermeer von Lampions und Teelichtern in Häusern, Straßen und Gärten.

Egmond: **Egmond steht Kopf,** Musik, Markt, Kinderaktivitäten, www.egmondopznkop.nl.

ZEELAND

SÜDHOLLAND

NORDHOLLAND

AMSTERDAM

DIE INSELN

IJSSELMEERKÜSTE

WATTENMEERKÜSTE

ORTE, INFO & VERKEHR

FERIENADRESSEN

REGISTER

See a
houseboat
inside

HAUPTSTADT MIT NASSEN WEGEN

Im Jahr 1250 entstanden die ersten Siedlungen bei Amsterdam. Sie wurden von Bauern und Fischern bewohnt. Nur 50 Jahre später bekam die Hauptstadt der Niederlande Stadtrechte verliehen. Heute leben in der Stadt Amsterdam rund 750.000 Menschen aus 175 Ländern. Sie wurde auf 5 Mio Baumstämmen erbaut und ist von 165 Wasserstraßen, den Grachten, durchzogen.

Aus diesem Grund trägt Amsterdam den Beinamen *Venedig des Nordens*. Das bedeutet auch, dass es in der Stadt viele Boote und Hausboote zu bestaunen gibt. Und zahlreiche Fahrräder seht ihr hier auch. Dazu kommen viele Sehenswürdigkeiten und erstaunlich viele Kinder-Aktivitäten, die garantiert Spaß machen. Überzeugt euch selbst! Ein weiterer Pluspunkt ist die Nähe zum Strand von ➚ Zandvoort, wohin eine gute Zugverbindung besteht. So lässt sich ein Stadtaufenthalt mit einem Strandtag kombinieren.

Pfannkuchen sind eine typische Spezialität. Sie sind hier viel dicker als die französischen Crêpes, die ihr vielleicht kennt. Auf Wunsch werden sie mit einer Vielzahl an Belägen von herzhaft bis süß serviert.

Per Boot durch die Grachten

TIPPS FÜR WASSERRATTEN

Auf die Pedale, fertig, los!

Canal Bike, Weteringschans 26-I, NL-1017 SG Amsterdam. ✆ 003120/6265574, 6239886, Fax 6241033. www.canal.nl/bike/nl. info@canal.nl. **Bahn/Bus:** Ab Hbf Amsterdam CS Tram 4, 16, 24, 25 bis Weteringschans. **Auto:** P+R Transferium ArenA, dann Metro 50 oder 54 bis Hbf. **Rad:** Links auf Prins Hendrikkade, über Geldersekade, Nieuwmarkt, Rokin, Prinsengracht. **Zeiten:** Mo – Fr 8.30 – 18 Uhr, April – Okt auch Sa 11 – 19 Uhr. **Preise:** 1 Std 1 – 2 Pers 8 €, bei mehr als 2 Pers 7 € pro Person, Kaution 20 €. **Infos:** Ihr bekommt einen Stadtplan und Routenvorschläge.

▶ Mit einem Tretboot durch die Grachten zu radeln und die Stadt auf diese Weise vom Wasser zu entdecken, ist ein besonderes Erlebnis. Ihr bestimmt euer Tempo und die Route selbst. Es gibt **4 Anlegestellen** im Stadtgebiet: am *Leidseplein,* gegenüber dem

Immer in den Schlaf gewiegt werden: Das Hausbootmuseum an der Prinsengracht zeigt wie man auf dem Boot wohnt

Rijksmuseum, beim *Anne Frank Haus* und an der Ecke *Keizersgracht/Leidsestraat.* Ihr könnt an einem Anleger losfahren und das Boot an einer anderen Stelle wieder abgeben. Das ist praktisch!

Hunger & Durst

Pfannkuchenboot Amsterdam, Ms van Riemsdijkweg 33. ✆ 003120/6368817. www.pannenkoekenboot.nl. Mi, Fr – So 16.30 und 18 Uhr Abfahrt. Pfannkuchenbüffet.

Bibliothek des Goethe Instituts Amsterdam, Herengracht 470, Amsterdam. ✆ 003120/5312900. www.goethe.de/ins/nl/ams/deindex.htm. Di – Do 12.30 – 18 Uhr. Deutschsprachige Kinder- und Jugendliteratur.

Grachtenrundfahrt

Rederij Lovers, Prins Hendrikkade gegenüber 25 – 27m, NL-1012 TM Amsterdam. ✆ 003120/5305412, 5301090, Fax 5301099. www.lovers.nl. info@lovers.nl. **Bahn/Bus:** Gegenüber des Hbf Amsterdam CS. **Auto:** Im Zentrum, am Hbf oder P+R Transferium ArenA, dann Metro 50 oder 54 bis Hbf. **Zeiten:** Mo – So alle 30 Min, erste Abfahrt 10 Uhr, letzte Abfahrt 17 Uhr. **Preise:** 14 €; Kinder 4 – 12 Jahre 7 €; Onlinetickets mit 10 % Ermäßigung, Gruppenpreise auf Anfrage.

▶ Auf der 1-stündigen Grachtenrundfahrt gleitet ihr in gemächlichem Tempo an vielen Sehenswürdigkeiten vorbei. Da geht euer Kopf hin und her, von rechts nach links, wie bei einem Tennisspiel. Ihr seht die Ziehbrücke Magere Brug, das Anne Frank Haus und das schmalste Haus von Amsterdam. Ihr fahrt sogar ein Stück durch den Hafen. Unterwegs gibt es Erklärungen in deutscher Sprache. Die Tagesrundfahrt startet täglich alle 30 Minuten. Die Reederei verfügt auch über ein rollstuhlgeeignetes Schiff.

FRISCHE LUFT & SPORT

Radeln & Skaten

Naturfahrradroute durch Amsterdam-Noord

Ab Hbf Amsterdam CS, Stationsplein, NL-1012 AB Amsterdam. **Länge:** 20 km. **Bahn/Bus:** Hbf Amsterdam CS.

▶ Die Straße De Ruyterkade liegt hinter dem Hauptbahnhof am Wasser. Dort, am Steg 7, legt die kostenlose Fähre *Buiksloterwegveer* zum *Buiksloterweg* in Amsterdam-Noord ab, wo die Route beginnt. Folgt dem Fahrradweg entlang dem Buiksloterweg weiter entlang dem Noordhollands Kanaal. Nachdem ihr einige Häuser passiert habt, führt eine Treppe an der linken Seite zu 2 **Teichen.** Hier leben Kröten, Frösche und Wassersalamander.

Setzt eure Fahrt am Kanal entlang fort bis zur ersten Brücke *(Haviks-laan),* überquert dort den Kanal, dann nehmt ihr die 3. Straße links, die **Eksterstraat,** und radelt geradeaus in die **Mussenstraat.** Auf der Straße Zwanenplein fahrt ihr hinter der **Kirche** rechts. Eine Kolonie Mauersegler nistet bei dieser Kirche. Auch Spatzen fühlen sich hier wohl. Über die Koekoeksstraat erreicht ihr die **Meeuwenlaan.** Hier fahrt ihr nach links, überquert den Kreisverkehr, radelt weiter auf der Meeuwenlaan, die eine Rechtskurve macht. Fahrt geradeaus in den **Wald.** Folgt dem Weg durch die Linkskurve und fahrt dann links ab. Am Ende der Straße fahrt ihr nach links und dann gleich wieder nach rechts. Hinter der weißen Brücke fahrt ihr noch einmal nach links und dann auf dem *Nieuwendammerdijk* nach rechts. Diese Straße fahrt ihr bis zum Ende durch, überquert die Straße und fahrt auf dem Fahrradweg. Links liegt das Wasser des Deichdurchbruchs Schellingwouderbreek.

Ihr erreicht so das malerische Dorf **Schellingwoude.** Gleich dahinter fahrt ihr unter der Brücke **Schellingwouderbrug** durch. Ihr folgt dem Weg am Deich vorbei und erreicht das nächste Dorf, Durgerdam. Fahrt durch das Deichdorf bis zur **Windmühle,** dort nehmt ihr den Fahrradweg auf dem Deich. Das Naturgebiet, welches nun zu sehen ist, heißt *Waterland-Oost* und bietet Lebensraum für zahlreiche Wiesenvögel. Schaut einmal, ob ihr auch ein Storchennest entdecken könnt.

Typisches Straßenbild: Geparkte Fahrräder an einer Gracht

*Wenn ihr von der **Meeuwenlaan** in den Wald kommt, entdeckt ihr eine Menge interessanter Vögel: Hohltauben, Reiher, Grünspechte und Buntspechte. Seht ihr sie?*

*Der Grünstreifen zwischen der Brücke **Schellingwouderbrug** und der Autobahn Ringweg A10 ist Lebensraum für Ringelnattern. Das Reptil überwintert von Okt – März zwischen den Basaltblöcken, im Frühling könnt ihr vielleicht ein Exemplar sehen.*

Fahrradverleih: MacBike CS Oost, Stationsplein 5, Amsterdam. ✆ 0031-20/6248391. www.macbike.nl. Täglich 9 – 17.45 Uhr. Im Hbf, Tandem Kind/Erw ab 15 € für 3 Std.

Der Nordholland Kanal ist 75 km lang und verbindet Amsterdam über Alkmaar mit Den Helder. Wilhelm I. ließ ihn bis 1824 bauen, damit Frachtschiffe schneller ans Meer kommen.

Setzt eure Fahrt über den **Deich** fort, bis ihr auf der linken Seite den See *Kinselmeer* seht. Auf Höhe des Campingplatzes *De Badhoeve* seht ihr rechts das IJsselmeer, wo manchmal Wasservögel zu beobachten sind. Kehrt nun um in Richtung Durgerdam. Bei der Mühle fahrt ihr nach rechts und ihr seht in der Ferne den Kirchturm von **Ransdorp,** eurem nächsten Ziel. Am Kirchturm fahrt ihr nach links und folgt nun einige Zeit der Beschilderung Richtung **Zunderdorp.** Dort angekommen fahrt ihr geradeaus und über die Zugbrücke nach links. Etwas später seht ihr links den Bauernhof *De Stadshoeve.* Dort gibt es einen Eulenkasten. Fahrt weiter über die kleine Brücke und biegt dann rechts ab Richtung Purmerend. Radelt am Golfplatz vorbei, am Ende des Weges biegt ihr links ab, unter der Unterführung durch und oben angelangt geht es nach links, an den Hausbooten vorbei. Fahrt entlang dem **Noordhollands Kanaal,** bis zum **Friedhof Noorderbegraafplaats.** Unter der Friedhofsbrücke seht ihr rechts den Eingang zu einem Fledermausbunker. Radelt unter der Brücke durch und dann auf den Fahrradweg über die Brücke.

Auf der anderen Seite biegt ihr auf der Höhe des Krankenhauses *BovenIJ Ziekenhuis* rechts ab unter die Unterführung und dann sofort nach links. Fahrt nun auf dem Fahrradweg entlang der höher gelegenen Straße IJdoornlaan. Am Ende des bebauten Gebietes stellt ihr euer Fahrrad ab: Lauft unter die Unterführung durch, dort habt ihr einen schönen Blick auf das letzte Naturgebiet der Route, den **Kadoelerbreek.** Hier leben Säugetiere wie Wiesel, Iltisse, Hermeline, Füchse und Lurche.

Nach diesem kleinen Spaziergang fahrt ihr zurück zum **Kanal.** Diesmal fahrt ihr nicht über die Brücke, sondern weiter bis zum Kanal, biegt dann nach rechts ab in Richtung Zentrum. Wenn ihr immer am Kanal entlang radelt, gelangt ihr automatisch wieder zum Start der Runde, der Anlegestelle der **Fähre Buiksloterwegveer.**

Geführte Fahrradtour

Yellow Bike, Nieuwezijds Kolk 29, NL-1012 PV Amsterdam. ✆ 003120/6206940, Fax 6207140. www.yellowbike.nl. info@yellowbike.nl. **Bahn/Bus:** Ab Hbf Amsterdam CS 3 Min Fußweg Richtung Zentrum. **Auto:** P+R Transferium ArenA, weiter mit Metro 50 oder 54 bis Hbf. **Rad:** Hbf rechts auf Prins Hendrikkade, links Martelaarsgracht, links Nieuwezijds Voorburgwal. **Zeiten:** April – Okt täglich um 10.30, übrige Zeit 13.30 Uhr. **Preise:** 19,50 € pro Pers; Kinder im Kindersitz frei, Kinder unter 11 Jahre 9,25 €. **Infos:** Reservierung erforderlich. Bei Bedarf werden Regenponchos zur Verfügung gestellt.

▶ Mit Yellow Bike geht es auf eine 2-stündige Fahrradtour durch Amsterdam. Der Führer radelt mit euch zu allen wichtigen Sehenswürdigkeiten, zum Grachtengürtel, vorbei am Anne Frank Haus, zum Vondelpark und über die berühmte Brücke Magere Brug. Daneben zeigt er euch das unbekannte Amsterdam abseits der Touristenpfade. Jede Tour besteht aus maximal 12 Teilnehmern.

Das schmalste Haus der Stadt ist mit 1 m nicht viel breiter als eine Haustür. Adresse: Singel 7.

Hauptbahnhof heißt Centraal Station, abgekürzt CS.

Inlineskate-Tour durch Amsterdam

Friday Night Skate, Vondelpark 3, NL-1071 AA Amsterdam. www.fridaynightskate.com. info@fridaynightskate.com. **Bahn/Bus:** Ab Hbf Amsterdam CS Tram 1 bis Eerste Constantijn Huygensstraat. **Auto:** Ab 19 Uhr frei parken in der Emmalaan und angrenzenden Straßen. **Zeiten:** Fr ab 20 Uhr (Winter ab 20.15 Uhr) im Vondelpark, bei der Bank gegenüber des Eye Film Instituut. Abfahrt 20.30 Uhr, Rückkehr 22.30 Uhr. **Preise:** Teilnahme kostenlos. **Infos:** Das Tragen von Schutzkleidung wird dringend empfohlen.

▶ Bei gutem Wetter geht es jeden Freitagabend auf eine Inlineskate-Tour 20 km durch die Stadt. Dabei werden bekannte Sehenswürdigkeiten und ruhige Stadtteile besucht. Manchmal steht die Tour unter einem besonderen Motto. Bei der Nikolaustour beispielsweise muss jeder Teilnehmer entsprechend

verkleidet sein. Dann saust eine Gruppe Nikoläuse auf Rollen durch Amsterdam! Teilnahmebedingung ist, dass ihr relativ sicher mit Inlineskates fahren könnt. Ehrenamtliche Begleiter und Sanitäter sind um eure Sicherheit bemüht. Die Teilnahme erfolgt dennoch auf eigenes Risiko.

Fahrradverleih: Fietsverhuur
Het Amsterdamse Bos, Bosbaanweg 1, Amstelveen. ✆ 003120/445473. www.amsterdamsebosfietsverhuur.nl. April – Sep Di – So 10 – 18 Uhr. Fahrrad 1 Tag 4,50 €, Kinderfahrrad 3,50 €, Kindertandem 11 €, Kindersitz 1 €.

Der Stadtwald Amsterdamse Bos ist etwa 1000 ha groß und ein beliebtes Naherholungsgebiet für gestresste Großstädter.

Familienkanu 3 Pers 12,50 € pro Std, Tretboot für 4 Pers 18 € pro Std, Schwimmwesten gratis, www.kanoverhuur-adam.nl.

Durch den Amsterdamse Bos

Besucherzentrum Amsterdamse Bos, Bosbaanweg 5, NL-1182 DB Amstelveen. **Länge:** 14 km. **Bahn/Bus:** Ab Hbf Amsterdam CS Bus 170 oder 172 bis Van Nijenrodeweg. **Auto:** A10, Ausfahrt s108, an der Ampel links abbiegen; kostenlose Parkplätze.

▶ Folgt ab dem Besucherzentrum der Route mit den roten Pfählen, auf denen ein Fahrradfahrer abgebildet ist. Radelt nach links, an der Spielwiese und dem Planschbecken vorbei. Nachdem ihr einen Wasserlauf überquert habt, seht ihr auf der rechten Seite einen Kiosk. Wer hat Lust auf ein Eis? Nach einer Pause setzt ihr eure Tour fort. Links taucht ein Hügel auf. Klettert hinauf, denn von dort oben habt ihr einen guten Überblick. Die Route führt nun eine Weile am Wasser entlang. Wieder liegt rechts eine Spielwiese. Fahrt unter der Autobahn A9 hindurch, macht einen Schlenker nach links, biegt am Ende zweimal links ab. In dem Gebiet rechts von euch leben schottische Hochlandrinder. Schaut nach, ob ihr sie entdecken könnt. Oft ziehen sie sich in den Wald zurück. Radelt weiter auf eurer Route, die an anderer Stelle wieder unter der Autobahn hindurch führt. Dann liegt links die Ziegenfarm De Ridammerhoeve. Auf der Weiterfahrt gelangt ihr zur großen Spielwiese und einem See mit **Bootsvermietung**.

Auf eurer Runde durch den Wald kommt ihr zum **Pfannkuchen-Bauernhof Meerzicht.** Probiert den Pfannkuchen Kinderfest mit Puderzucker, Fruchtstreusel und Süßigkeit für 6,40 €. Von dort sind es noch weitere 3 km bis zum Ausgangspunkt.

Karate, Kochen, Klettern

Kleine Meisterköche

Kinderkookkafé, Vondelpark 6B, NL-1071 AA Amsterdam. ✆ 003120/6253257, www.kinderkookkafe.nl. info@kinderkookkafe.nl. **Bahn/Bus:** Ab Hbf Amsterdam CS Tram 1 Richtung Osdorp De Aker bis Jan Pieter Heijestraat. **Auto:** A10, Ausfahrt s106, auf s106, bei Kattenlaan rechts. **Zeiten:** Mo – So 10 – 17 Uhr. **Preise:** Eintritt frei; 1,50 – 4,50 € an der Help-Jezelf-Bar. **Infos:** Geeignet für Kinder bis 13 Jahre.

▶ Wenn ihr zu Hause gern in der Küche werkelt, solltet ihr beim KinderKookKafé im Vondelpark vorbeischauen. Zeigt dort, was ihr drauf habt. Vielleicht seid ihr ein begnadeter Pizzabäcker oder ihr backt ein paar leckere Kekse. Wer nicht so viel Zeit hat, zaubert eben nur einen gesunden Fruchtshake. Ihr habt die Wahl. Wenn euer Werk fertig ist, serviert ihr es euren Eltern, genau wie in einem richtigen Restaurant. Die sind natürlich stolz wie Oskar. Na dann, guten Appetit oder, wie man hier sagt, *eet smakelijk!*

Hunger & Durst
Vertigo, Vondelpark 3, Amsterdam. ✆ 0031-20/6123021. www.vertigo.nl. Mo – So 10 – 1 Uhr. Picknick im Vondelpark 10,50 €.

Dabei sein ist alles

Olympic Experience, Olympisch Stadion 2, NL-1076 DE Amsterdam. ✆ 003120/6711115, www.olympischstadion.nl. olympicexperience@olympischstadion.nl. **Bahn/Bus:** Ab Hbf Tram 16 oder 24 bis Stadionplein. **Auto:** A10, Ausfahrt s108 Olympisch Stadion, Richtung Centrum, Parkhaus Olympisch Stadion. **Zeiten:** Di – So 11 – 17 Uhr. **Preise:** Pers ab 13 Jahre 6 €; Kinder 4 – 12 Jahre 5 €. **Infos:** Zutritt über das Eingangstor Marathonpoort, empfohlen für Kinder ab 6 Jahre.

▶ Bei Olympic Experience im **Olympiastadion** dreht sich alles um die olympischen Sportarten Schlittschuhlaufen, Reitsport, Athletik, Fußball, Judo, Rudern, Radrennen, Hockey, Tennis und Schwimmen. Werdet selbst aktiv. Radelt um die Wette gegen den Radrennfahrer *Theo Bos* und tretet gegen den Eisschnellläufer *Gerard van Velde* an. Ein Blick in die

*Die ersten **Olympischen Spiele** fanden 776 vor Christus in Olympia (Griechenland) statt. Es wurden Wettbewerbe im Laufen, Gymnastik, Pferde- und Kampfsport sowie im Fünfkampf durchgeführt.*

Umkleidekabine ist lustig und interessant zugleich. Hat vielleicht jemand seinen Turnbeutel hängen lassen? Wer genau wissen möchte, wie fit er ist, lässt seinen Blutdruck und das Lungenvolumen messen.

Kletterwald

Fun Forest, Bosbaanweg 3, NL-1182 DB Amstelveen. ✆ 003120/6429683, 003177/3260902, Handy 00316/50271983. www.funforest.nl. amsterdam@funforest.nl. **Bahn/Bus:** Bhf Sloterdijk Metro 50 bis Amstelveenseweg, Fußweg auf dieser Straße, nach ca. 10 Min rechts in den Wald, Fun Forest liegt links. Die ÖV-Anfahrt ist mit kleineren Kindern nicht zu empfehlen. **Auto:** A10, Ausfahrt s108, Ampel Richtung Amstelveen, 2. Ampel rechts liegt Wald Amsterdamse Bos. Rechts kostenlose Parkplätze. **Rad:** Ab Vondelpark Amstelveenseweg Richtung Amstelveen, unter der Autobahn durch, nach ca. 2 km rechts. **Zeiten:** April – Okt zumeist min 12 – 18 Uhr, genaue Zeiten siehe Webseite. **Preise:** 21,50 € (Zuschauer frei); Kinder 5 – 7 Jahre frei, Kinder 7 – 13 Jahre 14,95 €, Jugendliche 14 – 17 Jahre 19,50 €; Familientarif 2 Erw und 4 Kinder Erw 18,50 €, Kinder 13,50 €, ab 10 Pers 10 % Rabatt. **Infos:** Reservierung empfohlen.

Ganz schön wackelig: Auf dem Kidsparcours

© Funforest

▶ Im Park sind 100 Kletterelemente auf einer Fläche von 1,5 ha aufgestellt. Da könnt ihr euch auf 8 verschiedenen Kletterparcours in luftigen Höhen von 4 bis 11 m austoben! Der große Kletterpark ist geeignet für Kinder ab 8 Jahre und einer Körpergröße ab 1,30 m. Bis 14 Jahre ist die Begleitung eines erwachsenen Kletterers nötig. Für Kinder von 5 bis 7 Jahre gibt es einen speziellen Kinderparcours und einen Spielwald.

Spielen im umgebauten Straßentunnel

TunFun, Mr. Visserplein 7, NL-1011 RD Amsterdam. ✆ 003120/6894300, Fax 6897709. www.tunfun.nl. info@tunfun.nl. **Bahn/Bus:** Ab Hbf Amsterdam CS Metro 51, 53 oder 54 bis Waterlooplein. **Auto:** P+R Transferium ArenA, dann Metro 54 bis Waterlooplein. **Rad:** Ab Hbf links auf Prins Hendrikkade, über Geldersekade, Nieuwmarkt, Waterlooplein. **Zeiten:** Mo – So 10 – 18 Uhr. **Preise:** Eintritt frei; Kinder 1 – 12 Jahre 8,50 €. **Infos:** Für P1 Parking Waterlooplein gibt es an der Kasse von TunFun eine Ermäßigungskarte über 10%.

▶ Der umgebaute Straßentunnel ist ein Spielparadies für Kinder bis 12 Jahre. In der ungewöhnlichen Umgebung gibt es Spielmöglichkeiten und Geräte wie Trampolins, Rutschbahnen, Spielhäuser, eine Kinder-Bowlingbahn, einen Fußballplatz, die Kinderdisko, eine Bastelecke und eine Kletterwand. Da bleibt kein Wunsch offen. Beim Spielen könnt ihr beobachten, wie Straßenbahnen über den Tunnel fahren. Die Eltern entspannen derweil im *TunFun-Café,* trinken Kaffee und surfen gratis mit dem eigenen Laptop oder an einem der beiden Computerterminals im Internet.

Waterloopleinmarkt, Waterlooplein, Amsterdam. ✆ 003120/14020. www.waterloopleinmarkt.nl. Mo – Sa 9 – 17 Uhr. Riesiger Flohmarkt.

UMWELT ERFORSCHEN

Tiere erleben

Der älteste Zoo Hollands

Artis, Plantage Kerklaan 38-40, NL-1018 CZ Amsterdam. ✆ 003120/5233-400, Fax -637. www.artis.nl. info@artis.nl. **Bahn/Bus:** Ab Hbf Amsterdam CS Tram 9 bis Plantage Kerklaan oder Canalbus Blaue Linie. **Auto:** A10, Ausfahrt s114, Beschilderung Artis. **Rad:** Ab Hbf links auf Prins Hendrikkade, über Kadijksplein, Hoogte-, Tussen- und Binnenkadijk. **Zeiten:** April – Okt Mo – So 9 – 18 Uhr, Nov – März Mo – So 9 – 17 Uhr. **Preise:** 10 – 64 Jahre 18,95 €; Kinder 3 – 9 Jahre 15,50 €; Senioren ab 65 Jahre 17,50 €. **Infos:** Parkplatz 150 m vom Eingang, 8 € für 6 Std, dann 4 € pro Std, Parkkarte beim Verlassen des Zoos unbedingt dekodieren lassen.

▶ In dem berühmten Zoo leben 9600 Tiere in verschiedenen Themengebieten. Die kleinen Insekten leben im Insektenhaus, bunte Falter im Schmetterlingshaus und die geheimnisvollen Nachttiere findet ihr in der Abteilung Jungle by Night. Schaut bei den faszinierenden Haien im gigantischen Aquarium vorbei. Wer gerne den Menschenaffen beim Klettern zusieht, sollte auch das Gorillahaus besuchen.

Gute Freunde im Artis-Zoo

HANDWERK UND GESCHICHTE

Betriebsbesichtigungen

Eine Mühle in der Stadt

Molen van Sloten, Akersluis 10, NL-1066 EZ Amsterdam. ✆ 003120/6690412, Fax 6151862. www.molenvansloten.nl. info@molenvansloten.nl. **Bahn/Bus:** Ab Hbf Amsterdam CS Tram 2 bis Nieuw Sloten, Beschilderung folgen. **Auto:** A9, Ausfahrt 6 Richtung Sloten. **Rad:** Ab Hbf über Spuistraat, Herengracht, Kinkerstraat, Postjesweg, Christoffel Plantijnpad, Plesmanlaan. **Zeiten:** Mo – So ab 10 Uhr, letzte Führung 16.30 Uhr. **Preise:** 6 €; Kinder 4 – 12 Jahre 2,25 €.

▶ Die voll funktionstüchtige Poldermühle ist mit 34 m Höhe besonders eindrucksvoll. Sie pumpte früher das Wasser aus dem Polder und hielt so das Land trocken. Der Müller zeigt euch, wie er die Flügel in den Wind dreht, damit sie sich bewegen. Zur Mühle gehört auch ein **Böttchermuseum,** das die Herstellung von Holzfässern zeigt. Früher wurden darin vielerlei Dinge aufbewahrt oder transportiert. Denkt nur an Käse, Fisch, Öl oder Seife. Heutzutage reifen in Holzfässern Wein, Whisky und Cognac. Für eure Eltern ist die Ausstellung über den Maler *Rembrandt* sicherlich sehr interessant.

Papabubble, Haarlemmerdijk 70, Amsterdam. ✆ 003120/6262662. www.papabubble.nl. Mo 12 – 18, Di – Sa 10 – 18 Uhr. Traditionell hergestellte Süßigkeiten.

Fußball ist unser Leben

Amsterdam ArenA und Ajax Museum, ArenA Boulevard 1, NL-1101 AX Amsterdam-Zuidoost. ✆ 003120/3111333, Fax 3111334. www.amsterdamarena.nl/world_of_ajax/rondleidingen. info@amsterdamarena.nl. **Bahn/Bus:** Ab Hbf Amsterdam CS mit Metro 50 oder 54 bis Bijlmer ArenA. **Auto:** A2, Beschilderung P-Transferium bis zum Parkhaus Transferium ArenA. **Zeiten:** Mo – Fr und der letzte So des Monats 11, 12.30, 14.30 und 16.30 Uhr, Sa 11, 12.15, 13.30, 14.45 und 16.30 Uhr. **Preise:** 12 €; Kinder 5 – 12 Jahre 10 €. **Infos:** Treffpunkt ist der Haupteingang (Hoofdingang) E, an der Westseite des Stadions.

▶ Bei der 1-stündigen Führung besichtigt ihr das weltberühmte **Fußballstadion ArenA,** die Heimat von **Ajax Amsterdam.** Dabei besucht ihr Bereiche, die normalerweise für das Publikum nicht zugänglich sind, wie den Presseraum und den Spielfeldrand. Stellt euch vor, wie es wäre, wenn nun alle 52.960 Plätze besetzt wären und die Fans euch zujubeln würden. Das wäre eine tolle Stimmung! Im **Ajax Museum** sind Pokale, Videoclips, Fotos und Medaillen aus der Vereinsgeschichte zu bewundern.

Der Traditionsclub Ajax Amsterdam wurde 1900 gegründet und holte zahlreiche Titel und Pokale. Spitzenspieler wie Johan Cruiff und Dennis Bergkamp verdienten hier ihre Brötchen.

Museen & Stadtführungen

Wissenschaft und Technik

Science Center NEMO, Oosterdok 2, NL-1011 VX Amsterdam. ✆ 003120/5313233, Fax 5313535. www.e-nemo.nl. info@e-nemo.nl. **Bahn/Bus:** Ab Hbf Amsterdam CS Bus 32 bis IJtunnel, 250 m Fußweg bis Ende Oosterdok, gelbe Schilder Oosterdok-Route oder Canalbus Blaue Linie. **Auto:** 10 % Ermäßigung im Parkhaus Oosterdok, von dort 2 Minuten Fußweg. **Rad:** Ab Hbf links auf Prins Hendrikkade bis Oosterdok. **Zeiten:** Di – So 10 – 17 Uhr. **Preise:** Pers ab 4 Jahre 12,50 €; Kinder bis 3 Jahre frei; Gruppen ab 15 Pers 10 € pro Person.

Renzo Piano wurde am 14. September 1937 im italienischen Genua geboren. Neben dem NEMO gehört das Centre Pompidou in Paris zu seinen berühmtesten Werken.

▶ Das Gebäude des italienischen Architekten **Renzo Piano** erinnert an ein sinkendes Schiff. Im Inneren gibt's Wissenschaft und Technik zum Anfassen. Hier lüftet ihr die Geheimnisse der Computerwelt und macht spannende Experimente. Stellt eine Kettenreaktion her. Geht auf eine einmalige Reise durch euren Körper. Die *Age Maschine* zeigt, wie ihr in 30 Jahren aussehen werdet. Dann macht ihr vielleicht noch eine Riesenseifenblase. So groß, das ihr selbst ganz hinein passt. Probiert es aus, es funktioniert! Empfehlenswert ist das kostenlos zugängliche Dach. Von hier habt ihr einen großartigen Rundblick über die Stadt.

Da gibt's was zu gucken: Die Bällefabrik des Museums NEMO

Hunger & Durst

Febo, ArenA Boulevard 135, Amsterdam. ✆ 003120/6090011. www.febo.nl. Mo – Sa 11.30 – 20, So 12 – 18 Uhr. Essen aus der Wand, Snacks, Pommes Frites.

Mit den Stars auf Du und Du

Madame Tussaud, Dam 20, NL-1012 JS Amsterdam. ✆ 003120/5221010, Fax 5230629. www.madametussauds.nl. info@madametussauds.nl. **Bahn/Bus:** Ab Hbf Amsterdam CS zu Fuß etwa 1 km geradeaus über Damrak oder Tram 4, 9, 16, 24 bis Dam. **Auto:** P+R Transferium ArenA, dann Metro 50 oder 54 bis Hbf. **Rad:** Ab Hbf über Damrak zum Dam. **Zeiten:** Mo – So 10 – 17.30 Uhr. **Preise:** 20 €; Kinder 5 – 15 Jahre

15 €; nach 15 Uhr 16 €, Kinder 11 €.

▶ Im Wachsfigurenkabinett stehen Figuren von internationalen und niederländischen Stars. Setzt euch für ein Foto zu Robbie Williams oder stellt euch zu Michael Jackson und Lady Gaga. Bevorzugt ihr Fitnesstraining mit David Beckham? Wer hat wohl die bessere Kondition? Auch Königin Beatrix, Kronprinz Willem-Alexander und seine Frau Maxima möchten gerne mit euch aufs Foto. Besonders gelungen ist die Straßenszene aus dem 17. Jahrhundert. Die Atmosphäre der Stadt in dieser Zeit wird hier ebenso spürbar wie auf dem Vogelflug, einem Drehmodell von Amsterdam zu der selben Zeit.

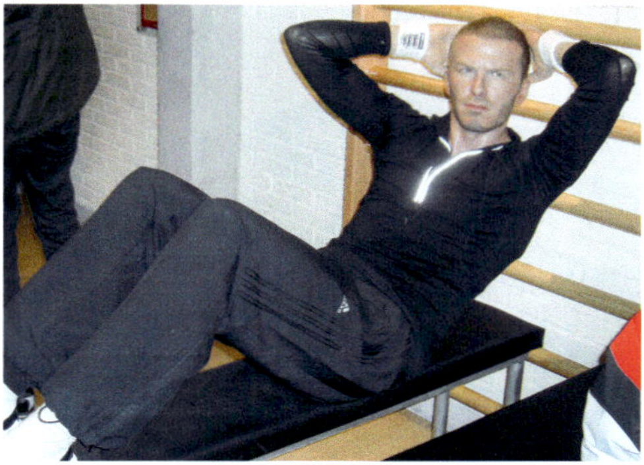

Echt oder aus Wachs? Auf jeden Fall David Beckham

ESSEN AUS DER WAND

▶ Die gelb leuchtenden Snackbars von **Febo** sind aus dem niederländischen Straßenbild nicht wegzudenken. Der Gründer *Johan de Borst* wurde 1919 in Amsterdam geboren. Hier machte er auch seine Ausbildung zum Bäcker, in der Ferdinand Bolstraat. Daraus wurde die Abkürzung Febo, der Geschäftsname war geboren. In seinem ersten Laden verkaufte er Brot und Kuchen. In der Zeit nach dem Zweiten Weltkrieg begann er mit dem Verkauf von Salaten und Fleischkroketten aus eigener Herstellung. Das wurde ein riesiger Erfolg, es gab lange Warteschlangen. So kam der Geschäftsmann auf die Idee, in eine Wand des Ladens viele kleine Fensterchen einzubauen, hinter denen dann die Leckereien lagen. Nach dem Einwurf einer Geldmünze konnte der Kunde den Imbiss seiner Wahl herausnehmen. Das Essen aus der Wand war erfunden. Inzwischen wurde das Angebot erweitert und es gibt mittlerweile 55 Filialen. ◀

www.febodelekkerste.nl

Das berühmteste Versteck der Welt

Anne Frank Haus, Prinsengracht 263, NL-1016 GV Amsterdam. ✆ 003120/5567100, Fax 6207999. www.annefrank.nl. info@annefrank.nl. **Bahn/Bus:** Ab Hbf Amsterdam CS Tram 13, 17 oder Bus 170, 171, 172 bis Westermarkt, zu Fuß über Keizersgracht oder Canalbus Grüne und Rote Linie. **Rad:** Ab Hbf rechts auf Prins Hendrikkade, rechts über Martelaarsgracht, Spuistraat, Heerenstraat. **Zeiten:** Mitte März – Mitte Sep Mo – So 9 – 21 (Sa und Juli – Aug täglich bis 22 Uhr), übrige Zeit 9 – 19 (Sa 9 – 21 Uhr). **Preise:** 9 €; Kinder 10 – 17 Jahre 4,50 €, Kinder unter 10 Jahre frei; Gruppenrabatt nach Absprache; seid möglichst um 9 Uhr dort, da stets großer Andrang herrscht.

▶ Von 1942 bis 1944 versteckte sich das jüdische Mädchen **Anne Frank** mit ihrer Familie und Bekannten im Hinterhaus eines Bürogebäudes. Ihrem Tagebuch vertraute sie ihre Gedanken und Ängste an. Sie entwickelte beim Schreiben großes Talent und träumte von einer Zukunft als Schriftstellerin. Doch die Untergetauchten wurden verraten und in Konzentrationslager gebracht. Der einzige Überlebende, Vater *Otto Frank,* fand das Tagebuch nach seiner Rückkehr.

Im Haus hinter einem Regal seht ihr die Treppe zum Versteck. Dort stehen zwar heute keine Möbel mehr, doch sind das Original-Tagebuch und einige persönliche Dinge zu sehen.

Hunger & Durst

Moeders, Rozengracht 251hs, Amsterdam. ✆ 003120/6267957. www.moeders.com. Mo – So 17 – 1 Uhr. Hausmannskost.

Annelies Marie Frank, *kurz Anne genannt, wurde am 12. Juni 1929 in Frankfurt am Main geboren. Anfang März 1945 starben sie und ihre Schwester Margot im KZ Bergen-Belsen an Typhus. Ihr Tagebuch gibt es als Taschenbuch beim Fischer Verlag.*

Wohnen auf dem Wasser

Hausbootmuseum, Het Woonbootmuseum, Prinsengracht 296 K, NL-1016 HW Amsterdam. ✆ 003120/4270750, www.houseboatmuseum.nl. info@houseboatmuseum.nl. **Bahn/Bus:** Ab Hbf Amsterdam CS Bus 170 oder 172 bis Elandsgracht oder Tram 9 bis Spui. **Auto:** P+R Transferium ArenA, dann Metro 50 oder 54 bis Hbf. **Rad:** Ab Hbf rechts auf Prins Hendrikkade, rechts über Martelaarsgracht, Spuistraat, Heerenstraat. **Zeiten:** März – Okt Di – So, Nov – Feb Fr, Sa, So 11 – 17 Uhr. **Preise:** 3,75 €; Kinder bis 152 cm 3 €; Gruppen ab 10 Pers 3 €.

▶ Seid ihr fasziniert von den Hausbooten, die an den Amsterdamer Grachten liegen? In dem weltweit einzigen Hausbootmuseum, einem umgebauten Frachtschiff mit dem schönen Namen *Hendrika Maria,* könnt ihr das Leben auf solch einem Schiff kennen lernen. Auf 80 m Länge findet ihr ein gemütlich eingerichtetes Wohnzimmer, eine Spielecke für Kinder, die Küche, ein winziges Badezimmer und ein Schlafzimmer vor. So komfortabel habt ihr euch das Wohnen auf dem Wasser sicher nicht vorgestellt.

Alles für die Katz im Katzenkabinett

Kattenkabinet, Herengracht 497, NL-1017 SG Amsterdam. ✆ 003120/6265378, Fax 6266764. www.kattenkabinet.nl. info@kattenkabinet.nl. **Bahn/Bus:** Ab Hbf Amsterdam CS Tram 9, 16 oder 24 bis Muntplein. **Auto:** P+R Transferium ArenA, Metro ins Zentrum. **Rad:** Ab Hbf immer geradeaus über Damrak, Rokin auf Vijzelstraat, links auf Herengracht. **Zeiten:** Mo – Fr 10 – 16, Sa, So, Fei 12 – 17 Uhr. **Preise:** 6 €; Kinder 4 – 12 Jahre 3 €; Gruppen ab 11 Pers 4 €.

▶ Seid ihr Katzenliebhaber oder habt ihr vielleicht selbst einen Stubentiger? Dann ist das schöne Gebäude aus dem 17. Jahrhundert in der Herengracht eine gute Adresse für euch. Das Kunstmuseum wurde gegründet von *Bob Meijer* und ist seinem Kater *John Pierpont* gewidmet. Ihr seht hier Skulpturen, Gemälde und Zeichnungen von Katzenmalern. Darunter sind Werke von berühmten Künstlern wie Picasso, Rembrandt und Toulouse-Lautrec. Fotos anderer Berühmtheiten sind ebenfalls ausgestellt, z.B. der

Die Weiße Rose, Rozengracht 166, Amsterdam. ✆ 0031-20/6383959. www.weisserosebuch.com. Di – Fr 10 – 18, Sa 11 – 17 Uhr. Buchhandlung mit deutschen Büchern.

Bekannte Katzen sind oder waren der Kater *Sylvester* aus der Comicserie Bugs Bunny oder *Socks,* die Katze des früheren US-Präsidenten Bill Clinton. Ihr kennt bestimmt noch weitere Berühmtheiten auf vier Samtpfoten.

Hunger & Durst

Restaurant Ekeko, Linneausstraat 2, Amsterdam. ✆ 003120/5688392. www.ekeko.nl/index.php. Täglich 10 – 17 Uhr. Exotische Kleinigkeiten, tropische Fruchtsäfte.

Schriftsteller und Schauspieler Truman Capote mit einer Katze.

Reise in die Tropen

Tropenmuseum, Linnaeusstraat 2, NL-1092 CK Amsterdam. ✆ 003120/5688200, Fax 5688331. www.tropenmuseum.nl. tropenmuseum@kit.nl. **Bahn/Bus:** Ab Hbf Amsterdam CS Bus 22 bis Eerste van Swindenstraat oder Canalbus Orange Linie. **Auto:** A10, Ausfahrt s113 Watergraafsmeer/Diemen geradeaus Richtung Centrum/Watergraafsmeer, begrenzte Parkmöglichkeiten. **Zeiten:** Mo – So 10 – 17 Uhr. **Preise:** 10 €; Kinder 6 – 17 Jahre 6 €.

▶ Im Tropenmuseum lernt ihr ferne Länder und Kulturen kennen. Häuser und ganze Straßenzüge sind aufgebaut. Ihr schlendert über eine nordafrikanische Straße, durch ein Dorf in Indien und besucht kurze Zeit später einen arabischen Markt. Und das alles an einem Tag! Ergänzend sind zahlreiche Gegenstände und Filme zu sehen. Eine deutschsprachige Hörführung bekommt ihr am Informationsschalter. Das angeschlossene **Kindermuseum** ist leider nur bedingt interessant, da es sich überwiegend an niederländische Kinder richtet.

FESTKALENDER AMSTERDAM

April:	Amsterdam, auch landesweit: **Muzeumweekend,** Museumswochenende, freier oder ermäßigter Eintritt, www.museumweekend.nl. 30. April: landesweit mit Schwerpunkt Amsterdam: **Königinnentag,** Nationalfeiertag mit Musik, Trödelmärkten.
August:	Mitte August, Amsterdam: **Grachtenfestival,** Musikfestival mit Kindergrachtenfestival, www.grachtenfestival.nl.
Oktober:	Amsterdam: **Amsterdam Marathon,** auch 8-km-Lauf, www.amsterdammarathon.nl.

ZEELAND

SÜDHOLLAND

NORDHOLLAND

AMSTERDAM

DIE INSELN

IJSSELMEERKÜSTE

WATTENMEERKÜSTE

ORTE, INFO & VERKEHR

FERIENADRESSEN

REGISTER

17 800
L 320

FÜNF INSELN IN DER NORDSEE

Die Inseln Texel, Vlieland, Terschelling, Ameland und Schiermonnikoog liegen vor der Küste im Norden der Niederlande. Jede Insel hat ihren eigenen Charakter, gemeinsam haben sie die Schönheit der Natur und eine Nordseeküste sowie eine dem Festland zugewandte Wattenmeerküste.

Das Meer vor Vlieland und Terschelling hat meist recht hohe Wellen. Durch Ebbe und Flut bilden sich am Strand kleine Seen voller Salzwasser, das sich schnell erwärmt. Das ist ein ideales Naturplanschbecken für kleinere Kinder.

Vlieland und Schiermonnikoog sind autofrei. Dort wird die Reise ab dem Fähranleger bis zur Unterkunft mit öffentlichen Verkehrsmitteln und per Fahrad durchgeführt. Im Sommer ist Inselhüpfen, das Reisen von Inseln zu Insel, möglich. Es verkehren Schiffe zwischen Texel und Vlieland, zwischen Vlieland und Terschelling, von Terschelling nach Texel, Vlieland, Ameland und zurück sowie zwischen Ameland und Terschelling und Schiermonnikoog.

TIPPS FÜR WASSERRATTEN

Frei- und Hallenbäder

Subtropisches Schwimmbad

Calluna, Schumakersweg 3, NL-1796 NM De Koog Texel. ✆ 0031222/317888, Fax 317097. www.zwemparadijscalluna.nl. calluna@roompot.nl. **Bahn/Bus:** Ab Fährhafen Bus 26 und 28 bis Zijweg. **Auto:** Ab Fährhafen N501 Pontweg, nach 11 km rechts. **Zeiten:** Mai – Aug 10 – 20 Uhr, weitere Öffnungszeiten siehe Webseite. **Preise:** 9,50 €; Kinder 4 – 11 Jahre 5,50 €; Pers ab 55 Jahre 7,50 €.

▶ Im Wellenbad herrscht stets eine konstante Temperatur von 30 Grad. Eine schöne Badetemperatur also! Wagt euch die 85 m lange Rutschbahn hinunter, es lohnt sich. Oder planscht ihr lieber am Wasserpilz? Bezwingt die Wildwasserbahn oder lasst es euch im Whirlpool gut gehen. Für die Kleinsten gibt

Wer ist am schönsten frisiert? Eselsafari am Strand von Ameland

Mit der Familientageskarte BUZZER können 2 Erwachsene und bis zu 3 Kinder bis 11 Jahre für 13 € einen Tag lang die Linienbusse auf Texel nutzen.

Bei ***De Dunatter*** *arbeiten zahlreiche ehrenamtliche Mitarbeiter.*

es natürlich ein Planschbecken. Übrigens, Gäste des Ferienparks *Kustpark Texel* haben freien Eintritt ins Schwimmbad.

Dünenfreibad

De Dunatter, Duinpad 10, NL-9166 PW Schiermonnikoog. ✆ 0031519/531110, www.dunatter.nl. info@dunatter.nl. **Bahn/Bus:** Ab Fährhafen Bus 141 bis Oosterreeweg Garage. **Rad:** Am nordöstlichen Dorfrand. **Zeiten:** Mitte Mai – Sep Mo – Fr 9 – 18, Sa, So 10 – 17 Uhr. **Preise:** 4,20 €; Kinder bis 12 Jahre 3,20 €.

▶ Kleine und große Wasserratten vergnügen und erfrischen sich in den 3 Schwimmbecken, genießen die Sonne und die umliegende Natur. Zum Toben bietet das Bad ein großes Luftkissen, Rutschen und Wasserspielzeug an. Die große Liegewiese mitten in den Dünen lädt zu einem entspannenden Sonnenbad ein.

Expeditionen per Boot

Ein Abstecher zu den Seehunden

Robbentocht met de Zeehond, Büro, Kekelburen 1, NL-9161 DS Hollum Ameland. ✆ 0031519/554-600, Fax -911. www.sikkema.nl/zeehond. hboven33@freeler.nl. **Bahn/Bus:** Abfahrt am Fährhafen Nes. **Zeiten:** Mai – Okt. **Preise:** 14,70 €; Kinder 4 – 12 Jahre 9,20 €; Gruppen ab 15 Pers 10 % Rabatt. **Infos:** Kartenverkauf beim Verkehrsverein (VVV) und an Bord der Zeehond.

▶ Das Boot *De Zeehond* bringt euch auf einer 2-stündigen Tour zu den Seehundbänken. Die Abfahrt erfolgt am Fähranleger in Nes. Unterwegs gibt es für euch ein Bild vom Schiff zum Ausmalen. Bei gutem Wetter lasst ihr euch auf dem Sonnendeck den Wind um die Nase wehen. Von dort habt ihr den besten Blick auf die Seehunde in ihrer natürlichen Umgebung. Zwischen Ameland und Terschelling dösen sie auf ihrer Sandbank in der Sonne. Verhaltet euch ruhig, damit die Tiere nicht gestört werden!

Radeln und Laufen

Radroute auf den Spuren der Texeler Bauern

Oudeschild – De Waal – Camping Driehoek – Onderen – De Waal – Oudeschild, Laagwaalderweg, NL-1792 CE Oudeschild Texel. **Länge:** 22 km. **Bahn/Bus:** Ab Fährhafen Bus 29 bis Vliegwiel. **Auto:** Ab Fährhafen N501, rechts auf Redoute, wird im Verlauf Bolwerk, links Barentszstraat, wird im Verlauf Laagwaalderweg.

▶ Ihr startet am Ortsrand von **Oudeschild** auf dem Laagwaalderweg. Fahrt einige Kilometer an Wiesen und Feldern entlang in Richtung De Waal, biegt links in den Kadijksweg, radelt dann rechts auf den Weg neben dem Wassergraben. An der Gabelung **Tienhoven** seht ihr links den gleichnamigen Bauernhof aus dem Jahr 1742.

Biegt rechts ab Richtung De Waal, am Ende der Straße wieder rechts. Auf dem Waalderweg befindet ihr euch im kleinsten Dorf der Insel, **De Waal.** Hier fahrt ihr links in die Straße Bomendiek. Haltet euch links auf dem Polderweg, folgt der Rechtskurve, radelt dann auf den Zaandammerdijk. Dort geht es am **Bauernhofcampingplatz** *Ora et Labora* vorbei. Ihr bleibt auf dieser Straße, links liegt der kleine See **Westerkolk.** Am nordwestlichen Ufer findet ihr eine kleine Vogelbeobachtungshütte. Habt ihr ein Fernglas dabei? Radelt weiter bis ihr nach einer Rechtskurve bei der Gabelung links auf den Limietweg kommt. Radelt Richtung *Camping Driehoek,* ihr nähert euch dem Kreisverkehr, an dem alle wichtigen Inselstraßen aufeinander treffen. Im Kreisverkehr folgt ihr dem Weg

Denkt daran, ein Fernglas für die Vogelbeobachtung einzupacken.

Texel wird nicht nur von Schafen bevölkert: Mit Ecomare könnt ihr spannende Vogelbeobachtungen unternehmen

© Ecomare

Hunger & Durst

Havenzicht Texel, Haven 6, Oudeschild. ✆ 0031222/312602. www.havenzichttexel.nl. Täglich 10 – 15 und 17 – 21 Uhr. Apfelkuchen 1,90 €, Schinken-Käse-Baguette 4 €.

Fahrradweg heißt fietspad.

Hunger & Durst

Posthuys, Postweg 4, Vlieland. ✆ 0031562/451282. www.posthuysvlieland.nl. März – Nov 11 – 17 Uhr. Limonade 2,25 €, Knackwurst mit Brot 3,75 €.

Ruigendijk Richtung De Koog, fahrt dann links in den **Waal en Burgerdijk** ein, den ihr 4 km bis zum Ende fahrt. Links liegt der Reitstall ↗ *Manege Kikkert.* Dann geht es links in 7 km über Burgerdijk, rechts über Ongeren, rechts über Waalderweg auf dem Sommeltjesweg nach **De Waal** und über den Laagwaalderweg zum Start in **Oudeschild** zurück.

Radtour zum Posthuys Vlieland

Strandhotel Seeduyn – Restaurant Posthuys – Naturgebiet Kroonspolders – Vlieland, Badweg 3, NL-8899 BB Vlieland. **Länge:** 18 km. **Bahn/Bus:** Ab Fährhafen Bus 110 bis Toppunt. **Auto:** Ab Havenweg rechts auf Lutinelaan, links Rozebottelweg bis Ende, dort auf Badweg.

▶ Vom **Strandhotel Seeduyn** am Badweg 3 radelt ihr Richtung Dorf. Vor dem Wald biegt ihr rechts ab auf den Kampweg, der im Verlauf zum Vliepark und zum Ankerplaats wird. Dort beginnt der Radweg. Zuerst radelt ihr neben der Straße Ankerplaats, dann durch die **Dünen.** An den beiden T-Kreuzungen biegt ihr rechts ab. Über den befestigten Weg geht es wieder auf den Radweg. Dort seht ihr die Nordsee, auf der anderen Seite das Wattenmeer. Der Radweg mündet in den **Pad van Zes.** Macht hier eine kleine Strandpause! Das **Ausflugslokal Posthuys** war ehemals eine Station, an der Pferde des Postdienstes von Amsterdam über Texel nach Oost-Vlieland und Terschelling gewechselt wurden. Heute könnt ihr euch hier stärken. Dazu biegt ihr links ab und folgt dem Weg, das Posthuys liegt auf der rechten Seite. Dahinter beginnt das Naturgebiet *Kroonspolders,* wo viele Vögel brüten.

Nehmt den Postweg Richtung Dorf. Bei **Bomenland** fahrt ihr durch ein Waldgebiet, vorbei an Dünen und dem *Campingplatz Lange Paal* ins Dorf zurück.

Wandern auf dem Sommeltjespfad

De Koog – Sommeltjeswald – De Koog, Pelikaanweg, NL-1796 NM De Koog Texel. **Länge:** 1,5 km.

Bahn/Bus: Ab Fährhafen Bus 26 oder 28 bis Zijweg 14 in De Koog, links in Pelikaanweg. **Auto:** Ab Fährhafen 9 km auf N501, dann links in Pelikaanweg.

Zahme Schafe und Schweinchen: Auf dem Sommetjespad gibt es nicht nur Sommeltjes

▶ Sommeltjes sind Zwerge. Sie leben im Sommeltjesberg am Rand des Dorfes *De Waal* auf der Insel Texel. Nachts putzen sie das Silber der Inselbewohner und tanzen fröhlich im Mondlicht. Tagsüber lassen sie sich nur selten blicken. Denn im Sonnenlicht werden sie zu Stein. Ab und zu schaffen es einige der freundlichen Männchen nicht rechtzeitig ins Dunkle und die Sonne erwischt sie doch. Dann bleiben sie bis zum Abend versteinert.

Für Kinder bis 8 Jahre ist die markierte Sommeltjeswanderung durch den schönen Wald *De Dennen* ein Abenteuer. Es gibt so viel zu entdecken: von der Eule im Baum über den Picknicktisch in Form eines Pilzes. Passt gut auf, ob ihr auf eurem Weg versteinerte Sommeltjes seht.

Reiten & Touren am Strand

Insel-Reitstall

Manege Kikkert, Bosrandweg 277, NL-1796 NK De Koog Texel. ✆ 0031222/317516, www.manegekikkert.nl. info@manegekikkert.nl. **Bahn/Bus:** Ab Fährhafen Bus 26 und 28 bis Zijweg. **Auto:** Ab Fährhafen N501 Pontweg, links auf Pelikaanweg, 1. rechts Bosrandweg. **Zeiten:** März – Okt. **Preise:** Kleines Pony 30 Min 7 €, großes Pony 1 Std Waldritt 15 €, großes Pony 2 Std Strandritt 30 €, Ponykutschfahrt 30 Min durch den Wald 11 €. **Infos:** Begleiteter Ausritt für Kinder mit einer Behinderung 30 Min 12 €.

Hier leben 30 freundliche Ponys. Sucht euch eins zum Reiten aus. Mama oder Papa begleitet euch auf eurem Ritt am Strand oder durch den Wald. Die Kleineren gehen in einer von einem Pony gezogenen Kutsche, die ebenfalls von einer erwachsenen Begleitperson geführt werden muss, auf eine halbstündige markierte Route. Das macht viel Spaß!

Hoppe, Hoppe, Reiter

Ponycentrum de Prairie, Molenweg 9, NL-8894 KA Formerum Terschelling. ✆ 0031562/449515, Handy 00316/16510011. www.deprairie.nl. zorgdragerswart@ziggo.nl. **Bahn/Bus:** Ab Fährhafen Bus 120 bis Molen. **Auto:** Ab Fährhafen 1. rechts, 2. rechts, Straßenverlauf mit wechselnden Straßennamen folgen, bei Formerum links. **Zeiten:** Ostern, Maiferien, Pfingsten, Sommerferien, Herbstferien 10 – 12.30 und 13.30 – 17 Uhr, in den Sommerferien Mo – Sa. **Preise:** Ausritt in den Wald je 30 Min 7 €, Morgenausritt mit Picknick 35 €; 15 Min Ritt auf der Weide 3,50 €.

Am Rand des Formerumer Waldes liegt das Ponyzentrum, wo zutrauliche Shetlandponys wohnen. Mietet eins der zutraulichen Ponys für einen Ritt dem Gelände des Zentrums oder in den Wald. Natürlich dürft ihr auch vorbeikommen, um die Tiere zu streicheln. Für die Begleitung eines Erwachsenen müsst ihr sorgen, aber Papa oder Mama gehen sicher gern mit. Für fortgeschrittene Reiter gibt es Morgenritte in der Gruppe mit Picknick.

Hunger & Durst

De rustende Jager, Molenweg 2, Formerum. ✆ 0031562/448589. www.rustendejager.com Mo – So 11 – 23 Uhr. Kindergerichte 5,25 €.

Mit dem Esel durch die Dünen

Puur Terschelling, Anne und Danielle Bierema, Oosterend 39, NL-8897 HX Oosterend Terschelling. ✆ 0031-562/449487, www.puur-terschelling.nl. info@puur-terschelling.nl. **Bahn/Bus:** Ab Fährhafen Bus 120 bis Oosterend. **Auto:** Ab Fährhafen 1. rechts, 2. rechts, Straßenverlauf mit wechselnden Straßennamen ca. 10 km folgen. **Zeiten:** täglich. **Preise:** Eselmiete 2,5 Std 32,50 €, halber Tag 42,50 €.

▶ Eselwandern ist ein Vergnügen für die ganze Familie. Die geduldigen Grautiere tragen euer Wandergepäck und den Proviant. Wenn ihr bis zu 40 kg wiegt, dürft ihr sogar ein Stück des Weges auf dem Rücken des Esels reiten. Zieht gemeinsam mit eurem vierbeinigen Freund durch die Dünen und an den berühmten Cranberryfeldern entlang. Ein leckeres Picknick an einer schönen Stelle ist der Höhepunkt der Wanderung. Es werden auch Fahrten mit Planwagen, Ausritte, winterliche Pferdeschlittenfahrten und Thementouren für Kinder angeboten.

Mit dem Strandbus auf Tour

Westbank Busbedrijf, Oosterend 15, NL-8897 HX Oosterend Terschelling. Handy 00316/20508722. www.westbank.nl. info@westbank.nl. Dauer: 2 Std. **Bahn/Bus:** Ab Fährhafen Bus 120 bis Tjermelan. **Auto:** Ab Fährhafen auf der Inselhauptstraße bis Oosterend. **Zeiten:** Sep – März 12 – 14 oder 14 – 16 Uhr (vorab erfragen). **Preise:** 12 €; Kinder bis 10 Jahre 10 €. **Infos:** Abfahrt am Parkplatz bei Paal 8/West aan Zee.

▶ Im komfortablen Bus in sandgrauer Tarnfarbe sitzt ihr besonders hoch, ganze 3 m über dem Boden. Dadurch habt ihr einen tollen Blick hinab auf den Strand und weit in die Ferne. Ziel ist die Rettungshütte *Drenkelingenhuisje* bei Paal 25. Das kleine Holzhaus steht auf Pfählen mitten auf dem Strand. Schiffbrüchige fanden in diesen Häuschen Zuflucht, trockene Kleidung und einen Wegweiser ins Dorf.

Fahrradverleih: **Zeelen,** Formerum 39, Terschelling. ✆ 0031562/448165. www.zeelen.nl. Täglich 9 – 18 Uhr. Fahrrad 2 Tage ab 10 €, oft Angebote z.B. 7 Tage mieten, 5 Tage zahlen.

Fahrt mit dem Vliehors Express

De Vliehors Expres, Dorpsstraat 125, NL-8899 AE Vlieland. ✆ 0031562/451971, Fax 453222. www.vliehorsexpres.nl. info@vliehorsexpres.nl. **Bahn/Bus:** Ab Fährhafen Bus 110 bis Dorp Kerk. **Rad:** Ab Fährhafen Havenweg, links auf Dorpsstraat. **Zeiten:** 14 Uhr ab dem Posthuys (erreichbar mit Bus 110 um 13.15 Uhr ab Dorp Kerk), Nebensaison ab Strandhotel Seeduyn. **Preise:** 14,50 €; Kinder 4 – 12 Jahre 10 €, Kinder bis 4

Hunger & Durst

De Richel, Dorpsstraat 146, Vlieland. ✆ 0031562/451414. www.derichelvlieland.nl. April – Okt Mo – So 10 – 22 Uhr. Gemütlich, bezahlbar, halbes Hähnchen 10 €, Kinderteller ab 3,75 €.

Hunde fahren kostenlos mit.

Jahre 5 €; Senioren ab 65 Jahre 13,50 €. **Infos:** Informationen und Reservierungen bei Zeepaardje, Dorpsstraat 138 in Vlieland.

▶ Der gelbe Vliehors Express ist ein umgebauter Militär-LKW. Die abenteuerliche Fahrt geht in westliche Richtung auf die riesige Sandfläche Vliehors, die den Beinamen *Sahara des Nordens* trägt. Dort werdet ihr wahrscheinlich auf Seehunde treffen. Anschließend besucht ihr die alte Rettungshütte. Früher fanden Schiffbrüchige Kleidung zum Wechseln, Wasser, Lebensmittel und eine Telefonverbindung zum Posthuys. Heute sind hier allerlei Strandfunde, von Zigaretten bis zur Flaschenpost, zu sehen. Neben dem Holzhaus werden alle gefundenen Holzteile gesammelt und aufgestellt. Das ist schon Einiges zusammengekommen!

Tour mit dem Eilander Balg-Express

Bezoekerscentrum Schiermonnikoog, Torenstreek 20, NL-9166 ZP Schiermonnikoog. ✆ 0031519/531641, www.eilanderbalgexpres.nl. info@eilanderbalgexpres.nl. **Bahn/Bus:** Ab Fährhafen Bus 140 bis Centrum/VVV. **Rad:** Ab Fährhafen links Heereweg, rechts Oosterreeweg, links Langestreek, rechts Torenstreek. **Zeiten:** Abfahrt nur bei Ebbe, genaue Zeiten beim Besucherzentrum erfragen. **Preise:** 12 €; Kinder 3 – 11 Jahre 8 €.

▶ Die 40 km lange Tour mit dem Eilander *Balg-Express,* einem blauen Traktor mit einem busähnlichen Anhänger, führt bei Ebbe über den Strand zum östlichsten Punkt der Insel, der – wen wundert's – De Balg heißt. Hier habt ihr eine halbe Stunde Aufenthalt, um euch umzusehen. Wahrscheinlich seht ihr

© Niederl. Büro f.Tourismus&Convention

Hunger & Durst

Kwalitaria De Halte, Reeweg 4, Schiermonnikoog. ✆ 0031519/531256. www.schiermonnikoog-horeca.nl/Index_DeHalte.htm. Mo 15 – 20, Di – Do 10.30 – 22, Fr, Sa 10.30 – 24, So 10.30 – 20 Uhr. Snacks ab 1,50 €.

Nein, ich bin zwar dick wie ein Mops, aber ich bin ein Seehund

ein paar Seehunde. Mit ein wenig Glück findet ihr besonders schöne, große Muscheln; sogar **Bernstein** wurde hier schon gefunden.

Spazieren oder Spielen?

Blumen und Obst selbst pflücken

De Zelfpluktuin, Middellandseweg 4, NL-1792 CE Oudeschild Texel. ✆ 0031222/315080, www.zelfpluktuin.info. info@zelfpluktuin.info. **Bahn/Bus:** Ab Fährhafen Bus 29 bis Brouwerij. **Auto:** Ab Fähre N501 Pontweg, Beschilderung Richtung Oudeschild, zwischen Oudeschild und Den Burg. Achtet auf die große Erdbeere am Straßenrand. **Zeiten:** Mitte Mai – Okt Mo – Sa 9.30 – 17.30 Uhr. **Preise:** Eintritt frei.

▶ Habt ihr Lust auf Erdbeeren? Oder soll die Mama mit einem bunten Blumenstrauß verwöhnt werden? In der Gärtnerei dürft Ihr Obst und Blumen selbst pflücken. Das macht euch bestimmt Spaß. Denn niemanden stört's, wenn beim Pflücken mal eine Erd- oder Himbeere in eurem Mund landet. Den Großteil sammelt ihr in bereit gestellten Behältern, die gewogen und nach Gewicht bezahlt werden. Auf dem Gelände gibt es einen großen Sandkasten mit Baggern und es laufen zutrauliche Katzen und gackernde Hühner herum.

Golf spielen nach Bauernart

Bauernhof Kiewietshoeve, Agnes Kiewiet, Ballumerweg 23, NL-9163 KE Nes Ameland. ✆ 0031519/542302, Fax 542842. Handy 00316/13645901. www.kiewietshoeve.nl. kiewietshoeve@hotmail.com. **Bahn/Bus:** Ab Fährhafen Bus 130 bis Ballumerweg. **Auto:** Ab Fährhafen am Kreisverkehr Richtung Hollum/Ballum, am Ende der Straße links abbiegen, nach ca. 50 m wieder links. **Zeiten:** April – Nov, nur nach Reservierung. **Preise:** 8 €; Kinder bis 12 Jahre 5 €. **Infos:** Preise inkl. Kaffee, Tee oder Erfrischungsgetränk und Siegerehrung.

Bernstein besteht aus gehärtetem Baumharz und kann bis etwa 300 Mio Jahre alt sein. Dem Schmuckstein werden heilende und beruhigende Kräfte nachgesagt.

Hunger & Durst

De Zelfpluktuin, Middellandseweg 4, Oudeschild. ✆ 0031222/315080. www.zelfpluktuin.nl/terras.html. Mitte Mai – Okt Mo – Sa 9.30 – 17.30 Uhr. Fruchtsäfte, Limonaden, Obsttorte, Eis.

Festes Schuhwerk anziehen.

Fahrradverleih: Fietsverhuur

Metz, Strandweg 37, Buren. ✆ 0031519/ 542417. www.fietsverhuur-ameland.nl. Mo – Sa 9 – 18, So 10 – 18 Uhr. Tandem Kind/Erw 14,50 € pro Tag.

▶ Habt ihr schon mal etwas von Bauerngolf gehört? Das ist eine rustikale Variante des bekannten Golfspiels. Zwischen Kühen und Schafen sind 10 Milcheimer in der Landschaft verteilt. Schaut einfach nach den roten Fahnen, dann findet ihr sie leicht. Mit Schlägern, an deren Ende ein kleiner Holzschuh angebracht ist, solltet ihr den Ball mit so wenig Schlägen wie möglich in die Eimer schlagen. Und dann sind da noch Kuhfladen und Wassergräben. So spannend ist eben nur Bauerngolf!

Im angeschlossenen Laden werden Angelutensilien, Mehlwürmer, Forellenteig, Fisch- und inseltypische Produkte verkauft.

Angler aufgepasst!

Forellenteich 't Nijlân, Koeveldsweg 2, NL-9164 XT Buren Ameland. ✆ 0031519/543740, www.amelander-forellenvisvijvers.nl. metzameland@home.nl. **Bahn/ Bus:** Ab Fährhafen Bus 132 bis Klein Vaarwater, dann 19 Min Fußweg. **Auto:** Ab Fährhafen bis Kreisverkehr, 1. Ausfahrt, 1. rechts, bei Grazingweg links, 1. links. **Zeiten:** April – Okt Di – Do und Sa 9 – 13 und 13.30 – 17.30, Fr 13.30 – 17.30 und 18 – 22, So 13.30 – 17.30 Uhr. **Preise:** 10 € (3 Regenbogenforellen), 15 € (5 Regenbogenforellen) oder 19 € (3 Regenbogenforellen und 1 Lachsforelle).

Fachmännisch: Petri Heil!

© pmv

▶ Kurz hinter dem Ortsausgang von Buren liegen 3 Forellenteiche in wunderschöner Natur. Werft eure Angel aus. Wenn ihr Erfolg habt, dürft ihr den Fisch mitnehmen oder gegen geräucherte Forellen eintauschen. Für 2 frische Fische gibt's im Gegenzug eine geräucherte Forelle. Schaut auch mal in der eigenen Forellenräucherei vorbei. Den Weg findet ihr leicht, immer der Nase nach! Ihr habt keine Angel dabei? Kein Problem, gegen 3 € Gebühr könnt ihr eine leihen.

Tiere kennen lernen

Tropische Vögel

Vogeltuin Eureka, Schorrenweg 20, NL-1794 HG Oosterend Texel. ✆ 0031222/318364, Fax 318015. www.eurekatexel.nl. info@eurekatexel.nl. **Bahn/Bus:** Ab Fährhafen Bus 29 bis Mulderstraat, dann zu Fuß in nordwestliche Richtung über Vliestraat, Oosterenderweg, Genteweg bis Schorrenweg. **Auto:** Ab Fährhafen N501 Pontweg, Kreisverkehr Beschilderung Oosterend, nördlich von Oosterend. **Zeiten:** Mo – Fr 8.30 – 18, Sa 8.30 – 17 Uhr, Greifvogelvorführungen April – Okt Di und Do 14 Uhr. **Preise:** 7,50 €; Kinder 4 – 12 Jahre 5 €; Gruppenpreise nach Absprache.

▶ Da schlägt das Herz von Tierfreunden schneller. In der Halle des Vogelparks leben Papageien, Kuckucke und andere Exoten inmitten von tropischen Pflanzen und Wasserläufen. Einige Vögel fliegen frei umher, andere sind in großen Käfigen, den Volieren, untergebracht. Das ist ein Gezwitscher und Geflatter! Im Außenbereich könnt ihr euch die dort lebenden Raubvögel und Eulen ansehen. Gleich nebenan liegt das zugehörige Gartencenter.

Kleiner Niederländisch-Kurs: Tuin heißt Garten.

Handwerkszentrum Texel

Landgut De Bonte Belevenis, Ambachtscentrum Texel, Rommelpot 11, NL-1797 RN Den Hoorn Texel. ✆ 0031222/314180, Fax 320269. www.ambachtscentrum.eu. info@landgoeddebontebelevenis.nl. **Bahn/Bus:** Ab Fährhafen Bus 29 bis Hemmerweg, dann nach Norden über Westerweg, Oudeweg zu Fuß etwa 1,5 km. **Auto:** Ab Fährhafen N501 Pontweg bis Amaliaweg, Richtung Den Hoorn, am Ort vorbei auf Rommelpot. **Zeiten:** Feb – Okt Di – Do und Sa 10 – 17 Uhr, Juli und Aug auch So 12 – 17 Uhr. **Preise:** 5 €, Ambacht-Strippenkaart 6 €; Kinder bis 2 Jahre frei, ab 3 Jahre 5 €.

▶ Auf dem Landgut *De Bonte Belevenis* liegt das **Ambachtscentrum Texel.** In zwei urigen Scheunen werden alte Handwerke ausgeübt und vorgeführt. Wer an

Im angeschlossenen Geschäft werden handgefertigte Produkte verkauft. Es gibt Seife in Form von Seehund, Schaf, Schweinchen, Blumen oder eurem Anfangbuchstaben.

der Kasse eine *Ambacht-Strippenkaart* kauft, kann selbst aktiv werden. Ihr habt die Wahl: möchtet ihr gern Papier herstellen, dann werdet ihr es schöpfen, im wahrsten Sinne des Wortes. Eine Kerze oder ein Stück Seife selbst zu machen und mit nach Hause zu nehmen, ist ebenfalls eine gute Idee. Draußen findet ihr Bauernhoftiere, eine Spiel- und Picknickwiese, eine GoKart-Bahn und einen Minigolfplatz.

Durch den an Ecomare angrenzenden 70 ha großen Dünenpark führen Rundwanderwege von 1 und 3 km Länge. Folgt den blau gestrichenen Holzpfählen.

Hunger & Durst

De Strandhut, Badweg 204, De Koog. ✆ 0031-222/317604. www.destrandhut.nl. Ganzjährig. Pfannkuchen ab 4 €, Hamburger 3,75 €.

Keine Heulsuse: Nur Seehundkinder, die ihre Mutter verloren haben, heißen Heuler

Besuch bei den Seehunden

Ecomare, Ruijslaan 92, NL-1796 NM De Koog Texel. ✆ 0031222/317741, Fax 317744. www.ecomare.nl. infobalie@ecomare.nl. **Bahn/Bus:** Ab Fährhafen Bus 26 oder 28 bis Ecomare. **Auto:** Ab Fährhafen N501 Pontweg, links auf Californiëweg, Beschilderung. Großer, kostenloser Parkplatz. **Rad:** N501, Abzweig 11 auf Rozendijk, 2. rechts auf Poegelanderweg, ab De Koog Ruijslaan. **Zeiten:** Mo – So 9 – 17 Uhr. **Preise:** 9,75 €; Kinder 4 – 13 Jahre 6,50 €; Schulklassen 4,50 € pro Person, Ermäßigung für Gruppen ab 15 Pers.

▶ Ecomare ist eine Seehundstation am Nationalpark *Dünen von Texel*. Hier werden kranke, verletzte oder verwaiste Robben (Heuler) aufgepäppelt und in die Freiheit entlassen. Einige Tiere können sich nicht mehr an das freie Leben gewöhnen und leben ständig hier.

Um 11 und 15 Uhr findet die Fütterung statt. Schaut euch den unterirdischen Wassersaal mit den Meeresaquarien an. Darin leben Fische, Schalentiere und Seesterne. In der Vogelstation werden ölverseuchte Tiere in einer speziellen Vogelwaschmaschine gereinigt.

▶ Im Jahr 2005 begann *Johan Huibers* in Dordrecht mit dem Nachbau der Arche Noah aus dem Alten Testament. Das Holzschiff wurde 70 m lang, 9,5 m breit und 12,9 m hoch und ist damit halb so groß wie die biblische Arche. Im Innern sind lebensgroße Tiermodelle von Elefanten, Giraffen und Affen aufgestellt.

DIE ARCHE NOAH AUS HOLLAND

Die Arche wurde bisher von 2 Schleppern auf dem Wasser durch das Land transportiert. Das Schiff war schon in Rotterdam, Amsterdam, Sneek, Oudeschild auf Texel und in Vlissingen zu Besuch. Der Besucherandrang war riesig, das Interesse groß. Jeder möchte offenbar einmal eine Arche von innen sehen!
Angespornt durch den riesigen Erfolg baut Herr Huibers nun eine Arche, die den genauen Maßen der Bibel entspricht. Sie soll im Sommer 2012 fertig sein und dann auf Tour gehen. Die kleine Arche wurde inzwischen verkauft. ◀

Landwirtschaftsmuseum mit Kinderbauernhof

Het Hooivak, Kooiweg 3, NL-8896 JH Hoorn Terschelling. ✆ 0031562/448107, Handy 0651895838. www.hooivak.nl. museum@hooivak.nl. **Bahn/Bus:** Ab Fährhafen Bus 120 bis Klein Lies. **Auto:** Willem Barentszkade bis Ende, bei Burgemeester van Heusdenweg rechts, auf dieser Straße bleiben (wechselnde Straßennamen), nach 10 km rechts. **Zeiten:** Mai – Herbstferien Di – Sa 11 – 18 Uhr. **Preise:** 3,50 €; Kinder bis 3 Jahre frei.

▶ Bei einem Besuch auf *Het Hooivak* lernt ihr, was sich auf einem Terschellinger Bauernhof abspielt. Ein weißes Shetlandpony, süße Kälber, Lämmer, Hühner, Kaninchen und Ziegen leben hier und warten auf euren Besuch. Krempelt die Ärmel hoch und helft beim Getreidemahlen oder Buttermachen tatkräftig mit. Die Kälber und Lämmer müssen regelmäßig gefüttert werden. Da ist jede Menge zu tun und helfende Hände sind willkommen.

@ Die Liegeplätze der Arche findet ihr im Internet unter www.arkvannoach.com.

Natur erklärt

Natur auf und um Terschelling

Naturmuseum mit Zeeaquarium, Burg. Reedekerstraat 11, NL-8881 BZ West Terschelling. ✆ 0031562/ 442390, Fax 442534. www.natuurmuseumterschelling.nl. cnl@euronet.nl. **Bahn/Bus:** Ab Fährhafen Willem Barentszkade, links in Oosterbuurtstraat, am Ende rechts. **Auto:** Ab Fährhafen 1. rechts, 1. links, 1. rechts. **Zeiten:** April – Nov Mo – Fr 9 – 17, Sa, So, Fei 14 – 17 Uhr, übrige Zeit Sa, So, Di und in den Ferien 14 – 17 Uhr. **Preise:** 5,50 €; Kinder 4 – 12 Jahre 4 €.

▶ Im Naturmuseum bekommt ihr einen Eindruck von Terschelling und der Entstehung des Wattenmeeres. Dabei spielen Gezeiten, Sandbewegungen, Meeresströmungen, Pflanzen- und Tierwelt eine Rolle. Ihr werdet staunen, wie viele Sorten Sand es gibt. An einem 3D-Modell der Insel könnt ihr Ebbe und Flut in Gang setzen. Im Aquarium leben 50 verschiedene Meerestiere, die alle rund um die Insel vorkommen. Wenn die fünf Stachelrochen im Rochenbecken an die Wasseroberfläche kommen, möchten sie berührt werden. Bleiben Sie am Beckenboden, haben sie keine Lust auf Streicheleinheiten.

Naturzentrum Ameland

Natuurcentrum Ameland, Strandweg 38, NL-9163 GN Nes Ameland. ✆ 0031519/542737, www.natuurcentrumameland.nl. amelandermusea@planet.nl. **Bahn/ Bus:** Ab Fährhafen Bus 131 bis Natuurcentrum. **Auto:** Ab Fährhafen Reeweg nach Norden, Kreisverkehr 1. Ausfahrt, 1. links, Verlauf folgen. **Zeiten:** Mo – So 13 – 17 Uhr (Hauptsaison ab 10 Uhr). **Preise:** 6 €; Kinder 5 – 12 Jahre 4,25 €; Gruppen 5,50 €, Kinder 3,75 €, Schüler 13 – 18 Jahre 4,25 €. **Infos:** Info und Karten beim VVV.

▶ Nach der Begrüßung durch das Modell eines riesigen Blauwals geht ihr auf eine spannende Reise durch die Natur der Insel Ameland. Ihr seid Zeuge bei

Hunger & Durst

Eisdiele MIN12, Boomstraat 2, Terschelling-West. ✆ 0031-562/443766. www.min12.nl. April – Aug täglich 12 – 22 Uhr. Eis, gängige Sorten und ausgefallene Geschmacksrichtungen.

Schapenhouderij De Zeekraal, Schapenhouderij De Zeekraal, 8897 HW Oosterend. ✆ 0031 562/449278. www.dezeekraal.nl. Feb – Nov Mo – Sa 14 – 18 Uhr. Hofladen, Honig, Schafsmilchprodukte.

der Entstehung des Wattenmeers! Die Unterwasserwelt wird euch im riesigen Aquarium näher gebracht. Es enthält 100.000 l Meerwasser. Damit ihr die Fische in aller Ruhe beobachten könnt, stehen bequeme Sitzsäcke bereit. Von der 35 m hohen Aussichtsplattform habt ihr einen fantastischen Blick über Watt und Nordsee.

Das Natuurcentrum organisiert Wattwanderungen und Nachtwanderungen im Hollumer Wald.

Muscheln im Museum

Schelpenmuseum, Martjeland 14, NL-9166 LR Schiermonnikoog. ✆ 0031519/531663, www.schelpenmuseum.nl. tw.deboer@chello.nl. **Bahn/Bus:** Ab Fährhafen Bus 140 bis Langestreek West. **Rad:** Ab Fährhafen bis Kreuzung, links abbiegen, rechts auf Reeweg, Middenstreek, bei Martjeland rechts. **Zeiten:** täglich 15 – 17 und 20 – 22 Uhr (Änderungen kurzfristig möglich). **Preise:** 2 €; Kinder bis 12 Jahre 1 €.

▶ Im Muschelmuseum mit über 1500 Muschelsorten begebt ihr euch in die Welt der Weichtiere. Die beiden kalkigen Schalen dieser Meeresbewohner werden von jeher als Schmuck, Sammelobjekt und in Asien und Afrika sogar als Zahlungsmittel genutzt. In den Vitrinen des Museums findet ihr neben den Muscheln auch Seesterne, Krabben und Strandfunde, darunter Teile eines echten Schiffswracks. Es gibt also viel zu entdecken.

Wer selbst sammeln möchte: Die meisten Muscheln findet ihr zwischen Paal 5 und der Sandfläche De Balg.

Betriebsbesichtigungen

Käserei auf der Insel

Kaasboerderij Wezenspyk, Hoornderweg 29, NL-1791 AV Den Burg Texel. ✆ 0031222/315090, Fax 315518. www.wezenspyk.nl. info@wezenspyk.nl. **Bahn/Bus:** Ab Fährhafen Bus 26 bis Amaliaweg, links auf Amaliaweg bis Ende, rechts auf Hoornderweg, rechts in Privatweg der Käserei. **Auto:** Ab Fährhafen N501 Pontweg, im Kreisverkehr kurz vor Den Burg 3. Ausfahrt Hoornderweg. **Zeiten:** April – Okt Di – Sa

HANDWERK UND GESCHICHTE

9.30 – 17Uhr. **Preise:** Eintritt frei, Führung 5 €; Kinder 4 – 10 Jahre Eintritt frei, Führung 2,50 €; Gruppen nach vorheriger Absprache, Preis pro Gruppe 90 €.

▶ Auf dem Käsebauernhof mit 80 eigenen Milchkühen wird echter Texeler Bauernkäse aus Kuhmilch sowie Schafskäse und Ziegenkäse hergestellt. Die einstündige Führung führt euch zu den Kühen und Kälbchen, vorbei am Melkroboter und in die Käserei. Dort seht ihr, wie Käse hergestellt wird. Im Anschluss gibt es Limonade, Tee oder Kaffee und natürlich Käse.

Der nördlichste Punkt von Texel

Leuchtturm Vuurtoren Eierland, Vuurtorenweg 184, NL-1795 LN De Cocksdorp Texel. ✆ 0031222/317741, www.vuurtorentexel.nl. info@vuurtorentexel.nl. **Bahn/Bus:** Ab Fährhafen Bus 29 bis Schelpenoord in De Cocksdorp, dann Bus 827 bis Vuurtorenweg. **Auto:** Ab Fährhafen N501, Kreisverkehr Beschilderung De Cocksdorp. **Zeiten:** Ganzjährig Mi, Sa, So 10 – 17 Uhr, Mai – Sep Mo – Do 10 – 20, Fr – So 10 – 17 Uhr. **Preise:** Pers ab 4 Jahre 3,50 €; Kinder bis 3 Jahre frei. **Infos:** Bezahlt wird im Leuchtturm.

▶ Eierland war früher eine eigene Insel, die seit 1629 durch Versandung Stück für Stück mit Texel zusammengewachsen ist. Der lustige Name kommt von den hier gesammelten Vogeleiern, die in Amsterdamer Bäckereien verarbeitet wurden. In dem Leuchtturm von 1863 führen 6 steile Wendeltreppen hinauf. Bei guter Sicht sind Terschelling, Harlingen, Den Oever und Den Helder zu erkennen.

Hunger & Durst

Eisbauernhof Labora, Hollandseweg 2, De Cocksdorp. ✆ 0031-222/316066. www.ijsboerderijlabora.nl. Täglich 11 – 21 Uhr (Winter 13 – 17 Uhr). Eis, zubereitet mit Milch von eigenen Weidekühen.

Besuch der Cranberryfabrik

Cranberry Cultuur Skylge, Formerum 51A, NL-8894 KB Formerum Terschelling. ✆ 0031562/448800, Fax 449228. www.terschellingercranberry.nl. info@terschellingercranberry.nl. **Bahn/Bus:** Ab Fährhafen Bus 120 bis Molen. **Auto:** Ab Fährhafen 1. rechts, 2. rechts, Straßenverlauf mit wechselnden Straßennamen folgen bis Formerum. **Zeiten:** Fabrik Mai – Okt Mo – Fr 14 Uhr, Geschäft Mo – Fr 10.30 – 17, Sa 10.30 – 16 Uhr. **Preise:** Eintritt frei.

▶ Cranberries werden auch *Kranichbeeren* genannt. Sie schmecken etwas sauer und sind sehr gesund. Die kleinen roten Beeren kommen ursprünglich aus Nordamerika. Nachdem ein Fass mit den Beeren 1845 auf Terschelling angespült wurde, breiteten sie sich auf der Insel aus und wurden zu einer Spezialität. Wer an Terschelling denkt, denkt auch an Cranberries. Woanders im Land wachsen diese Beeren nicht. In der Cranberry-Fabrik lässt man euch hinter die Kulissen schauen und ihr dürft den gesunden Saft natürlich auch probieren.

Im angrenzenden Laden gibt es verschiedene Cranberry-Produkte.

Kornmühle De Verwachting

Molen De Verwachting, Molenweg 10, NL-9161 AW Hollum Ameland. ✆ 0031519/542737, Fax 542136. www.amelandermusea.nl/verwachting. amelandermusea@planet.nl. **Bahn/Bus:** Ab Fähranleger Bus 130 bis De Stelp. **Auto:** Ab Fährhafen vor Kreisverkehr links auf Smitteweg, Verlauf 11 km folgen, bei Tjettepad rechts, 1. links, 1. rechts. **Zeiten:** Mi – Fr 13 – 17 Uhr. **Preise:** 2,75 €; Kinder 5 – 12 Jahre 2 €; Gruppen ab 15 Pers 2,50 €, Kinder 1,75 €.

▶ Die Mühle wurde 1840 gebaut. Bis 1949 war sie in Betrieb. Nachdem man sie wegen Baufälligkeit abgerissen hatte, wurde sie 1991 wieder aufgebaut. Im unteren Teil sind ein Besucherzentrum und ein Laden untergebracht. Verkauft wird Mehl aus eigener Herstellung und Pfannkuchenmischungen. **Senf** wird ebenfalls hier gemahlen. Wie das geht, könnt ihr in einem Film und manchmal sogar beim Müller sehen.

Hunger & Durst

De Piraat, Oude Steiger 5, 9163 GV Nes. ✆ 0031519/543138. www.restaurantdepiraat.nl. Mo – So 10 – 22 Uhr. Kinderspeisekarte, schöne Spielecke, Brötchen, Pfannkuchen, Suppen.

Senf gab es in China schon vor 3000 Jahren. Er besteht aus Senfkörnern, Wasser, Essig und Salz.

Insel, Natur und Kuriositäten

De Noordwester, Dorpsstraat 150, NL-8899 BB Vlieland. ✆ 0031562/45883, Fax 453017. www.denoordwester.nl. info@denoordwester.nl. **Bahn/Bus:** Ab Fährhafen links in Dorpsstraat. **Rad:** Ab Hafen Dorpsstraat

Ri Kirche, Rechst, gegenüber Bibliothek. **Zeiten:** Juli und Aug Mo – Fr 10 – 17, Sa 14 – 17, So 13 – 16 Uhr, Juni und Sep Mo – Fr 10 – 12, 13.30 – 17, Sa 14 – 17, So 13 – 16 Uhr. **Preise:** 5 €, Teilnahme an Ausflügen zusätzlich 5 €; Kinder 4 – 12 Jahre 4 €, Teilnahme an Ausflügen weitere 4 €.

▶ Im Informationszentrum gibt es eine Menge zu entdecken: Das Aquarium zeigt euch die Lebewesen des Meeres. Die langwütigen Rochen im Rochenbecken dürft ihr berühren und streicheln. Besucht die Zwerge in ihrem Dorf. Dort seht ihr, wie gemütlich sie leben. Spannend sind die ausgestellten Strand- und Wrackfunde. Ihr werdet staunen, was die Nordsee so alles ausspuckt!

Gegen Bezahlung könnt ihr an wechselnden Ausflügen teilnehmen, die euch die Natur der Insel näher bringt. Bei der *Aardewandeling* erlebt ihr den Wald mit euren Händen, Augen, Nase und Ohren. Nichts für Angsthasen ist die spannende Nachtwanderung, bei der Taschenlampen absolut verboten sind.

Kaasboerderij Ameland, P. Miedeweg 6, Hollum. ✆ 0031519/554459. April – Okt Mo – Sa 10 – 17 Uhr. Käse aus eigener Produktion.

Eigentlich hat der Leuchtturm beim Bau keinen Namen erhalten. Trotzdem wird er heute Bornrif genannt. So heißt auch eine Sandfläche in der Nordsee vor Ameland

© VVV Ameland

Ameländer Leuchtturm

Vuurtoren Bornrif, Oranjeweg 57, NL-9161 CB Hollum Ameland. ✆ 0031519/546546, 542737 www.vvvameland.de. info@vvvameland.nl. **Bahn/Bus:** Ab Fährhafen Bus 130 bis De Blieke. **Auto:** Ab Nes Richtung Hollum. **Zeiten:** Ferien und Hauptsaison Mo – So 13 – 17 Uhr, übrige Zeit Mi, Sa und So 13 – 17 Uhr. **Preise:** Eintritt frei.

▶ Der 58 m hohe, rot-weiße Leuchtturm wurde 1880 auf Befehl von König *Willem III.* gebaut. Heute steht er zur Besichtigung offen. Nach 236 Stufen erreicht ihr die Aussichtsplattform und genießt einen atemberaubenden Blick über die ganze Insel, die Nordsee und hinüber zur Insel Terschelling. Ihr solltet ein Fernglas mitnehmen. Das Licht im Leuchtturm leuchtet alle 15 Sekunden 3-mal hintereinander auf. Der Leuchtturmwärter ist nur noch tagsüber vor Ort. Er kann spannende Geschichten aus früheren Zeiten erzählen. Heutzutage überwachen moderne Kameras die Küste bei Tag und Nacht.

Museen für Entdecker

Texeler Heimatmuseum

Oudheidkamer, Kogerstraat 1, NL-1791 AV Den Burg Texel. ✆ 0031222/313135, Fax 310456. www.oudheidkamertexel.nl. info@texelsmaritiem.nl. **Bahn/Bus:** Ab Fährhafen Bus 26 oder 28 bis Elemert. **Auto:** Ab Fährhafen N501, Kreisverkehr Beschilderung Den Burg. **Zeiten:** April – Okt Mo – Fr 11 – 17, Sa, So 14 – 16 Uhr. **Preise:** 3,25 €; Kinder 4 – 13 Jahre 1,50 €.

▶ In einem historischen Haus von 1599 wurde das Heimatmuseum eingerichtet. Dort seht ihr eingerichtete Zimmer und eine Sammlung antiker Haushaltsgegenstände und alte Kleidertrachten. So bekommt ihr einen guten Eindruck davon, wie das alltägliche Leben der Menschen um das Jahr 1900 aussah. Und das Schönste: nichts befindet sich hinter Glas oder ist mit Seilen abgesperrt.

Hinter dem Haus liegt der kleinste öffentliche **Kräutergarten** der Niederlande mit einigen sehr seltenen Kräutern. Da solltet ihr eure Nase mal rein halten!

Kuriose Dinge beim Strandräuber

Schipbreuk- en Juttersmuseum Flora, Pontweg 143, NL-1796 NM De Koog Texel. ✆ 0031222/321230, Fax 310962. www.juttersflora.nl. info@juttersflora.nl. **Bahn/Bus:** Ab Fährhafen Bus 26 oder 28 bis Pontweg. **Auto:** Ab Fährhafen N501 Pontweg. **Zeiten:** Mo – Sa 10 – 17 Uhr. **Preise:** 4 €; Kinder bis 11 Jahre 2 €.

▶ Das Museum auf einem 200-jährigen Bauernhof zeigt im Innen- und Außenbereich Strandfunde von früher und heute. Die bunte Sammlung ist von weit her zu sehen. Es gibt eine leuchtend orangefarbene Rettungskapsel und viele kleine Dinge, wie einen Stiefel, Rettungsringe und jede Menge Schilder. Alles

Fahrradverleih: Rijwielverhuur Veerhaven, Strandweg 37, Den Burg. ✆ 0031222/319588. www.fietsverhuurtexel.nl. Mo – So 8.30 – 18 Uhr (Sommer). Am Hafen, 1 Tag ab 6 €, 1 Woche ab 22 €.

Hunger & Durst

Tumbleweeds, Dorpsstraat 49 – 51, De Koog. ✆ 0031222/317497. www.tumbleweedstexel.nl. Täglich bis 21 Uhr. Wildweststil, Kinderteller 4,50 – 7,75 €.

wirkt ein wenig unaufgeräumt, daher solltet ihr euch aufmerksam umschauen, um keinen der Schätze zu übersehen.
Die Sitzgelegenheiten in der Kaffeeecke wurden stilecht aus angeschwemmtem Holz hergestellt.

Das Museum des Fischers

Visserijmuseum Aike van Stien, Raadhuisstraat 4, NL-8881 BM West Terschelling. ✆ 0031562/443388, Fax 442994. www.visserijmuseumaikevanstien.nl. info@visserijmuseumaikevanstien.nl. **Bahn/Bus:** Ab Fährhafen zu Fuß Willem Barentszkade links-rechts-Kurve folgen, links in Torenstraat. 2. Straße rechts. **Auto:** Parken am Fährhafen, Fußweg wie Bahn/Bus. **Zeiten:** Mai – Okt Mo – Fr 10 – 12.30 und 14 – 17.30, Sa 10 – 17 Uhr, Nov – April Do und Sa 14 – 17 Uhr. **Preise:** 2 €; Kinder bis 12 Jahre 1 €.

▶ Die Urenkel des Fischers *Aike van Stien* gründeten das Museum zur Erinnerung an ihre Vorfahren. Es zeigt Gegenstände aus dem Arbeitsalltag eines Fischers in der

»Fressen ab bis auf den grünen Rasen …« Schafe und Lämmer am Deich seht ihr auf Texel im Frühling

SCHAFSINSEL TEXEL

▶ Auf Texel wohnen etwa ebenso viele Schafe wie Menschen, nämlich 14.000. Jedes Frühjahr ab März hüpfen 11.000 süße Lämmchen über die Weiden der Insel. Die widerstandsfähigen Texelschafe bleiben selbst bei sehr kaltem Winterwetter draußen. Deshalb seht ihr hier so viele Schafscheunen. Deren Eingang zeigt immer nach Nordosten, so bleibt das Innere windgeschützt. Der kommt auf Texel nämlich immer aus Südwest. Einige dieser Schafscheunen, die hier Bute genannt werden, stehen sogar unter Denkmalschutz. ◀

Seit 500 Jahren wird hier Schafskäse gemacht. Aus 7 l Schafsmilch wird 1 kg Käse.

Zeit von 1850 bis 1950. Darunter sind Netze, Bordlampen, Schiffsmodelle wie das des inselweit berühmten Rettungsbootes *De Brandaris.* Ihr könnt selbst aktiv werden. Lernt, wie man einen Seemannsknoten macht oder ein Segel hisst. Wechselnde Ausstellungen zu den Themen Meerestiere und Natur werden ebenfalls organisiert.

Im Museumsladen wird alles angeboten, was ein Seebärenherz begehrt: Ansichtskarten, Schiffsmodelle, Flaschenschiffe.

Die Reste prächtiger Schiffe

Wrakkenmuseum, Hille van Dieren, Formerum Zuid 13, NL-8894 KA Formerum Terschelling. ✆ 0031562/449305, www.wrakkenmuseum.nl. hille@wrakkenmuseum.nl. **Bahn/Bus:** Ab Fährhafen Bus 120 oder 122 bis Camping Haantjes, dann 150 m Fußweg nach Süden. **Auto:** Ab Fährhafen von Willem Barentszkade über Burgemeester van Heusdenweg, Verlauf folgen bis Formerum Zuidpad. **Zeiten:** April – Nov 10 – 17 Uhr. **Preise:** 1,5 m – 2 m 3 €; 1 m – 1,5 m 1,50 €; Pers unter 1 m und über 2 m frei.

▶ Gründer und Besitzer des Museums ist der Wracktaucher *Hille van Dieren.* Er sammelt auf dem alten Bauernhof Wrackteile von den zahlreichen Schiffen, die rund um Terschelling sanken. Wrackholz des 1905 gesunkenen norwegischen Schiffs *Cyprian* wurde sogar im Gebäude verarbeitet. Das Museum ist vollgestopft mit Fundstücken aus der Zeit von 1650 bis heute. Im Garten sind Anker, Kanonen und sogar der Turm eines englischen U-Boots zu bestaunen. Der **Museumspielplatz** ist ein wahres Paradies. Hier warten ein Piratenschiff mit dem wilden Namen *Woeste Willem,* ein Baumhaus und eine Burg darauf, von euch bezwungen zu werden.

Seenotrettungsmuseum Abraham Fock

Maritiem Centrum, Oranjeweg 18, NL-9161 AW Hollum Ameland. ✆ 0031519/542737, 554243, www.amelandermusea.nl. info@amelandermusea.nl. **Bahn/Bus:** Ab Fährhafen Bus 130 Richtung Jeugdherberg bis Yme Dunenweg. **Auto:** Auf der Inselhauptstraße Richtung

Hollum bis kurz vor Stayokay. **Zeiten:** Mi – Sa 13.30 – 17 Uhr, weitere Zeiten siehe Webseite. **Preise:** 4,25 €; Kinder 5 – 12 Jahre 3 €; Gruppen ab 15 Pers 4 €, Kinder 2,50 €. **Infos:** Die Vorführungen des Pferderettungsbootes sind frei zugänglich. Termine auf o.a. Webseite unter dem Punkt Agenda.

▶ Im Bootshaus des Pferderettungsbootes von Hollum wird euch die Geschichte des Rettungswesens von Ameland näher gebracht. Das ist hier etwas ganz Besonderes. Im neuen **Maritiem Centrum** sind die Rettungspferde in eigenen Ställen untergebracht. Ja, ihr habt richtig gelesen: Pferde. Das Pferderettungsboot *Abraham Fock* war bis 1988 im Einsatz und ist ebenfalls ausgestellt. Regelmäßig etwa ein- bis zwei mal im Monat wird das Boot mit 10 PS, also von 10 Pferden, zum Strand südwestlich von Hollum gezogen und zu Wasser gelassen. So sehr ihr, wie Rettung aus Seenot früher funktionierte.

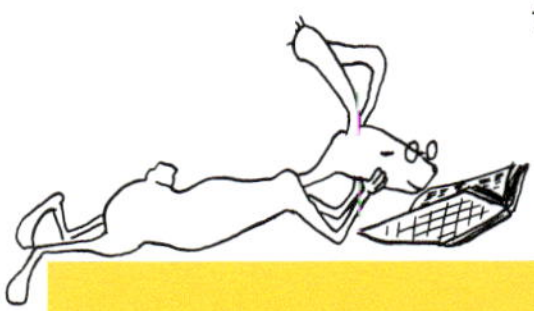

FESTKALENDER DIE INSELN

Jan – Dez:	Ganzjährig, Ameland: **Vorführung des Pferderettungsbootes** zu verschiedenen Terminen, www.vvva-meland.de.
Christi Himmelfahrt:	Schiermonnikoog: **Fußballturnier**
Juni:	Mitte Juni, Terschelling: **Oerol Festival:** Theater, Tanz und Musik auf der ganzen Insel.
	Texel: **Katamaran-Langstreckenregatta,** Runde um Texel, www.roundtexel.com.
Juli:	Schiermonnikoog: **Pferdeturnier.**
August:	1. Fr, Nes, Ameland: **Rôggefeest,** Straßenfestival, www.roggefeest.nl.
	1. So, Texel: **Westernfestival Eagles Summer Event** auf der Eagles Ranch, www.eaglesranch.com.
September:	Midsland-Terschelling: **Rock and Roll Festival.**

Hollands Küste
N
1 cm
25 km
www.PeterMeyerVerlag.de
Noordzee
DIE INSELN
WADDENZEE
NOORD-HOLLAND
ZUID-HOLLAND
ZEELAND
IJSSEL-MEER
Marker-meer
NIEDERLANDE
Schiermonnikoog
Nat.Park Schiermonnikoog
Ameland
Ballum
Terschelling
West-Ter.
Vlieland
Oost-Vlie.
Texel
Den Burg
Den Helder
Callantsoog
Schoorl
Alk-maar
Castricum
Beverwijk
Haarlem
Amster-dam
Edam
Medemblik
Hoorn
Enkhuizen
Urk
Lelystad
Flevoland
Almere
Harderwijk
Kampen
Meppel
Friesland
Leeuwarden
Franeker
Drachten
Sneek
Workum
Groningen
Delfzijl
Leek
Scheemda
Emden
Drenthe
Overijssel
Apeldoorn
Enschede
Gronau
Gelderland
Arnheim
Nijmegen
Noordwijk
Katwijk aan Zee
Leiden
Scheveningen
DEN HAAG
Hoek van Holland
Delft
Alphen
Gouda
Utrecht
Rotterdam
Dordrecht
Leerdam
Goedereede
Burg-Haamstede
Domburg
Middel-burg
Goes
Vlissingen
Cadzand
Terneuzen
Aardenburg
Bergen op Zoom
Breda
Noord-Brabant
Eindhoven
Limburg
Roermond
Mönchenglad.
Krefeld
Duisburg
Gelsenkirchen
Wesel
D'dorf
Antwerpen
B
D
A1
A2
A4
A7
A12
A15
A28
A32
A37
A58
3
31
67

AN DEN UFERN DES IJSSELMEERS

Das IJsselmeer ist ein riesiger Süßwassersee, der an Nordholland, Friesland und die durch Landgewinnung neu entstandene Provinz Flevoland grenzt. Er entstand, als die frühere Zuiderzee 1932 durch den Bau des Abschlussdeiches vom offenen Meer getrennt wurde. Dies war nötig, um die unter dem Meeresspiegel liegenden Landesteile vor Überflutungen zu schützen. Rund um das IJsselmeer liegen alte Hafenstädtchen, hübsche Fischerdörfer und in der neu entstandenen Provinz Flevoland moderne Orte, die durch schnurgerade Straßen verbunden sind.

Das bekannte Wassersportgebiet ist ein Paradies für Segler, Surfer und andere Wasserratten. Segeln lernen könnt ihr in einer der vielen Segelschulen. Auch Wind- oder Kitesurfen ist sehr beliebt. Wer es gerne ruhiger mag, schippert mit einer Jacht über das Wasser. Obwohl nicht vergleichbar mit der Nordseeküste, gibt es an einigen Stellen überraschend schöne Strandabschnitte.

Das IJsselmeer ist nach dem Fluss IJssel benannt, der bei Kampen in den See mündet, dessen südlicher Teil Markermeer heißt.

TIPPS FÜR WASSERRATTEN

Boot fahren & Segeln lernen

Bootsvermietung Sneek

Toppunt, Top 3, NL-8606 KA Sneek. ✆ 0031515/420808, Fax 420808. Handy 00316/5515862. www.hettoppunt.nl. info@hettoppunt.nl. **Bahn/Bus:** Ab Bhf Sneek Bus 99 bis Edisonstraat. **Auto:** Beschilderung Industrieterrein Houkesloot II, hinter Baumarkt Gamma 1. links. **Zeiten:** täglich. **Preise:** Schaluppe für 6 Pers ab 120 €/Tag, Kanu 25 € pro Tag.

▶ Die Verleihstation liegt direkt am Kanal *Houkesloot,* der den Wassersportort Sneek mit dem Binnensee Sneekermeer verbindet. Ihr könnt offene Segelboote, Segeljachten, Motorboote oder friesische Plattbodenboote, Skûtsjes genannt, mieten. Wenn ihr niemanden mit Bootserfahrung dabei habt, bekommt ihr vor der Abfahrt eine gründliche Einweisung oder eine erfahrene Begleitung geht mit an Bord. Dann kann

Auf großem Fuße: Lennard in Riesenstiefeln

Eine Gruppenunterkunft für bis zu 40 Pers mit kostenloser Nutzung von Kanus wird ebenfalls vermietet. Preisbeispiel Fr – So ab 995 €.

Die Segelschule bietet auch eine Gruppenunterkunft für bis zu 40 Pers an. Preis für ein Wochenende ab 1450 €. Größere Gruppen auf Anfrage.

die Fahrt losgehen. Der Wind weht euch um die Nase, die Haare flattern im Wind. Genießt die friesische Landschaft mit viel grüner Natur und noch viel mehr Wasser.

Segeln lernen

Zeilschool De Friese Meren, Eeltjebaasweg 7, NL-8606 KA Sneek. ✆ 0031515/412141, Fax 434536. www.zeilschoolsneek.nl. info@zeilschoolsneek.nl. **Bahn/Bus:** Ab Bhf Sneek Bus 99 bis Edisonstraat, dann 600 m geradeaus in östliche Richtung bis Eeltjebaasweg. **Auto:** A7, Ausfahrt 22 Sneek-Oost, Beschilderung 't Ges. **Zeiten:** Beginn Segelkurs So. **Preise:** Segelkurs 1 Woche für Kinder 10 – 12 Jahre 480 €; Frühbucherrabatte.

▶ Verbindet euren Urlaub mit dem Erlernen einer Sportart. Bei der Segelschule *De Friese Meren* (deutsch: Die friesischen Seen) werden Segelcamps für Kinder 10 – 12 Jahre mit Optimist- und Polyvalk-Jollen sowie Segelkurse für Jugendliche 13 – 16 Jahre angeboten. Ziel des Unterrichts ist es, euch das Segeln beizubringen und gleichzeitig möglichst viel von der Umgebung zu zeigen. Ihr lernt dabei viele Orte wie Terherne, Langweer, Joure, IJlst, Heeg und Woudsend kennen.

Wie wär es mal mit einer Jacht?

Yachtcharter Sneek, Jan Kuipersweg 5-7, NL-8606 KD Sneek. ✆ 0031515/438383, Fax 438808. www.yachtchartersneek.nl. info@yachtchartersneek.nl. **Bahn/Bus:** Ab Bhf Sneek Bus 99 bis Edisonstraat, dann 750 m geradeaus in östliche Richtung bis Jan Kuipersweg. **Auto:** A7, Ausfahrt 22 Sneek-Oost, Beschilderung 't Ges. **Zeiten:** März – Okt. **Preise:** ab 1043 € pro Woche für 6 Pers; Familien mit mindestens 2 Kindern unter 14 Jahren erhalten zu bestimmten Terminen ermäßigte Familientarife.

▶ Bei Anmietung der Jachten, die ohne Bootsführerschein gesteuert werden können, gibt es eine gründliche Einweisung und ausgearbeitete Routenvorschläge. Umweltfreundlich fahrt ihr mit der neuen Elektrojacht des Typs *Hybrid Simmerskip 1200 AK,* einem 12 m langen Schiff für 6 Personen oder der *Duetvlet 980 AK Hybrid Ruzer* für 5 Personen durch die friesische Wasserwelt. Beide Schiffe sind komfortabel ausgestattet und gemütlich eingerichtet.

Im Hafen von Sneek gibt es eine 380 Volt Ladestation. Der Strom für Elektroboote ist kostenlos. Bei einer Übernachtung muss nur das Liegegeld bezahlt werden.

Ahoi, Matrosen!

Yachtcharter Workum, Sylspaed 75, NL-8711 EC Workum. ✆ 0031515/541687, Fax 543250. www.yachtcharterworkum.nl. info@yachtcharterworkum.nl. **Bahn/Bus:** Ab Markt/Merk über die Straße Sud nach Sylspaed. **Auto:** Ab VVV links, 1 km. **Zeiten:** März – Okt. **Preise:** Segeljacht pro Woche ab 618 €.

▶ Hier werden Segel- und Motorjachten für 2 – 10 Personen und offene Schaluppen für Fahrten auf Frieslands Kanälen und auf dem IJsselmeer vermietet. Genau das Richtige für Wassersportfans!

Achtung! Kümmert euch frühzeitig um einen Anlegeplatz für die Nacht, denn die sind schnell belegt.

Segeltörn auf dem IJsselmeer

Boekingsbureau WK 1, Frau Laurien Fluitman, Seburch 7, NL-8711 EE Workum. ✆ 0031515/541312, Handy 00316/26250237. www.workumzeilt.nl. laurien.fluitman@chello.nl. **Bahn/Bus:** Ab Bhf Workum 8 Min Fußweg bis Zwembad, dort Bus 44 bis Thomashof. **Auto:** Ab VVV links Straßenverlauf 1 km folgen. **Zeiten:** Mai – Okt Di ab 19 Uhr. **Preise:** 12,50 €; Kinder bis 16 Jahre 7,50 €.

▶ Das hölzerne Segelschiff *WK 1* ist über 100 Jahre alt. Es wurde zum Fischen auf dem Wattenmeer und an der Nordseeküste eingesetzt. Damit

Sieht gar nicht so platt aus: Das Plattbodenschiff WK1

Die WK 1 liegt im Blazerhaven von Workum.

könnt ihr heute einen spannenden Segelausflug auf das IJsselmeer machen. Genießt den Wind, die Sonne und das Wasser und fühlt euch wie ein Seebär.

Hier lernt ihr Kitesurfen

KiteMobile, Suderséleane 29, NL-8711 GX Workum. Handy 00316/51814918. www.kitemobile.nl. info@kitemobile.nl. **Bahn/Bus:** Ab Bhf Workum 8 Min Fußweg bis Zwembad, dort Bus 44 bis Thomashof, dann 10 Min Fußweg. **Auto:** Ab VVV links, bei Suderséleane rechts. **Zeiten:** Mitte Mai – Sep. **Preise:** Einführungskurs 3 Std 90 € inkl. Material.

Achtung! Das empfohlene Mindestalter zum Kitesurfen ist 10 Jahre.

▶ Die internationale Kitesurfschule wurde im Jahr 2000 vom niederländischen Surfmeister *Stef de Jong* gegründet. KiteMobile Workum liegt unmittelbar am Wassersportcampingplatz *It Soal* am IJsselmeer, das mit seinen Untiefen bestens geeignet ist, diesen spannenden Sport zu erlernen. Beim Einführungskurs lernt ihr in 3 Stunden und in kleinen Gruppen die Grundbegriffe, um das Fliegen mit dem Brett für euch zu entdecken.

Die **OK Surfschule** am Westerdijk 9 , Hindeloopen, bietet ebenfalls Wind- und Kitesurfunterricht an, www.oksurf.de.

FRISCHE LUFT & SPORT

Radeln & Wandern

Radroute mit Fahrradfähren

Workum – Gastmeer – Workum. **Länge:** 17 km.

▶ Verlasst den **Markt** von **Workum** in südwestliche Richtung, zwischen Rathaus und Hotel de Gulden Leeuw. Dort gelangt ihr auf die Straße Begine, überquert die Brücke, radelt an der Kreuzung Aldewei/Hearewei geradeaus. Der Name der Straße ändert sich in Spoardyk. Der Radweg führt an einer Tankstelle und dem *Café Spoarsigt* vorbei in Richtung Bahnhof. Kurz davor biegt ihr links ab auf die Straße Parallelwei. Fahrt vor dem Jachthafen rechts auf den Heidenskipsterdyk bis zum kleinen Ort **It Heidenskip.** Dort fahrt ihr nach der Rechtskurve gleich links auf den kleinen Koaldyk zur **Fähre nach Gaastmeer.** Die

Markt heißt in Friesland Merk.

Fähre mit dem Namen *It Oerset* verkehrt April – Sep täglich 8 – 12, 13 – 18 und 19 – 20 Uhr.

Am gegenüberliegenden Ufer angelangt, führt euch ein Fahrradweg geradewegs nach **Gaastmeer.** Entlang schöner Bauernhöfe radelt ihr über die Brücke direkt auf die Straße Munkedyk. Dieser folgt ihr bis zum Ortsausgang, wo ihr nach links abbiegt auf den Wieldyk. Vor *Lytse Gaastmar* (Klein Gaastmeer) fahrt ihr links auf den Weg Kaepwei. Dort gelangt ihr zur **Fahrradfahrerfähre** *Droech oer de feart,* was etwa Trocken über den Graben heißt. Sie verkehrt April – Okt 8 – 12, 13 – 18 und 19 – 20, So erst ab 11 Uhr. Drüben, auf dem Fahrradweg, geht es erst nach links, dann nach rechts. Ihr überquert die Gleise, fahrt dann links auf die Straße **Trekwei** in Richtung Workum. Nach einer weiteren Rechtskurve gelangt ihr auf den Fahrradweg, der euch unter die N359 hindurch führt. Am Ende radelt ihr nach rechts, vor der Tankstelle links und am Wasser entlang. Bleibt auf der Trekwei, sie biegt nach links ab. Dann radelt ihr rechts in die Straße Dwarsnoad, vor der Kirche noch einmal nach links auf Noard bis zum Marktplatz von **Workum.**

Per Pedes in und um Workum

Workum – Käsebauernhof Nijlander – Hindeloopen – Workum. **Länge:** 8 km. **Bahn/Bus:** Ab Bhf Workum Bus 102 bis Merk. **Auto:** Am VVV.

▶ Die 8 km lange Wanderroute führt euch am Naturgebiet *Het Fryske Gea* vorbei. Ihr wandert ab Workum Markt über die Straßen Sud, Sylspaed, Seburch, Aldedyk, dann gehts rechts in den Hylperdijk. Dieser wird im Verlauf zur Lange Leane. Bei Hausnummer 10 liegt der **Käsebauernhof Nijlander.** Legt dort eine Rast ein und probiert den Käse. Vielleicht habt ihr Durst, im Teegarten gibt es etwas und im Bauernhofladen könnt ihr leckere Produkte einkaufen.

Weiter geht die Wanderung, rechts auf den Oosterdijk, wieder rechts auf Lieuwe Klazes Leane abbie-

Hunger & Durst

d'Ald Herberch, Munkedyk 46, Gaastmeer. ✆ 0031515/469656. www.aldherberch.nl. April – Okt täglich. Bauernomelette 8,50 €, Kindereis 3,95 €, Glas Buttermilch 1,75 €.

Der Minizug **Workum Express** fährt im Sommer vom Bahnhof über das Zentrum zum schönen IJsselmeerstrand. Preise je nach Strecke 0,50 – 2 €.

Biologische Kaasmakerij De Nylander, Lange Leane 10, Workum. ✆ 0031515/542456. www.nylander.nl. April – Okt Mi – Fr 10 – 17, Sa 10 – 16 Uhr. Verschiedene Käsesorten, Spezialität ist der Nelkenkäse.

gen bis zum **Bahnhof Hindeloopen.** Von dort fahrt ihr mit dem Zug zurück nach **Workum.** Die Fahrt dauert 4 Minuten und kostet 2,10 €.

Erlebniswelten

Märchenwunderland

Sprookjeswonderland, Kooizand 9, NL-1601 LK Enkhuizen. ✆ 0031228/317853, Fax 322226. www.sprookjeswonderland.nl. info@sprookjeswonderland.nl. **Bahn/Bus:** Ab Bhf Enkhuizen Bus 138 bis Noorderweg. **Auto:** Beschilderung Sprookjesland, kostenlose Parkplätze. **Zeiten:** Mitte April – Okt 10 – 17.30 Uhr. **Preise:** Pers ab 2 Jahre 9 €; Senioren ab 65 Jahre 7,50 €.

Sprookje bedeutet Märchen.

▶ Lasst euch von Dornröschen, Rotkäppchen oder Hänsel und Gretel verzaubern. Doch Vorsicht, die böse Hexe öffnet neugierig ihre Tür, wenn ihr am Gartentor wackelt. Liebt ihr es sportlich? Dann sind Fahrten in den kleinen Booten oder Ritte auf den Ponys bestimmt nach eurem Geschmack. Oder ihr macht eine Rundfahrt im gemütlichen Zug. Von der Haltestelle ist es nur ein Katzensprung zum Spielplatz mit den ungewöhnlichen Spielgeräten. Es gibt ein Karussell, das mit Muskelkraft angetrieben wird. Setzt euren Vater an die Pedale und ab geht die Post!

Hunger & Durst

De Admiraal, Havenweg 4, Enkhuizen. ✆ 0031-228/319256. www.de-admiraal.nl. Täglich ab 12 Uhr. Toast mit Schinken 5 €, Lage am Wasser.

Im Zwergenwald

Het Grote Kabouterbos, Roggebotweg 21, NL-8251 PS Dronten. ✆ 0031321/382082, www.kabouterbosdronten.nl. reserveren@kabouterbosdronten.nl. **Auto:** Ab N307 auf Roggebotweg. **Rad:** LF9 NAP-Route. **Zeiten:** Mi, Fr – So 12 – 20 Uhr. **Preise:** Eintritt frei.

Kabouter wird Kabauter ausgesprochen und heißt Zwerg.

▶ In dem großen Zwergenwald **Kabouterbos** leben die kleinen Kobolde in schiefen, pilzförmigen Häuschen mit roten Dächern. Schaut nach, ob sie zu Hause sind. Wenn nicht, können sie nicht weit sein. Sucht sie in der waldreichen Umgebung. Dazu ist eine spezielle Kabouter-Route eingerichtet, der ihr folgt. Unterwegs solltet ihr singen, springen und rufen, um die Zwerge anzulocken. Im *Pfannkuchenhaus* geht die Suche weiter. Vielleicht findet ihr einen der lustigen Kobolde im Zwergenhubschrauber oder im Minizug?

Hunger & Durst

Pfannkuchenhaus Het Grote Kabouterbos, Roggebotweg 21, Dronten. ✆ 0031321/382082. www.kabouterbosdronten.nl. Mi, Fr – So 12 – 20 Uhr. Zwergenpfannkuchen 6,50 €.

Achterbahnpark

Walibi World, Spijkweg 30, NL-8256 RJ Biddinghuizen. ✆ 0031321/329999, Fax 329995. www.walibiworld.nl. info@walibiworld.nl. **Bahn/Bus:** Ab Bhf Harderwijk Schnellbus Walibi Express 247/248 bis Walibi World. **Auto:** A28 Ausfahrt 16 't Harde, Beschilderung Walibi, Parkplatz 7,50 € pro Tag. **Zeiten:** April – Okt 10 – 17 Uhr, weitere Öffnungszeiten s. Webseite unter Öffnungskalender. **Preise:** Pers ab 12 Jahre 31 €; Kinder 6 – 11 Jahre 28,50 €, Kinder bis 5 Jahre frei; Pers ab 55 Jahre 28,50 €, Onlinetickets je 1 € Ermäßigung.

▶ **Walibi World** ist einer der größten Freizeitparks und trägt zu Recht den Beinamen *Europas Hauptstadt der Achterbahnen*. Die spektakulärsten Berg- und Talbahnen sind die Wildwasserbahn Crazy River, der Splash Battle und natürlich der Megacoaster Goliath, der eine maximale Höhe von 46 m erreicht und mit einer Geschwindigkeit von 106 km/h über eine 1,2 km lange Strecke rast. Das ist wirklich nichts für schwache Nerven! Die kleineren Besucher vergnügen sich auf weniger schnellen Fahrgeschäften wie dem Karussell oder Minizug.

Walibi World hieß bis 2004 Six Flags Holland.

Spiel und Spaß zum kleinen Preis

Freizeitpark Duinen Zathe, Noorder Es 1, NL-8426 GW Appelscha. ✆ 0031516/430395, 431658. www.duinenzathe.nl. info@duinenzathe.nl. **Bahn/Bus:** Ab Bhf Assen Bus 16 bis Café Hulst, dann 10 Min Fußweg. **Auto:** Beschilderung Duinen Zathe, kostenloser Parkplatz. **Zeiten:** April – Mitte Sep 9 – 17 Uhr, Aug 9 – 18 Uhr, Ende Sep – Ende Okt 9.30 – 17 Uhr. **Preise:** Pers ab 3 Jahre 12,50 €; Kinder 1 – 2 Jahre 5 €; Senioren ab 65 Jahre 10 €, Gruppen ab 15 Pers 11 €.

Das Maskottchen des Parks ist die Raupe mit dem Namen Spur. Sie braucht von Zeit zu Zeit eure Hilfe bei der Suche nach goldenen Äpfeln.

Wasser Marsch! Vater und Tochter an der Wasserkanone im Freizeitpark Duinen Zathe

▶ Der Park hat viel zu bieten. Genießt die rauschende Fahrt mit der Raupen-Achterbahn, rast die Riesenrutsche in atemberaubendem Tempo hinab. Die Mutigen stürmen das Geisterhaus. Zum Toben geht es auf die Hüpfburg oder das Trampolin. Dann stellt sich die Frage, was ihr als Nächstes sein wollt: Fahrer auf dem Mini-Autoscooter oder Freibeuter auf dem Piratenschiff? Dreht zum Abschluss eine Runde im Flying Heli, dem fliegenden Hubschrauber.

Aus einem Kinderbuch

Kameleondorp, Buorren 43, NL-8493 LC Terhorne. ✆ 0031566/689832, www.kameleondorp.nl. info@kameleondorp.nl. **Bahn/Bus:** Ab Bhf Sneek Bus 94 bis Blauwe Tent Reduzum, dort Bus 95 bis Gravinnewei Terhorne. **Auto:** A32 Ausfahrt 13 Akkrum, Beschilderung Terhorne, freies Parken im Ort. **Zeiten:** ab Ende April alle niederländischen Schulferien und Juni – Aug 10 – 17 Uhr. **Preise:** Rundfahrt 10,75 €, Abenteuerinsel 10,75 €, Kombination 15,50 €; Kinder bis 5 Jahre zahlen die Hälfte; Pers ab 65 Jahre 10 % Ermäßigung.

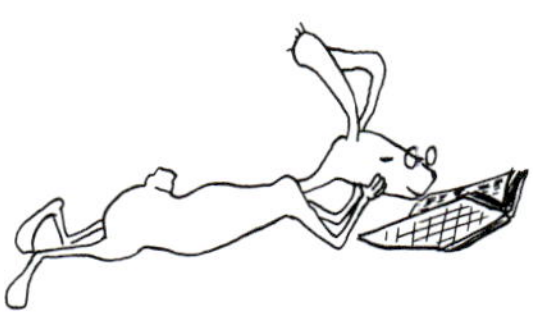

▶ Der Freizeitpark ist ein Nachbau des Dorfes aus den niederländischen Kinderbüchern De Kameleon von **Hotze de Roos.** Darin werden die Abenteuer der Zwillinge *Hielke* und *Sietse Klinkhamer* beschrieben. Zu den liebevoll eingerichteten Gebäuden gehören die Schmiede Klinkhamer, ein Gefängnis, eine Mühle und das Postamt. Selbstverständlich darf der Namensgeber, das Boot *De Kameleon,* nicht fehlen. Ein Besuch ist auch dann spannend, wenn ihr die Bücher gar nicht kennt.

*Der erfolgreiche Kinderbuchautor **Hotze de Roos** lebte 1909 – 1991; www.kameleonboeken.com.*

Klettern & Kraxeln unterm Dach

Friesischer Vergnügungspark

Sybrandys, Jan Schotanuswei 71, NL-8567 HH Oudemirdum. © 0031514/571224, Fax 571899. www.sybrandys.nl. info@sybrandys.nl. **Bahn/Bus:** Ab Bhf Sneek Bus 47. **Auto:** An der Straße von Oudemirdum nach Rijs, parken frei. **Zeiten:** April nur Sa, So, Mai und Sep Di – So, Juni – Aug Mo – So 10 – 17.45 Uhr. **Preise:** 7,20 € (nach 16.30 Uhr 5 €); Senioren ab 65 Jahre 4,10 €, Gruppen ab 16 Pers 6,50 €.

▶ Klettermaxen vergnügen sich im überdachten Kletterdschungel. Testet eure Flugtauglichkeit in den Schaukelkabinen und schlüpft in die Rolle eines römischen Soldaten auf der Wildwasserbahn. Beim Sky Ride dreht ihr in einem Auto eure Runde in 5 m Höhe. Das ist ganz schön hoch! Bei einem Gang durch die Villa Kalkenstein solltet ihr vorsichtig sein. Denn die Familie, die hier wohnt, ist in der Nachbarschaft als seltsam bekannt. Doch das kann euch nicht abschrecken, oder?!

Hunger & Durst

De Bûterkamp, De Bûterkamp 1, Oudemirdum. © 0031514/571798. www.ijsboerderijdebuterkamp.nl. Sommer 13 – 17 Uhr. Eissalon auf dem Bauernhof.

Spannung, Spiel & Spaß

Ballorig Almere, Scoutingpad 1, NL-1351 GN Almere-Haven. © 003136/5386665, Fax 5386757. www.ballorig.nl. almere@ballorig.nl. **Bahn/Bus:** Ab Bhf Nijkerk Bus 160 bis Busstation 't Oor, dann zu Fuß Richtung

Süden, unter der A6 durch, dann rechts halten. **Auto:** A6, Ausfahrt Almere-Haven, Ampel geradeaus, 2 x 1. rechts. Gratis Parkplatz. **Zeiten:** Mo – So 10 – 18.30 Uhr. **Preise:** Eltern und Begleiter ab 16 Jahre frei; Kinder bis 12 Jahre 6,50 €.

Das Bällebad wird regelmäßig desinfiziert.

▶ Das überdachte Spielparadies eignet sich für Kinder bis 12 Jahre. Wer kann am besten klettern und kraxeln? Wer springt am höchsten und am weitesten? Im Verkehrspark fahrt ihr in kleinen Autos auf einem liebevoll gestalteten Parcours. Die bunte Katze *Ch@t* kommt Mi Fr, Sa und So zu Besuch, um gemeinsam mit euch zu tanzen. Gebastelt wird immer am ersten Samstag im Monat. Die Kleinen bis 4 Jahre haben einen eigenen Spielbereich.

Rund ums Eislaufen

Informationen über den jährlichen **Weihnachtsmarkt:** www.kerstfairopflevonice.nl.

Freilufteisbahn

FlevOnice, Strandgaperweg 20, NL-8256 PZ Biddinghuizen. ✆ 0031321/328480, Fax 328490. www.flevonice.nl. info@flevonice.nl. **Auto:** A28 Ausfahrt 16 't Harde, Beschilderung Walibi, am Park vorbeifahren, 1. rechts, 200 kostenlose Parkplätze. **Zeiten:** Mitte Nov – Mitte März Mo – So 9 – 21 Uhr (Eisbahn beleuchtet), übrige Zeit Mo – So 9 – 17 Uhr, Di und Do 9 – 21 Uhr. **Preise:** 9,95 €; Kinder 4 – 12 Jahre 6 €.

Eisprinzessinen: Lotte und ihre Freundin auf Schlittschuhen

▶ Seid ihr Anhänger des Eis- oder Rollsports? Dann auf nach Biddinghuizen! Die mit 5 km Länge und 6 m Breite einzigartige Kunsteisbahn führt durch ländliches Gebiet. Sie ist in den Wintermonaten 100 Tage lang in Betrieb. In der übrigen Zeit wird aus der Eisbahn eine Sandbahn zum Crossrad-Fahren. Zwei kleinere Kunsteisbahnen von 400 und 160 m Länge laden zu kurzen Sprints ein. Neben der Eisbahn liegt eine Asphaltbahn zum Rollschuhlaufen. Schlittschuhe und weiteres Material könnt ihr mieten. Viel Vergnügen!

Schlittschuhmuseum

Schaatsmuseum, Kleine Weide 1 – 3, NL-8713 KZ Hindeloopen. ✆ 0031514/ 521683, Fax-218. www.schaatsmuseum.nl. info@schaatsmuseum.nl. **Bahn/Bus:** Ab Bhf Workum Bus Opstapper 773 bis Museum Hidde Nijland. **Auto:** 150 m vom VVV. **Zeiten:** Mo – Sa 10 – 18, So 13 – 17 Uhr. **Preise:** 2,50 € pro Person.

▶ Schlittschuhlaufen macht Spaß. Das wussten auch schon die alten Friesen. Aus dem Grund wurde eine einzigartige Sammlung alter Schlittschuhe zusammengestellt. Darunter ist auch der größte Schlittschuh der Welt. Er ist 6,11 m groß!

So genoss man früher die Schlittschuhsaison

Guten Appetit oder niederländisch: eet smakelijk

▶ Die Elf-Städte-Tour ist eine fast 200 km lange Eislaufstrecke über Natureis. Die Route führt zu allen friesischen Orten mit Stadtrechten. Start und Ziel liegen in **Leeuwarden,** die anderen Städte sind **Sneek, IJlst, Sloten, Stavoren, Hindeloopen, Workum, Bolsward, Harlingen, Franeker** und **Dokkum.**

ELF-STÄDTE-TOUR

Die erste Tour wurde 1909 von 23 Teilnehmern gelaufen. Seitdem fand dieser Eislaufmarathon erst 15-mal statt, zuletzt 1997. Denn leider bringt nicht jeder Winter genügend Frost. Das Eis auf den Kanälen muss 13 bis 15 cm dick sein, um die vielen Menschen tragen zu können. Wenn es dann so weit ist, geht es morgens ganz früh los. Alle 25 Minuten starten 2000 Läufer. Jeder hat eine Karte, die in den 11 Städten und an 3 geheimen Posten abgestempelt wird. So kann niemand schummeln! Wer alle Stempel eingesammelt hat und vor Mitternacht ankommt, kriegt ein Abzeichen, das *Elfstedenkruisje.* Übrigens: 1963 schafften es von den über 10.000 Startern bei eisigem Wind, Schneesturm und -20 Grad nur 69 Läufer ins Ziel. ◀

*1986 nahm Kronprinz Willem-Alexander als 18-jähriger Student unter dem Decknamen Willem van Buren an der **Elf-Städte-Tour** teil.*

Natürlich spielen die vergangenen **Elf-Städte-Touren** eine große Rolle. In Vitrinen sind Andenken an diesen Schlittschuhmarathon ausgestellt. Darunter befindet sich auch der abgefrorene Zeh eines Teilnehmers. Das ist schon ein wenig gruselig. Auch Rollschuhe als nahe Verwandte der Schlittschuhe gibt es zu sehen.

UMWELT ERFORSCHEN

In den spanischen Bergen bei Alicante hat die Stiftung das Pflegeheim Primadomus gebaut. Dort leben misshandelte Tiere, die ständige Betreuung benötigen.

Hunger & Durst

Bobby Beer, Forum 101, Almere. ✆ 0031-36/5303555. www.beren.nl. Mo – So ab 11 Uhr. Bärenrestaurant, Kinderteller 6,25 €.

Tiere erleben

Ein Pflegeheim für Affen

Apeneilanden Stichting AAP, Kemphaanpad 1, NL-1358 AC Almere. ✆ 003136/5238787, Fax 538-4240. www.aap.nl. info@aap.nl. **Bahn/Bus:** Ab Bhf Almere Centrum Bus 160 bis De Kemphaan. **Auto:** A6, Ausfahrt 5 Almere Stad, rechts auf N305, Groenlingweg links, 1. links, 2. rechts, großer Parkplatz De Kemphaan. **Zeiten:** Mo – So 9.30 – 16 Uhr (nicht bei Glatteis). **Preise:** Eintritt frei, Spenden sind willkommen.

▶ Verwahrloste, traurige Affen aus Versuchslabor, Zoo, Zirkus und Privatbesitz wurden und werden in ganz Europa eingesammelt, hierher gebracht und aufgepäppelt. Auf den Affeninseln finden sie vorübergehend ein Zuhause und neue Freunde. Das Ziel der Stiftung ist es, die Tiere in einem anerkannten Zoo oder einem Reservat irgendwo auf der Welt unterzubringen. Als Besucher habt ihr die Möglichkeit, die Affen aus einiger Entfernung zu beobachten.

Besuch bei Flippers Brüdern

Dolfinarium, Strandboulevard Oost 1, NL-3841 AB Harderwijk. ✆ 0031341/467467, Fax 425888. www.dolfinarium.nl. info@dolfinarium.nl. **Bahn/Bus:** Ab Bhf Harderwijk Bus 144, 147 oder 148 bis Dolfinarium. **Auto:** Ab Lelystad N302, N305. **Rad:** LF21/22/23 Zuiderzeeroute. **Zeiten:** Feb – Okt 10 – 17 Uhr, März nur am Wochenende, Juli und Aug bis 18 Uhr. **Preise:** 25,50 €; Kinder 3 – 11 Jahre 23 €, Kinder bis 2 Jahre frei; Senioren ab 65 Jahre und Behinderte 23 €, Gruppen ab 15 Pers 18,75 €, Klassenfahrten 12 €, Parken Tageskarte 7,50 €.

▶ Am Eingang bekommt ihr Informationen über die Bewohner des Delfinariums. Schaut euch die Tierskulpturen in den *Boeibakens* an, da gibt es eine Menge zu entdecken. Höhepunkte sind natürlich die spektakulären Vorstellungen und Shows. Spürt den Zauber der Delfine, den Charme der Wale und Seelöwen und staunt über die Gelehrigkeit dieser Tiere. Wenn der Kaffee schlürfende Bankdirektor von Piraten überfallen wird, ertönt schallendes Gelächter. Denn es handelt sich nur um eine lustige Show. Neben all dem Spaß werden die Delfine auch zu Therapiestunden für Kinder mit Downsyndrom oder Autismus eingesetzt.

Steht euch der Sinn nach ein wenig Bewegung? Auf dem **Spielplatz** steht ein 10 m hoher Turm, von dem ihr in die Tiefe rutschen könnt!

Wer seine Karten online bestellt, bekommt bei frühzeitiger Buchung 4 € Ermäßigung.

Natur erfahren

Kulturerbe-Zentrum

Nieuw Land Erfgoedcentrum, Oostvaardersdijk 1 – 13, NL-8242 PA Lelystad. ✆ 0031320/225900, Fax 260436. www.nieuwlanderfgoed.nl. info@nieuwlanderfgoed.nl. **Bahn/Bus:** Ab Bhf Lelystad Bus F alle 15 Min während der Öffnungszeiten. **Auto:** Beschilderung Batavia Stad. **Zeiten:** Di – Fr 10 – 17, Sa, So, Fei 11.30 – 17 Uhr. **Preise:** 7,50 €; Kinder 6 – 17 Jahre 3,50 €; Familienkarte (3 Erw und bis zu 3 Kinder) 16 €, Gruppen ab 20 Pers 6,50 €, Kinder 3 €.

▶ Ihr lernt auf spielerische Weise Wichtiges über die Entstehung von *Flevoland.* Wer hat sich die Trockenlegung der Zuiderzee überhaupt ausgedacht? Wie wurde das neue Land geschaffen? Im Bereich *Het Watertheater* seht ihr, wie ein Polder entsteht und funktioniert. Die Texte gibt es bisher leider nur in nie-

Hunger & Durst

Dubbel Op, Wold 1110, Lelystad. ✆ 001320/280800. www.dubbel-op.nl. Mi – Fr 17 – 21, Sa, So 16 – 21 Uhr. Pfannkuchen, manchmal als Büffet.

Ondergronds = *unter der Erde.*

derländischer und englischer Sprache. Vielleicht können eure Eltern ein wenig übersetzen. Richtig spannend wird es in der Abteilung **Ondergronds.** Hier werdet ihr nämlich zu Archäologen und sucht nach antiken Gegenständen. Das Alter und die Herkunft eurer Fundstücke untersucht ihr anschließend im Labor.

Mit allen Sinnen

Zintuigenpad, der Lehrpfad der Sinne, Stadslandgoed de Kemphaan, Kemphaanpad 4, NL-1358 AC Almere. ✆ 003136/5475050, www.kemphaan.nl. info@kemphaan.nl. **Länge:** 2,4 km. **Bahn/Bus:** Ab Bhf Almere-Centrum Bus 156 oder 159 bis de Kemphaan. **Auto:** A27, Ausfahrt 36 (Almere Stad), Richtung Almere, N305. **Rad:** Zwischen den Fahrradknotenpunkten 85 und 88 des Radnetzwerkes Almere. **Zeiten:** täglich Sonnenauf- bis -untergang. **Preise:** Eintritt frei.

▶ *Stadslandgoed de Kemphaan* liegt mitten im *Almeerderhout,* dem Stadtwald von Almere. Dort gibt es den aufregenden Lehrpfad der Sinne. Folgt der lilafarbenen Beschilderung. Auf eurem Weg entdeckt ihr zuerst, wie die Sonne Steine erwärmen kann. Erkennt ihr den Unterschied zwischen Pappeln und Buchen? Einer der beiden Bäume lässt das Sonnenlicht an seinen Stamm heran und der andere hat das nicht so gern und schützt seinen Stamm mit einem ausladenden Blätterdach. Auf der kleinen Brücke über den Bach könnt ihr Wasser herauf pumpen. Fühlt, ob es kalt oder warm ist, und schaut nach, ob es klar ist. Nur trinken solltet ihr es nicht! Die runde Baumbank ist ein idealer Platz zum Ausruhen. Denn es geht gleich spannend weiter. Im **Naturrestaurant,** einem Obstgarten mit alten Sorten, könnt ihr zur Erntezeit probieren, was die Natur Leckeres zu bieten hat. Dann gelangt ihr zu den Fühlbäumen, einer Eiche mit grober Rinde und einer Esche mit glattem Stamm. Zum Ende der Route braucht ihr noch ein wenig Glück, um versteckt hinter einer Holzwand Wild zu beobachten.

Nationales Modelleisenbahnmuseum

Het Nationaal Modelspoor Museum, Dr. Boumaweg 17a, NL-8601 GM Sneek. ✆ 0031515/430021, www.modelspoormuseum.nl. museum@modelspoormuseum.nl. **Bahn/Bus:** Im Bhf. **Auto:** Im Bahnhofsgebäude, Beschilderung Station. **Zeiten:** Di – Sa 10 – 17, So 12 – 17 Uhr, Juli und Aug auch Mo 12 – 17 Uhr. **Preise:** ab 14 Jahre 5 €; Kinder 3 – 13 Jahre 3 €; Gruppenermäßigung auf Anfrage. **Infos:** Eintrittskarten kauft ihr am Schalter im Bahnhof.

© Het Nationaal Modelspoor Museum

Herr Mau fährt schon mal vorneweg: Im Modelleisenbahnmuseum

▶ Der große Zug hält direkt vor der Tür des Museums. Drinnen erwartet euch mit über 1000 Eisenbahnen eine riesige Sammlung niederländischer Modelle. In den Vitrinen stehen auch Züge aus England, Deutschland, Österreich und der Schweiz. Es gibt mehrere Anlagen; einige dürft ihr selbst bedienen. An zwei Spieltischen und auf dem Fußboden könnt ihr eine kleine Bahn aufbauen und damit spielen. Viel Spaß!

Mittwochs wird eine kostenlose Führung angeboten.

Der Kampf gegen das Wasser

Dampfpumpwerk Wouda, Gemaalweg 1, NL-8531 PS Lemmer. ✆ 0031514/561814, www.woudagemaal.nl. woudagemaal@werelderfgoed.nl. **Auto:** Ab VVV nach Norden, Straatweg, am Rondweg/N359 links, bei Plattedijk links, 1. links. **Rad:** An der Fahrradroute Lemsterland Fietsroute (www.zw-friesland.nl). **Zeiten:** März, April, Okt Di – So 13.30 und 15 Uhr, Mai – Sep Di – Sa 10, 11.30, 13.30 und 15, So 13.30 und 15 Uhr. **Preise:** Pers ab 14 Jahre 7 €; Kinder 6 – 13 Jahre 4 €; Senioren ab 65 Jahre und Gruppen ab 15 Pers (Reservie-

Hunger & Durst

Le Provence, Schaapmarktplein 1, Sneek. ✆ 0031515/460200. www.leprovence.nl. Mo 11 – 18, Di – Sa 9.30 – 18 Uhr. 35 verschieden belegte Brötchen.

rung!) 5 €, Schulklassen 3 €. **Infos:** Besichtigung nur mit Führung, Reservierung VVV Joure ✆ 0031513/416030 oder vvv@joure.nl.

Schöpfwerke haben die Aufgabe, Wasser von einer tiefer gelegenen auf eine höhere Ebene zu pumpen. Das ist nötig, wenn ein Fluss niedriger als das zu bewässernde Feld liegt.

▶ Das weltgrößte dampfgetriebene **Schöpfwerk** wurde im Oktober 1920 in Betrieb genommen und 1998 zum UNESCO Weltkulturerbe erklärt. Das Woudagemaal könnt ihr besichtigen, mit etwas Glück sogar im Einsatz sehen. Denn noch heute wird hier bei hohem Wasserstand 6 % des friesischen Wasserüberschusses ins IJsselmeer gepumpt.

Trutzige Festung als Tierrefugium

Fort bij Edam, Oorgat 10, NL-1135 BK Edam. ✆ 0031-299/372458, www.fortbijedam.nl. info@fortbijedam.nl. **Bahn/Bus:** Ab Busstation Edam Bus 116 bis Keetzijde, zu Fuß über Oosterkade auf Oorgat. **Auto:** Beschilderung Camping Strandbad, am Außenhafen von Edam, 100 m hinter dem Fort, gibt es kostenlose Parkplätze. **Zeiten:** April – Okt 1. und 2. So im Monat 12 – 16.30 Uhr. **Preise:** 2,50 €; Kinder bis 4 Jahre Eintritt frei.

Amsterdam wurde im 19. Jahrhundert durch Festungen rund um die Stadt vor feindlichen Angriffen geschützt.

▶ Das 100 Jahre alte Fort bei Edam liegt mitten im Naturschutzgebiet. Es ist Teil der alten Verteidigungslinie **Stelling van Amsterdam.** Am 1. Sonntag des Monats werden dort 1-stündige Führungen durchgeführt. Der Fremdenführer erzählt euch von der Geschichte des Forts und seiner Bedeutung für die Verteidigung Amsterdams. Am darauf folgenden Sonntag werden wechselnde Aktivitäten für Kinder organisiert. Da das Fort nur eingeschränkt zugänglich ist, leben und brüten hier in der Ruhe und Abgeschiedenheit zahlreiche Vögel wie Enten, Eulen und Falken. Auch Wiesel, Salamander und Fledermäuse werden regelmäßig gesichtet.

Burg Radboud

Kasteel Radboud, Oudevaartsgat 8, NL-1670 AC Medemblik. ✆ 0031227/541960, Fax 542924. www.kasteelradboud.nl. **Bahn/Bus:** Ab Bhf Hoorn Bus 139 bis Compagniesingel oder Buurtbus 415 bis Oostersingel.

Auto: Beschilderung Kasteel Radboud. **Zeiten:** Mai – Mitte Sep Mo – Sa 11 – 17, So 14 – 17, sonst nur So 14 – 17 Uhr. **Preise:** 5 €; Kinder bis 13 Jahre 3 €; Gruppen ab 20 Pers 4 €, Kinder 2,50 €, Führung 20 €.

▶ Die Wasserburg Radboud wird an 3 Seiten vom Wasser des IJsselmeer umschlossen. Hier fühlt ihr euch wie Ritter oder Burgfräulein. Schaut euch an, wie der Adel im Mittelalter wohnte. In dem viereckigen Turm befindet sich das Gefängnis. Dort haben die Gefangenen vor langer Zeit Botschaften und Sprüche in die Wände geritzt. Wenn ihr das seht, kriegt ihr heute noch eine Gänsehaut! Vom Rittersaal aus führt eine Wendeltreppe zu einer interessanten Ausstellung über die Burg.

Hunger & Durst

Koekenbier, Koningin Emmapark 1, Medemblik. ✆ 0031227/545026. www.koekenbier.nl. März – Dez Sa ab 16, So ab 12 Uhr. Spielplatz und Minigolf, Kinderspeisekarte.

Museen für Entdecker

Museum mit schwimmendem Keller

Edams Museum, Damplein 8, NL-1135 ZL Edam. ✆ 0031299/372644, www.edamsmuseum.nl. info@edamsmuseum.nl. **Bahn/Bus:** Ab Busstation Edam 5 Min Fußweg. **Auto:** Gegenüber VVV. **Zeiten:** April – Okt Di – Sa 10 – 16.30, So 13 – 16.30 Uhr. **Preise:** 4 €; Kinder bis 12 Jahre frei, 13 – 17 Jahre 2 €; Senioren ab 65 Jahre 3 €, Gruppen ab 10 Pers 3,25 €.

▶ Das Museum befindet sich in einem Kaufmannshaus, das um 1540 gebaut wurde. Die Küche, Wohn- und Schlafräume zeigen, wie die Leute im 17. Jahrhundert lebten. Die Besonderheit liegt jedoch in der Tiefe: ein schwimmender Keller. In Edam gab es häufig Hochwasser. Das Grundwasser drückte dann gegen die Kellermauern. Hier gab es das Problem nicht, denn der Keller ist ein wasserdicht gemauerter Kasten. Er schwimmt auf dem Grundwasser. Es wird erzählt, dass ein Kapitän das Haus um 1700 kaufte. Er ließ den auf Grundwasser treibenden Keller anlegen, weil er sich zu Hause wie im Bauch eines Schiffes fühlen wollte.

Mit dem Schiff *Marken Express* geht's von Volendam zur Insel Marken. März – Nov täglich zwischen 10.30 und 17.30 Uhr.

Wie kommt das Schiff in die Flasche?

Flessenscheepjesmuseum, Zuiderspui 1, NL-1601 GH Enkhuizen. ✆ 0031228 /318583, Fax 322722. www.flessenscheepjesmuseum.nl. flessenscheepjes-museum@planet.nl. **Bahn/Bus:** Ab Bhf Enkhuizen zu Fuß nach Osten über Boskade, Tritondam, Stationsplein, Havenweg, Brugstraat und Paktuinen. **Auto:** Beschilderung Station folgen, Parken hinter Bhf. **Zeiten:** Mo – So 12 – 17 Uhr. **Preise:** 3,50 €; Kinder 4 – 12 Jahre 2,50 €.

▶ Das Museum ist im *Spuilhuisje,* dem ehemaligen Schleusenwärterhäuschen aus dem 17. Jahrhundert, untergebracht. Hier sind 750 **Flaschenschiffe** aus aller Welt ausgestellt. Möchtet ihr wissen, wie die kleinen Schiffe in die Flaschen gelangen? Hier wird dieses Geheimnis gelüftet! Einen niederländischen Jungen hat der Museumsbesuch dazu inspiriert, ein Schiff in eine klitzekleine Fahrradlampe zu zaubern. Das war den Regionalnachrichten eine Meldung wert.

Das komfortable Salonschiff *Bep Glasius* fährt von Enkhuizen nach Stavoren, www.veerboot.info.

Freilichtmuseum am IJsselmeer

Zuiderzeemuseum, Wierdijk 12 – 22, NL-1601 LA Enkhuizen. ✆ 0031228/351111, Fax 351212. www.zuiderzeemuseum.nl. info@zuiderzeemuseum.nl. **Bahn/Bus:** Ab Bhf Enkhuizen 10 Min Fußweg, beschildert, oder Fähre ab dem Steg hinter dem VVV. **Auto:** Beschilderung folgen, eigener Parkplatz, Parkgebühr 5 €, Reisebusse gratis. **Zeiten:** Innenbereich ganzjährig, Außengelände April – Okt Mo – So 10 – 17 Uhr. **Preise:** 14,50 €; Kinder 4 – 12 Jahre 8,70 €; Familienkarte (Eltern, 2 Kinder) 40 €, Onlinetickets 10 % Ermäßigung.

▶ Im Museumspark ist alles zu finden, was ein Dorf so braucht: eine Apotheke, einen Süßigkeitenladen, eine Kirche, eine Holzschuhmacherei, eine Schule, eine Post, einen Friseursalon, eine Mühle und eine Aalräucherei. Der Hafen von Marken und eine Windmühle sind nachgebaut. Macht eine Rundfahrt durch die kleinen Grachten und probiert eine echte Volendamer Kleidertracht an.

Spielzeugmuseum

De Kijkdoos, Italiaanse Zeedijk 106, NL-1621 AK Hoorn. ✆ 0031229/217589, www.hoorn.nl. **Bahn/Bus:** Von Bhf Hoorn Stadsbus 13 bis Vollerswaal, nach Süden über Slapershaven, der Straße folgen, Zielstraße liegt rechts. **Auto:** A7, Ausfahrt 8 Hoorn, Beschilderung Havens, P-Havens zum kostenlosen Parkplatz, dann zu Fuß Beschilderung musea. **Zeiten:** Di – So 11 – 17 Uhr. **Preise:** 3 €; Kinder 2 – 12 Jahre 2 €.

▶ In einem ehemaligen Wohnhaus aus dem 17. Jahrhundert findet ihr dieses Museum. Die Eingangshalle ist eingerichtet wie ein Spielzeuggeschäft aus vergangenen Zeiten. Auf den insgesamt 3 Etagen sind antike Puppen in hübschen Matrosenanzügen, verschiedene Puppenhäuser, bunte Spieldosen und Spielzeugautos, Blechspielzeug und Spiele ausgestellt. Ihr bekommt ein genaues Bild davon, wie und womit Kinder früher spielten. Auf dem Speicher des Hauses stehen eine alte Puppenstube und ein Lego-Tisch. Das sind keine weiteren Ausstellungsstücke zum Anschauen, sondern für euch zum Spielen gedacht.

Angeregte Spielzeugträume: Welches Souvenir nehm ich denn nur?

Museum des 20. Jahrhunderts

Museum van de Twintigste Eeuw, Bierkade 4, NL-1621 BE Hoorn. ✆ 0031229/214001, Fax 242-089. www.museumhoorn.nl. info@museumhoorn. nl. **Bahn/Bus:** Ab Bhf Hoorn Beschilderung musea und Museum van de Twintigste Eeuw folgen. **Auto:** Beschilderung Havens folgen, dort kostenlos parken und 10 Min Fußweg, Beschilderung musea. **Zeiten:** Di – Fr 10 – 17, Sa, So 12 – 17 Uhr. **Preise:** 6 €; Kinder 4 – 16 Jahre 3,50 €; Gruppen ab 20 Pers 20 % Ermäßigung, Schulklassen 2 € pro Schüler.

Fahrradverleih: Ruiter Rijwielshop

NS, Stationsplein 1, Hoorn. ✆ 0031229/217096. Beginn bis Ende des Zugverkehrs. Am Bahnhof, Fahrrad mit Gangschaltung für 1 Tag 7,50 €, Kindersitz 1,50 €.

Hunger & Durst

Im Museumscafé gibt es leckere Kleinigkeiten für wenig Geld.

▶ Zwei ehemalige Käselager mit den wohlklingenden Namen »Gouda« und »Alkmaar« liegen am Hafen und beherbergen seit 1994 das Museum, in dem Inneneinrichtungen und Gebrauchsgegenstände aus der Zeit von 1900 bis etwa 1980 gezeigt werden. Staunt und lächelt über die ersten Radios, Fernseher und CD-Spieler. Waren das noch riesige Apparate!
Ein Besuch des Krämerladens und der alten Bäckerei ist eine Reise in die Vergangenheit eurer Großeltern. Und erst das Klassenzimmer! Vergleicht es einmal mit eurem eigenen Klassenraum zu Hause.

Lekker, lekker

Bäckereimuseum, Bakkerijmuseum De Oude Bakkerij, Nieuwstraat 8, NL-1671 BD Medemblik. ✆ 0031227/545014, Fax 540135. www.deoudebakkerij.nl. info@deoudebakkerij.nl. **Bahn/Bus:** Von Bhf Hoorn Bus 139 bis Medemblik, dann nach Osten über Oude Haven. **Auto:** Im Zentrum am kleinen Kreisverkehr rechts auf Overtoom, wird Oude Haven. Am Gemeindehaus Kurve nach rechts in Nieuwstraat. **Zeiten:** Di – So 12 – 17 Uhr. **Preise:** 6 €; Kinder 3 – 12 Jahre 4 €; Gruppen ab 20 Pers 5 €, Schulklassen je nach Alter 3,50 – 4 €.

▶ Im leckersten Museum der Niederlande strömt euch schon am Eingang ein köstlicher Duft entgegen. Ihr seht, wie das Bäckerhandwerk früher ausgeübt wurde. Dabei kommen selbstverständlich historische Geräte zum Einsatz. Die Sammlung Spekulatius-, Schokoladen- und Tortenformen ist beeindruckend. Wenn ihr sonntags vorbeischaut, dürft ihr ein Plätzchen nach eigenen Vorstellungen dekorieren und natürlich auch essen. Eure Eltern genießen inzwischen eine Tasse Kaffee im kleinen, gemütlichen Café.

Hunger & Durst

Eisdiele Don Gelato, Nieuwstraat 31 – 33, Medemblik. ✆ 00316/14954300. www.dongelato.nl. Täglich 10 – 18 Uhr. 30 verschiedene Eissorten, da findet jeder sein Lieblingseis.

Schiffsbau wie früher

Bataviawerft, Oostvaardersdijk 1 – 9, NL-8249 PA Lelystad. ✆ 0031320/261409, Fax 261360. www.bataviawerf.nl. info@bataviawerf.nl. **Bahn/Bus:** Ab Bhf Lelystad Bus F. **Auto:** A6, Ausfahrt 11 Lelystad-Noord,

Beschilderung Batavia Stad, Parken auf P4. **Zeiten:** Mo – So 10 – 17 Uhr. **Preise:** 11 €; Kinder 6 – 12 Jahre 5,50 €. **Info:** Ins Navi Bataviaplein 2 eingeben.

▶ Die **Bataviawerft** ermöglicht euch einen faszinierenden Blick hinter die Kulissen des historischen Schiffsbaus der Niederlande. Über einen Zeitraum von zehn Jahren wurde hier die *Batavia,* ein Handelsschiff der *Vereinigten Ostindischen Compagnie* (VOC), mit Materialien und Methoden wie vor 300 Jahren nachgebaut. Der 45 m lange Dreimaster ist seitdem die Attraktion der gesamten Region. Und es wird fleißig weiter gebaut. Seit 1995 ist der Nachbau des historischen Kriegsschiffes *De Zeven Provinciën* zu beobachten.

Das ursprüngliche Schiff ***Batavia*** *wurde 1628 auf der Peperwerft in Amsterdam gebaut.*

Batavia Stad Outlet Center, Bataviaplein 60, NL-8242 PN Lelystad. ✆ 0031 320/292900. www.bataviastad.nl. Mo – So 10 – 18 Uhr. Fabrikverkauf Markenmode (auch für Kinder), Sportartikel, Schuhe, Restaurants.

Prähistorische Siedlung

Prehistorische Nederzetting Flevoland, Vlotgrasweg 15, NL-8219 PP Lelystad. Handy 00316/48816578. www.spnf.net. info@swifterkamp.nl. **Auto:** A6, Ausfahrt 10 Lelystad, links auf N302, 1. links, 3. rechts, parken 2,50 €. **Zeiten:** täglich Sonnenaufgang – Sonnenuntergang. **Preise:** Eintritt frei.

▶ Im Naturpark Lelystad steht dieses **Steinzeitdorf** mit zwei Bauernhöfen und einigen Hütten. Die Gebäude wurden so gebaut, wie sie früher höchstwahrscheinlich ausgesehen haben. Archäologische Funde aus dieser Gegend gaben wertvolle Hinweise zum Bau. Im Frühling und Sommer finden sonntags 13 – 16 Uhr Vorführungen alter Handwerke wie Brot backen, Schmuck anfertigen, Werkzeug herstellen, spinnen, weben und kochen auf offenem Feuer statt.

Die ***Steinzeit*** *dauerte von 300.000 bis 2000 Jahre vor Christus. Sie heißt so, weil Waffen und Gebrauchsgegenstände hauptsächlich aus Stein gefertigt wurden.*

Museum Het Oude Raadhuis

Museum Het Oude Raadhuis, Wijk 2, NL-8321 EP Urk. ✆ 0031527/683262, Fax 687444. www.museum.opurk.nl. museum@solcon.nl. **Bahn/Bus:** Von Bhf Lelystad Centrum Bus Qliner 315 bis Domineesweg Nagele, dort Bus 149 bis Gemeentehuis Urk. **Zeiten:** April – Okt Mo – Fr 10 – 17, Sa 10 – 16 Uhr, übrige Zeit Mo –

Im Museumslädchen gibt es Ansichtskarten, Muscheln und Miniaturen.

Sa 10 – 16 Uhr. **Preise:** 4,20 €; Kinder 6 – 12 Jahre 2,10 €; Familienkarte 2 Erw mit Kindern unter 12 Jahren 10,50 €, Gruppen ab 25 Pers 3,70 €.

▶ Das Museum befindet sich im ehemaligen *Rathaus.* Besichtigt eine Fischerwohnung aus dem Anfang des 20. Jahrhunderts. Dem Thema Fischerei ist ein ganzer Saal gewidmet. Dort seht ihr Fischereitechniken, eine Rasierstube, wie es sie früher auf Urk gab, und eine Segelmacherei.

Hunger & Durst

Snack-Plaza, Richel 6, Urk. ✆ 0031527/683343. www.snack-plaza.nl. Mo 17 – 22.30, Di – Do 12 – 23, Fr 12 – 23.30, Sa 11 – 23 Uhr. Snacks, Pizza, Salate.

Es war einmal … Im Hexenmuseum

De Heksenhoeve, Drentseweg 46, NL-8426 ES Appelscha. ✆ 0031516/433365, www.heksehoeve.nl. info@heksehoeve.nl. **Bahn/Bus:** Ab Bhf Assen Bus 16 bis Damsluis Appelscha, dann 13 Min Fußweg. **Auto:** Ab Tourist Info links, 1. rechts auf Drentseweg. **Zeiten:** während der Schulferien Mo – So 12 – 18 Uhr. **Preise:** 7,50 €; Kinder 4 – 12 Jahre 5 €. **Infos:** Schulferien www.schoolvakanties.nl/land/Nederland.

▶ Besucht die freundliche *Hexe Margarita* auf ihrem historischen Bauernhof *De Heksenhoeve* in Appelscha. Dort hat sie ihre Praxis und ein Geschäft, in dem sie Kräuter und heilende Steine verkauft. Es gibt im Museum und in dem angrenzenden Museumsgarten viele spannende Dinge zu erleben: Versucht euch als Rutengänger mit einer Wünschelrute. Findet ihr eine Wasserader oder gar Metalle im Boden? Das Rätsel der magischen Kreise löst ihr am besten selbst. Wenn ihr dann noch den Weg aus dem Labyrinth findet, habt ihr euch die Tasse Hexentee redlich verdient.

Hunger & Durst

De Oude Hof, Boerestreek 7, Appelscha. ✆ 0031516/432400. www.deoudehof.nl. April – Okt Di – So 16 – 20.30 Uhr. Pfannkuchen ab 4,50 €, Kinderspeisekarte.

Tauchmuseum

Duikmuseum, Industriegebiet Lemsterhoek, Kadijk 15, NL-8531 XH Lemmer. ✆ 0031514/560001, Fax 560010. www.duikmuseum.nl. info@duikmuseum.nl. **Bahn/Bus:** Ab Busstation Lemmer Bus 44 bis Lemsterhoek. **Auto:** Ab VVV nach Norden, Straatweg, bei Rondweg/N359 links, am Venneweg links, 1. links. **Zeiten:**

Braucht ihr eine Taucherbrille? Zum Museum gehört auch ein Geschäft.

Di – Do 12.30 – 18, Fr 12.30 – 20, Sa 10 – 17 Uhr. **Preise:** Eintritt frei.

▶ Seid ihr fasziniert vom Tauchsport? Dann ist ein Besuch im Tauchmuseum genau das Richtige. Zu den zahlreichen Ausstellungsstücken gehören Schaufensterpuppen in Taucheranzügen aus verschiedenen Zeiten und Tauchutensilien, wie sie früher benutzt wurden.

Wie kommt der Taucher dort hinauf? Will er etwa auch ins Museum?

Kuh macht Muh

Koeienmuseum, Hoitebuorren 6, NL-8566 JE Nijemirdum. ✆ 0031514/571390, www.koeienmuseum.nl. koeienmuseum@hotmail.com. **Bahn/Bus:** Ab Bhf Sneek Bus 47 bis Wytlansdijkje, Straßenverlauf 800 m folgen. **Auto:** N359 Richtung Balk, hinter Nijemirdum links. **Zeiten:** Juli und Aug Di – Sa 13.30 – 17 Uhr. **Preise:** 2 €; Kinder bis 12 Jahre 1,25 €.

▶ Findet ihr Kühe auch so süß? In diesem Museum, das passend in einem Stall untergebracht ist, gibt es (fast) alles rund um die Kuh: BHs für Kühe, Gemälde und Aquarelle mit Kuhmotiven, Zuchtregister aus dem 20er Jahren des vergangenen Jahrhunderts, Porzellan und Kleidung in schwarz-weiß. Natürlich haben auch die Ausmalbilder und Puzzles Kuhmotive. Spielt ihr lieber mit dem Spielzeugbauernhof? Es gibt hier auch echte Kühe. Im Sommer findet ihr sie auf der Weide, im Winter im warmen Kuhstall. Vielleicht habt ihr Glück, und bei eurem Besuch gibt es gerade ein Kälbchen.

Schaut mal hoch! Auf dem Dach des Museums seht ihr eine Kuh mit Kalb aus Dachziegel.

Vom Lumpensammler zum Künstler

Jopie Huisman Museum, Noard 6, NL-8711 AH Workum. ✆ 0031515/543131, Fax 543850. www.jopiehuismanmuseum.nl. info@jopiehuismanmuseum.nl. **Bahn/Bus:** Ab Bhf Workum Bus 102 bis Merk. **Auto:** Ab VVV 100 m nach rechts. **Zeiten:** April – Okt Mo – Sa 10 – 17, So, Fei 13 – 17 Uhr, Nov, Dez, Feb und März

13 – 17 Uhr. **Preise:** 6 €; Kinder 6 – 12 Jahre 2 €; Gruppen ab 11 Pers 5 €.

▶ Der Lumpen- und Alteisenhändler *Jopie Huisman* (1922 – 2000) brachte sich selbst das Malen bei. Schon in seiner Jugend malte und zeichnete er alles, was er um sich herum sah. So zeigen seine Bilder hauptsächlich Menschen und Alltagsgegenstände aus seiner Umgebung. Ihr werdet feststellen, dass Kleidung, die an einem Haken oder auf einer Leine hängt, zu den Lieblingsmotiven des Malers gehörte. Berühmt sind seine Bilder von ausgetretenen Schuhen. Im Museum könnt ihr die detailgetreuen Gemälde und Zeichnungen bewundern. Wenn ihr den Künstler sehen möchtet, ist das auch möglich. Im Museum hängt ein Selbstporträt von Jahr 1978.

Hunger & Durst

Sluiszicht, Sud 119, Workum. ✆ 0031515/541736. www.sluiszicht.com. Mi – Fr 16 – 21, Sa, So 11 – 21 Uhr. Belegte Brötchen, Salate, Fleischspezialitäten, frischer Fisch.

Heimatmuseum Hindeloopen

Museum Hindeloopen, Dijkweg 1, NL-8713 KD Hindeloopen. ✆ 0031514/521420, www.museumhindeloopen.nl. info@museumhindeloopen.nl. **Bahn/Bus:** Ab Bhf Workum Bus Opstapper 773 bis Museum Hidde Nijland. **Auto:** N359, bei Oosterdijk abbiegen, Straßenverlauf folgen. **Zeiten:** April – Okt Mo – Fr 11 – 17, Sa, So, Fei 13.30 – 17 Uhr. **Preise:** 3,50 €, Kinder bis 16 Jahre 1,80 €; Senioren ab 65 Jahre 2,25 €.

▶ Entdeckt Hindeloopens Reichtum im 18. Jahrhundert. Die Kleidertrachten für Männer, Frauen und Kinder sind ebenso reich verziert wie die kunstvoll bemalten Möbel. Deren typische Motive waren Blumen und Blätter, die wichtigsten Farben rot, blau, weiß und grün. In der ersten Etage seht ihr die Wohnung einer wohlhabenden Familie um das Jahr 1740. Ein Rundgang führt euch in das Wohnzimmer an der Straßenseite und die gute Stube an der ruhigeren Rückseite des Hauses. Das Opkamer genannte Zimmer liegt zwischen den beiden Räumen.

Dann geht es auf große Fahrt! Das Schiff ist startklar für eine Handelsreise ins ferne St. Petersburg. Kommt ihr mit?

Hunger & Durst

Pfannkuchenhaus De Friese Doorloper, Kleine Weide 1 – 3, Hindeloopen. ✆ 0031514/521683. www.schaatsmuseum.nl. Mo – Sa 10 – 18, So 13 – 17 Uhr. 50 Pfannkuchenvariationen.

Stavorener Heimatmuseum

Toankamer 't Ponthús, Hellingspad 10 – 12, NL-8715 HT Stavoren. ✆ 0031514/681863, www.ponthuus.nl. info@ponthuus.nl. **Bahn/Bus:** Ab Bhf Stavoren Stationsweg folgen, links auf Hellingspad. **Auto:** Ab VVV Stationsweg folgen, links auf Hellingspad. **Zeiten:** Ma, Mi – So 13.30 – 17 (Sa ab 10 Uhr), Juni, Sep, Okt Mi – Sa 13.10 – 17 Uhr, Juli und Aug Di – So 13.30 – 17 Uhr. **Preise:** 2,50 €; Kinder bis 12 Jahre 1,50 €.

▶ Das Ponthús zeigt euch die reiche Geschichte der Stadt mit dem Schwepunkt auf den Themen Hansestädte, Plünderungen durch die Normannen und, wie sollte es anders sein, Schifffahrt.

Klingt das zu langweilig? Bestimmt nicht! Es gibt Spannendes für Kinder. Steckt eure Hand in die Fühlkiste und ratet, was sich darin befindet. Doch Vorsicht, es könnte etwas Klebriges dabei sein! In der Bastelecke wird mit Muscheln gearbeitet, geklebt und gelernt, Seemannsknoten zu machen.

Foto in Volendamer Tracht

Foto de Boer, Haven 82, NL-1131 ET Volendam. ✆ 0031299 /363607, Fax 363607. www.fotoinvolendamkostuum.nl. info@fotoinvolendamkostuum.nl. **Bahn/Bus:** Von Bhf Purmenrend Bus 113 bis Edam, dort Bus 110 bis Zeestraat Volendam. **Auto:** A7 Ausfahrt 6 Purmerend-Noord Richtung Volendam, Beschilderung Centrum und Haven. **Zeiten:** Mo – So 10 – 17, Sommer 10 – 18 Uhr. **Preise:** ab 15 €.

Putzig: Lotte und ihre Freunde posieren in Volendamer Tracht

▶ Tut es dem Sänger *Jan Smit,* dem Geiger *André Rieu* und dem Fußballer *Rafael van der Vaart* nach und

Palingsound-museum, Slobbeland 19, Volendam. ✆ 0031299/363373. www.smitbokkum.nl/palingsoundmuseum. Di – So 10 – 18 Uhr. 1,50 € pro Person. Musik, Goldene Schallplatten.

Edamer Käse ist fettiger als viele andere Käsesorten. Er hat eine runde Form und meist eine rote Schutzschicht.

Hunger & Durst

De Zuiderzee, Zeevangszeedijk 7, Edam. ✆ 0031299/371906. www.dezuiderzee.nl. Mo, Di, Do, Fr ab 17, Sa, So ab 14 Uhr. Schnitzel, Fischgerichte ab 14,50 €.

lasst euch im größten und ältesten Fotostudio des Ortes in Original Volendamer Sonntagstracht vor altholländischer Kulisse fotografieren. Das ist ein Riesenspaß und zugleich ein originelles Souvenir. Eure Freunde und Klassenkameraden werden staunen.

Feste & Märkte

Runder Käse mit roter Rinde

Käsemarkt, Jan van Nieuwenhuizenplein 1, NL-1135 AN Edam. www.edammerkaasmarkt.nl. **Bahn/Bus:** Ab Bhf Purmerend Bus 113 Busstation Edam, zu Fuß über Egbert Snijderplein, Westervesting, Vestingpad, Bagijnenland, Bierkade. **Auto:** Im Zentrum. **Zeiten:** Juli und Aug Mi 10.30 – 12.30 Uhr.

▶ Der Markt wird mit dem Klang einer Glocke eröffnet und geschlossen. Genau wie in früheren Zeiten liefern die Bauern ihren Käse mit Booten an. Käseträger in weißen Kostümen bringen den Edamer dann vom Kai zum nahe gelegenen Markt. Dort warten Händler schon darauf, die Ware zu prüfen und den Preis auszuhandeln. Schaut genau hin, denn dies alles passiert sehr schnell. Der Käse wird mit Pferdewagen abtransportiert. Für musikalische Unterhaltung sorgt die *kaaskapel* (= Käsekapelle) Edam.

FESTKALENDER IJSSELMEERKÜSTE

Juli/Aug:	jeden Mi 10.30 – 12.30 Uhr, Edam: **Edam Käsemarkt,** www.edammerkaasmarkt.nl.
August:	1. Fr, Sneek: **Sneekweek,** große Segelveranstaltung, www.sneekweek.nl.
	Medemblik: **Oldtimerdag,** www.evenementenmedemblik.nl.
	Letzte Woche: Hoorn: **Begonienteppich** auf dem Platz de Roode Steen.
September:	3. Do, Enkhuizen: **Pferderennen Harddraverijdag.**

ZEELAND

SÜDHOLLAND

NORDHOLLAND

AMSTERDAM

DIE INSELN

IJSSELMEERKÜSTE

WATTENMEERKÜSTE

ORTE, INFO & VERKEHR

FERIENADRESSEN

REGISTER

KEIN MEER MEHR DA

Die Küsten der Provinzen Friesland und Groningen liegen am Watt, einer weltweit einzigartigen Naturlandschaft. Das Wasser zieht sich bei Ebbe in regelmäßigen Abständen vollständig zurück. Dann ist kein Meer mehr da!

Das ist die Gelegenheit zu einer Wattwanderung unter Leitung eines erfahrenen Führers. Dabei entdeckt ihr Strandschnecken, Muscheln, Krebse und Wattwürmer in ihrem natürlichen Lebensraum. Im Hinterland liegen die sehenswerten Städte Leeuwarden und Groningen. Die idyllischen Dörfer im landwirtschaftlich geprägten Gebiet haben ihre Schönheiten und Geheimnisse, die es zu entdecken gilt.

TIPPS FÜR WASSERRATTEN

Bootstour

Tagestour nach Borkum

Borkumlijn, AG Ems-Nederland, Borkumkade 1, NL-9979 XX Eemshaven. ✆ 0031596/516084, Fax 516102. www.borkumlijn.nl. info@borkumlijn.nl. **Bahn/Bus:** Im Juli und Aug fährt ab Groningen ein spezieller Bus direkt zum Fähranleger in Eemshaven. Infos und Preise beim VVV Groningen. **Auto:** Beschilderung Ro-Ro Ferry Eemshaven Borkum, eigener Parkplatz für 2000 Autos (4 € pro Tag). **Zeiten:** Hinreise ab Eemshaven Mitte April – Juni Mo – Sa 7.30, So 10.15 Uhr, Juli – Okt Mo – So 7.30 und 10.15 Uhr. Rückreise April – Okt 17.40 Uhr. **Preise:** 18,40 + 2 € Kurtaxe; Kinder 4 – 11 Jahre 9,20 €; Familienkarte Di – Do 2 Erw und 2 Kinder 4 – 11 Jahre 40,50 € zzgl. Kurtaxe, Gruppenermäßigung 20 Pers erhalten 1 Freikarte. **Infos:** Karten am Schalter in Eemshaven, beim Hotel De Boegschroef und den VVVs in der Umgebung.

▶ Wer Urlaub an der Wattenmeerküste macht, kann eine Tagestour nach Borkum unternehmen. Täglich fährt die Reederei *AG Ems* in 50 Minuten zur beliebten deutschen Urlaubsinsel. Vom Hafen bringt euch die Borkumer Kleinbahn ins gemütliche Städtchen und zurück.

Tolle Schlammschlacht: Wattwanderung bei Pieterburen

@ Infos über die Insel unter www.borkum.de.

Die Schiffsfahrkarte gilt auch für diese Fahrten. Auf der Insel gibt es von Mitte März bis Ende Oktober ein Fahrverbot für Autos. So könnt ihr das hübsche Städtchen unbeschwert erkunden. Schaut euch den alten und den neuen Leuchtturm an. Welchen findet ihr schöner? Mietet einen bunten Strandkorb und genießt Sand, Sonne und Wasser. Schon bald legt das Schiff wieder ab in Richtung Niederlande.

FRISCHE LUFT & SPORT

Hunger & Durst

Abraham's Mosterdmakerij & Restaurant, Molenstraat 5, Eenrum. ✆ 0031595/491600. www.abrahamsmosterdmakerij.nl. Do – So ab 12 Uhr. Waffeln mit heißen Kirschen 3,80 €, Tagessuppe 4,25 €; auch Museum und Geschäft.

Radeln, wandern – oder reiten?

Radeln am Wattenmeer

Pieterburen – Eenrum – Pieterburen. **Länge:** 20 km. Start beim VVV Pieterburen, Hoofdstraat 83.

▶ Die Abfahrt erfolgt vom Parkplatz des **Waddencentrums Pieterburen.** Im gleichen Gebäude befindet sich die VVV-Agentur. Biegt links in die Hoofdstraat, vor der Mühle *De Vier Winden* (Fr 10 – 17, jeden 2. So 10 – 16 Uhr) radelt ihr rechts auf den Oosterweg. An dessen Ende müsst ihr rechts abbiegen auf den Handerweg. Nach kurzer Zeit seht ihr, kurz vor **Eenrum,** links die Gärtnerei *De Kleine Plantage* liegen. Bleibt auf dem Handerweg, der zum Oudeweg wird. Diesen fahrt ihr bis zum Ende, dort könnt ihr euch im Geschäft der **Kerzenfabrik** eine schöne Kerze als Andenken kaufen. Fahrt rechts in die Havenstraat, folgt der Linkskurve Richtung Mesingeweer bis zur **Bibliothek.** Dort radelt ihr links auf die J.J. Willingestraat. Nun fahrt ihr vorsichtig ein Stück entlang der nicht sehr stark befahrenen N984, bis ihr links auf den Mernaweg (N361) vorbei am Pumpwerk bei der Brücke radelt. Dort überquert ihr die Brücke **Abelstokertil,** biegt gleich dahinter rechts auf den Mernaweg. Fahrt auf die 1. Straße rechts, den Aagtsweg, dann haltet ihr Ausschau nach den niedrigen, weißen Radwegweisern, die an Pilze erinnern. Bei **Pilz 24285** fahrt ihr in Richtung Broek, bei **Pilz 24286** radelt ihr nach rechts auf den Oude Dijksterweg, dann nehmt ihr die 1. Straße links. Nun seid ihr auf dem Wiebenerweg in Richtung Pieterburen. Am deren Ende geht es nach rechts auf die Hoofdstraat.

Wat'n Watt! Die Wattwanderung

Hoofdstraat 82, NL-9968 AG Pieterburen. ✆ 0031-595/528558, Fax 528605. www.wadlopen-pieterburen.nl. info@beleef-Pieterburen.nl. 8 km Länge (ca. 3 Std), Start beim Grand Café Bij de buren van Pieter. **Bahn/Bus:** Ab Bhf Winsum Bus 68 bis Wapen van Hunsingo. **Auto:** Siehe VVV. **Zeiten:** abhängig von den Wasserständen, die täglich wechseln. **Preise:** ab 16 € pro Pers; Ermäßigung für Schulklassen.

Gummistiefel sind ein Muss! Wer keine dabei hat, kann Schuhe zum Wattwandern in den Größen 36 – 46 ausleihen.

▶ Für eine Zwerftocht (= Streifzug) müsst ihr mindestens 8 Jahre alt und in Begleitung eines Erwachsenen sein. Dann steht einer zünftigen Wattwanderung nichts im Weg. Unterwegs erfahrt ihr Wissenswertes über die Wirkung von Ebbe und Flut und über die Lebewesen im Wattboden. Ihr werdet Muscheln, Würmer, Krabben, Schnecken und Algen finden.

© wadlopen-pieterburen

Zeig mal: Der Führer erklärt euch eure Funde aus dem Watt

Im den Sommermonaten sind verkürzte Touren für Familien mit Kindern ab 4 Jahren möglich. Das Basisarrangement beinhaltet Empfang mit Kaffee/Tee und Gebäck, Diavorführung zur Einstimmung und die geführte Wattwanderung.

Ponyritt durch den Stadtpark

Ponyverhuur Stadspark, Mark Bongertman, Concourslaan 1, NL-9727 KD Groningen. ✆ 003150/5270570, 5261215, Handy 00316/23927298. www.ponyverhuur.nl. info@ponyverhuur.nl. **Bahn/Bus:** Ab Bhf Gro-

Hunger & Durst

Am Kiosk gibt es Limonade und Kaffee.

ningen P+R Citybus 6 bis Concourslaan. **Auto:** A7, Ausfahrt 36a Beschilderung Stadspark. **Zeiten:** 1. Sa im März bis zu den niederländischen Herbstferien Sa, So, Fei 11 – 17 Uhr, Ferien Mo – Fr 13 – 17 Uhr. **Preise:** Planwagenfahrt 2 €. Kinder 1,50 €; Ponyritt 1 €.

▶ Im schönen Stadtpark, gleich hinter dem Streichelzoo, findet ihr den Ponyverleih mit Reitplatz. Ihr reitet in Begleitung eines Erwachsenen auf dem Rücken eines freundlichen Shetlandponys über den Reitplatz oder durch den wunderschönen Park. Das macht riesigen Spaß! Gleich nebenan hat ein Hofschmied seine Werkstatt. Er freut sich, wenn ihr vorbeikommt und ihm bei der Arbeit zuseht.

Spielen, Toben, Werkeln

Entdecken und spielen in der Pyramide

Aeolus, Hearewei 24 a, NL-8855 AZ Sexbierum. ✆ 0031517/591144, Fax 591616. www.aeolusfriesland.nl. info@aeolusfriesland.nl. **Bahn/Bus:** Ab Bhf Franeker Bus 75 bis Hearewei. **Auto:** A31, Ausfahrt 20 Richtung Sexbierum, Beschilderung Aeolus, kostenlose Parkplätze. **Zeiten:** Mo – So 10 – 19 Uhr. **Preise:** Eltern und Begleiter frei; Kinder bis 18 Jahre 7 €. **Infos:** Kinder zahlen Eintritt, wenn sie laufen können.

▶ Aeolus ist eine gläserne Pyramide mit 4 Etagen voll spannender Entdeckungen. Führt einige der 50 naturwissenschaftlichen Experimente durch. Versucht dabei, euren eigenen Schatten fest zu halten oder schaut in den unendlichen Spiegel. Habt Spaß beim Karaoke und probiert die Musikinstrumente aus. Es ist sogar möglich, eine eigene CD aufzunehmen! Gleich nebenan gibt es einen riesigen **Hallenspielplatz** mit eigenem Bereich für die Kleinsten bis 4 Jahre. Auf dem Spielplatz im Außenbereich gibt es eine echte **Mig-21**, einen Kletterturm und ein Bungee-Trampolin. Darauf könnt ihr, gesichert durch 2 elastische Gummiseile, 8 m hoch springen.

Die ***Mig-21*** *ist ein Militärflugzeug aus der früheren Sowjetunion.*

Spielplatz zum Hämmern und Bauen

Spijkerdorp, Tjaarda 444, NL-9202 LA Drachten. ✆ 0031512/522488, www.spijkerdorp.nl. s.spijkerdorp@hccnet.nl. **Bahn/Bus:** Ab Zentrum Busse 14, 18, 19, 304, 310, 314 oder 320. **Auto:** A7, Ausfahrt 30a Drachten, Kreisverkehr 1. Ausfahrt, bei Tjaarda links, Schilder Spijkerdorp. **Zeiten:** Di – Fr 9.30 – 17, Sa 9.30 – 16 Uhr (Im Sommer einige Wochen geschlossen, s. Webseite). **Preise:** 3 € pro Pers.

▶ Im Spijkerdorp stehen zahlreiche Spielgeräte. Es gibt eine Rutschbahn, eine Drahtseilbahn, Schaukeln und Stelzen sowie ein hölzernes Klettergerüst in der großen Sandkiste. Handwerklich interessierte Kinder 6 – 13 Jahre können mit schriftlicher Genehmigung der Eltern echte Holzhütten nach eigener Vorstellung bauen. Bei schlechtem Wetter wird drinnen gespielt. Dort gibt es verschiedene Spiele, Bastelmaterial und Tischtennisplatten.

Hunger & Durst

Yankee Doodle, Martin Luther Kingsingel 66, Drachten. ✆ 0031512/544865. www.yankee-doodle.nl. Mi – Fr 17 – 23, Sa 16.30 – 23, So 14 – 23 Uhr. Amerikanisches Büffet, Kinder bis 12 Jahre zahlen 1 € pro Lebensjahr.

Wer findet den Weg hinaus?

Irrgarten Dúndelle, Doolhofpark, Mjûmsterwei 16c, NL-9243 JZ Bakkeveen. ✆ 0031516/541493. www.doolhofpark.nl. info@dwabrido.nl. **Bahn/Bus:** Ab Bhf Assen Bus 18 bis Brink. **Auto:** Ab VVV rechts halten bei Tsjerkewâl, 1. links. **Zeiten:** Mi und Sa 13 – 20, Do und Fr 16 – 20, So 11 – 20 Uhr. **Preise:** Eintritt für Gäste des Pfannkuchenhauses SAM's frei. **Infos:** spezielle Arrangements für Gruppen auf Anfrage.

▶ Am Rande des Waldgebietes *Bakkeveense bossen* liegt der größte Irrgarten der Niederlande. Es gibt sogar drei verschiedene Irrgärten. Ihr irrt zwischen Holzwänden, Steinmauern und grünen Hecken dem Ausgang entgegen. Das dauert natürlich, bis ihr den Weg aus allen drei Labyrinthen gefunden habt. Viel Abwechslung bietet euch der **Spielplatz** mit Lauftonne, Kettenbrücke und Familienschaukel. Gleich nebenan liegen ein **Minigolfplatz** und ein **Freibad.**

Am Parkplatz des Irrgartens beginnt ein 1,5 km langer Wanderweg durch das Naturgebiet 't Fryske Gea, der auch für Rollstuhlfahrer geeignet ist.

Hunger & Durst

SAM's Pannekoekerij, Mjûmsterwei 16c, Bakkeveen. ✆ 0031516/542328. www.doolhofpark.nl. Mi, Sa 13 – 20, Do, Fr 16 – 20, So 11 – 20 Uhr. 25 verschiedene Pfannkuchen ab 6,50 €.

Familienpark auf dem Landgut

Landgoed Nienoord, Nienoord 20, NL-9351 BC Leek. ✆ 0031594/512604, Fax 513077. www.landgoednienoord.nl. info@landgoednienoord.nl. **Bahn/Bus:** Vom Bhf Groningen Bus 85 bis VVV in Leek, dann 250 m Fußweg über De Tip auf Nienoord. **Auto:** A7, Ausfahrt Leek, Beschilderung Landgoed Nienoord. **Zeiten:** April – Juni, Sep – Okt 9.30 – 17.30 Uhr, Juli und Aug 9.30 – 18 Uhr. **Preise:** Pers ab 2 Jahre 2 inkl. 1 Zugfahrt 7 €, Schwimmbad 4,25.

▶ Im Familienpark auf dem weitläufigen Gelände des Landgutes habt ihr Spaß beim Hüpfen, Schaukeln, Rutschen und Klettern auf dem Spielplatz. Die Handwerker unter euch zieht es sicher in die Technikfabrik. Dort gibt es Baupakete zu kaufen. Dann wird gehämmert, gebohrt, gesägt und dabei die Zeit vergessen. Außerdem warten noch eine Fahrt mit dem Zug der **Landgut-Eisenbahn** und die Tiere des **Streichelzoos** auf euch. Ein Besuch in der **Schwimmburg** rundet den Tag ab. Das ist ein Frei- und Hallenbad mit einer 40 m langen Rutsche, einer Wasserkanone und einer Wildwasserbahn.

Hunger & Durst

De Buren, Tolberterstraat 13, Leek. ✆ 0031594/512353. www.eetcafedeburen.nl. Di – Sa 10 – 22, So 16 – 22 Uhr. Spielecke, Kinderkarte, Suppe ab 2 €.

Schwimmsachen nicht vergessen!

Golf für jedermann

Pitch & Putt Groningen, Recreatiegebied Kardinge, Bieskemaar 10, NL-9735 AE Groningen. ✆ 003150/3080123, Fax 3080124. www.pitchenputtgroningen.nl. info@pitchenputtgroningen.nl. **Bahn/Bus:** Ab Bhf Groningen Bus 65 oder 163 bis Kardinge oder P+R Citybus 3 bis Parkallee. **Auto:** A7/N46 bei Kardingerweg rechts, nächste rechts, 2. links. Großer, kostenloser Parkplatz. **Zeiten:** Di – Sa 10 Uhr – Sonnenuntergang, So 10 – 18 Uhr. **Preise:** 9-Löcher-Runde 12 €, 18-Löcher-Runde 16 € pro Pers inkl. Materialmiete und kurzer Einweisung; Kinder und Jugendliche 8 – 16 Jahre 9 Löcher 6 €, 18 Löcher 8 €; 3er Karte für 1 Person 40 €.

▶ Pitch & Putt Golf eignet sich für Personen ab 8 Jahre. Ihr könnt ganz ohne Spielerfahrung schon nach einer kurzen Einweisung loslegen und werdet schnell

@ Wer schon mal einen Blick auf den Golfplatz werfen möchte: www.pitchenputtgroningen.nl/webcam_800x600.html.

feststellen, dass diese einfache Art des Golfspiels der ganzen Familie richtig viel Spaß macht.
Eine Runde mit 18 Löchern dauert etwa 2 Stunden. Jüngeren Kindern macht die kurze Runde mit 9 Löchern meist mehr Freude.

Spielen bei Schlechtwetter

Spielvergnügen drinnen und draußen

Spielplatz Apekooi, Bieskemaar 1, NL-9735 AE Groningen. © 003150/5496715. www.apekooi.nl. info@apekooi.nl. **Bahn/Bus:** Ab Bhf Groningen Bus 65 oder 163 bis Kardinge oder P+R Citybus 3 bis Parkallee. **Auto:** A7/N46 bei Kardingerweg rechts, nächste rechts.
Zeiten: Mo – Fr 9.30 – 18.30, Sa, So, Fei 9.30 – 20 Uhr. **Preise:** Mo – Fr frei, Sa, So und Ferien 2,50 €; Kinder ab 1 Jahr 7 €; Gruppen über 20 Kinder -10 %.

▶ Apekooi heißt Affenkäfig. Denn ihr solltet versuchen, euch wie Äffchen zu bewegen, ohne den Boden zu berühren. Da heißt es springen, klettern, rutschen, verstecken, in und auf Rutschen, Bällebädern, Kriechtunneln, Türmen, Hängebrücken und einer Rakete Apollo 13 in 7 m Höhe. Einige der Rohre und Tunnel wackeln und schaukeln ganz schön! Es gibt besondere Bereiche für Kinder 3 – 6 Jahre. Denn für die 6- bis 12-jährigen Kletterer ist alles etwas höher angelegt und die Geräte sind spektakulärer.

Lennard und Karlinchen sind schon da – wer kommt noch mit?

Achtung! Bällebäder gelten allgemein als unhygienisch. Das Bällebad von Apekooi wird jedoch alle 2 Wochen mit spezieller Apparatur gründlich gereinigt.

Spielplatz in der Halle

De Leeuwenborg, Pastorieweg 14, NL-9943 TG Nieuw Scheemda. © 0031598/446464, Fax 446263.
www.deleeuwenborg.nl. info@deleeuwenborg.nl.
Bahn/Bus: Ab Bhf Scheemda Bus 43 bis Kerk Nieuw Scheemda. **Auto:** A7, Ausfahrt 45, rechts abbiegen N362 Richtung Delfzijl, 2 x rechts. **Rad:** LF9 NAP-Route.
Zeiten: Mi und Fr 12 – 18 Uhr, Sa, So 10 – 18 Uhr.
Preise: Eintritt frei; Kinder 1 – 2 Jahre 4 €, Kinder ab 3 Jahre 5,50 €.

Zum Bauernhof gehört ein **Minigolfplatz.** Eine Runde Minigolf kostet pro Person 3 €.

▶ Auf dem Gelände eines historischen Bauernhofs aus dem Jahr 1860 liegt dieser Hallenspielplatz. Auf 5 Ebenen müsst ihr zahlreiche Hindernisse überwinden. Ihr krabbelt durch die Drehtonne, lauft über Treppen, schwingt am Hängeseil durch die Luft und überquert mutig die Hängebrücke. Im meterhohen Turm klettert und hangelt ihr euch nach oben. Dort wartet eine Belohnung auf euch: eine riesige Rutschbahn. Vergesst nicht, auf dem langen Weg nach unten euren Eltern kräftig zu winken.

UMWELT ERFORSCHEN

Tiere erleben

Tiere des Meeres

Aqua Zoo, De Groene Ster 2, NL-8926 XE Leeuwarden. ✆ 0031511/431214, Fax 431260. www.frieslandzoo.nl. frieslandzoo@zodiaczos.nl. **Bahn/Bus:** Ab Bhf Leeuwarden Bus 10, 1, 51 oder 62 bis Kleine Wielen. **Auto:** Beschilderung Aqua Zoo. **Zeiten:** Mai – Sep 9.30 – 18 Uhr, Okt – April 10 – 17 Uhr. **Preise:** 17 €; Kinder 3 – 11 Jahre 14,50 €; Senioren ab 65 Jahre 15 €, Gruppen ab 20 Pers 13 €, bei Onlinetickets 1 € Ermäßigung.

▶ Durch den Tierpark schlängelt sich ein abenteuerlicher Weg an kleinen Wasserläufen und Seen entlang, wo außergewöhnliche Tiere im und rund ums Wasser leben. Da sind südamerikanische Seebären, watschelige Pinguine, rosa Flamingos, zottelige Otter und Biber. Die Kängurus springen auf ihrer eigenen Insel umher. In der Halle **Naturama** wurde ein *Kids Attic* genannter Bereich eingerichtet, um euch viele Aktivitäten zu bieten. Lasst euch dort schön bunt schminken oder eine lustige Luftballonfigur formen.

Im Aqua Zoo stehen Rollstühle zur Verfügung. Bei Bedarf vorab bitte reservieren.

Das Schweineparadies

Swieneparredies, Pastorieweg 8, NL-9943 TG Nieuw Scheemda. ✆ 0031598/446262, Fax 446251. www.swieneparredies.nl. info@swieneparredies.nl.

Bahn/Bus: Ab Bhf Scheemda Bus 43 bis Kerk Nieuw Scheemda. **Auto:** A7, Ausfahrt 45, rechts abbiegen N362 Richtung Delfzijl, 2 x rechts. **Rad:** LF9 NAP-Route. **Zeiten:** April – Mitte Okt Mi – So 11 – 17 Uhr, übrige Zeit Sa, So 11 – 16 Uhr. **Preise:** 4 €; Kinder 5 – 12 Jahre 2,50 €; Gruppenpreise ab 15 Pers auf Anfrage.

Das Schweineparadies liegt an der Internationalen **Dollart Route,** einem Radwanderrundkurs von 203 km Länge.

▶ Es gibt berühmte Schweine wie das Schweinchen *Babe* oder *Miss Piggy.* Im Stall vom Schweineparadies trefft ihr deren Freunde. Das Besucherzentrum vermittelt einen Eindruck von der Schweinehaltung früher und heute. Alltägliche Gegenstände rund um das Borstentier sind zu sehen. Auch Kurioses wie Briefmarken mit Schweinemotiv, Sparschweine, Kleidung mit Schweinemuster sind ausgestellt. Vielleicht habt ihr nach dem Besuch eine Glückssträhne und denkt: Schwein gehabt.

So viele süße Schweine! Da verzichtet ihr bestimmt gern auf jedes 2. Schnitzel. Denn insgesamt essen wir alle zu viel Fleisch, was schlecht für Tiere und Umwelt ist.

Insekten und Schlangen

Insektenwereld NatuurDoeCentrum,

Wierde 17, NL-9965 TA Leens. ✆ 0031595/572659, Fax 571849. www.insektenwereld.nl. info@insektenwereld.nl. **Bahn/Bus:** Ab Bhf Groningen Bus 65 Richtung Zoutkamp bis Wierde Leens. **Auto:** Ab Groningen N361 Richtung Leens. **Zeiten:** Schulferien Mo – Sa 10 – 17, übrige Zeit Mi – Sa 10 – 17 Uhr. **Preise:** Pers ab 3 Jahre 6,50 €; Kinder bis 2 Jahre frei. **Infos:** Führungen jeweils um 11 und 14 Uhr.

▶ In dem **Insektenpark** leben auch Schlangen, Nasenbären, Stinktiere und einige andere Tierarten. Wenn ihr an einer Führung teilnehmt, bekommt ihr die Gelegenheit, Spinnen und Schlangen anzufassen. Natürlich nur, wenn ihr euch traut! Doch es gibt noch so viel mehr: einen Wildblumengarten für die Bienen, die im Sommer hier leben, und den Eulenpfad mit echten Schleiereulen. Die freundlich aussehenden Vögel mit den weißen Gesichtern können 15 bis 22 Jahre alt werden.

***Insekten** werden auch Kerbtiere genannt. Sie sind die artenreichste Klasse in der Tierwelt, gut 900.000 wurden bereits benannt. Experten vermuten, dass es noch viele, vielleicht 1 Mio unentdeckte Arten gibt.*

Seehundstation

Zeehondencreche, Hoofdstraat 94a, NL-9968 AG Pieterburen. ✆ 0031595/526526, Fax 528389. www.zeehondencreche.nl. info@zeehondencreche.nl. **Bahn/Bus:** Ab Bhf Winsum Bus 68 bis Wapen van Hunsingo. **Auto:** Siehe VVV. **Zeiten:** Mo – So 9 – 18 Uhr. **Preise:** Pers ab 4 Jahre 5 €; Kinder bis 3 Jahre frei; Gruppen ab 16 Pers 3,50 €.

▶ In der Seehundstation kümmern sich die Pfleger um verwaiste und geschwächte Robben. Feste Fütterungszeiten gibt es nicht, damit die Tiere sich nicht an einen Rhythmus gewöhnen. Sie sollen schließlich zurück ins Meer entlassen werden. Regelmäßig wird ein interessanter 15-minütiger Informationsfilm in deutscher Sprache gezeigt.

Wie wäre es mit einem echten Adoptivseehund? Ab 50 € bekommt ihr ein Dokument und ein Foto von dem Moment, an dem euer Seehund in die Freiheit entlassen wird. Auch in der **Spielecke** dreht sich natürlich alles um die kleinen Robben.

Duinhoeve, Broeksterweg 24, Pieterburen-Broek. ✆ 0031595/438476. www.zorgboerderijduinhoeve.nl. Sommer Mo – Fr 12 – 17, Sa, So 10 – 17 Uhr. Hofladen, Käse, Ziegen-, Lammfleisch.

Natur erfahren & ertasten

Wale und andere Naturerlebnisse

Naturmuseum Friesland, Schoenmakersperk 2, NL-8911 EM Leeuwarden. ✆ 003158/2332244, Fax 2332240. www.natuurmuseumfryslan.nl. info@natuurmuseumfryslan.nl. **Bahn/Bus:** Ab Bhf Leeuwarden mit Stadsbus 36 Richtung Bilgaard bis Wissesdwinger. **Auto:** Beschilderung Centrum, Parkeergarage Hoeksterend oder Oldehoofsterkerkhof. Das Museum liegt zwischen den beiden Parkhäusern. **Zeiten:** Di – So 11 – 17 Uhr. **Preise:** 6 €; Kinder 4 – 15 Jahre 4,50 €; Senioren ab 65 Jahre 5 €, Gruppen ab 9 Erw 5 €, ab 9 Kinder 3 €.

▶ Das Museum ist in einem ehemaligen Waisenhaus untergebracht. Das Klassenzimmer ist unverändert geblieben und steht Besuchern offen. Ansonsten

Hunger & Durst

Im Atrium, dem Innenhof mit Glasdach, stehen kostenlos Kaffee und Tee bereit.

dreht sich alles um das Thema Natur. Es gibt hier das 15 m lange Skelett eines Pottwals, der 1994 auf der Insel Ameland angespült wurde. Ihr entdeckt die Unterwasserwelt eines friesischen Wassergrabens, ohne nasse Füße zu bekommen. Dort seht ihr einer Kuh vom Grund des Bachs beim Trinken zu; ebenso dem Fischreiher, der nach Beute taucht. Besonders spannend: Auf dem Dachboden haust der 14 m lange Drache *Li-Ming*. Wenn ihr zwischen 4 und 8 Jahre alt seid, solltet ihr mittwochs, samstags und sonntags unter Begleitung einen Besuch wagen.

Unter Wasser: Der Fischreiher geht auf Fischfang

Auf dem Baumkronenpfad

Boomkroonpad, Steenhopenweg 4, NL-9533 PN Drouwen. ✆ 0031592/377305, Fax 248071. www.staatsbosbeheer.nl/boomkroonpad. boomkroonpad@staatsbosbeheer.nl. **Bahn/Bus:** Bhf Assen Bus 24 bis Papenvoort, dort Beschilderung Boomkroonpad folgen (30 Min Fußweg). **Auto:** 40 km von Groningen. Ab der N857 auf Höhe Papenvoort Beschilderung Boomkroonpad. **Zeiten:** April – Okt Mo – So 10 – 17 Uhr, Nov – März So 10 – 16 Uhr. **Preise:** 4 €; Kinder bis 3 Jahre frei, 4 – 12 Jahre 2 €; Gruppen ab 20 Pers erhalten Ermäßigung nach Absprache.

Achtung! Hunde sind auf dem Baumkronenpfad nicht erlaubt.

▶ Seid ihr schon einmal in 25 m Höhe zwischen den Wipfeln der Bäume spaziert? Auf dem Baumkronenpfad fühlt ihr euch wie ein Eichhörnchen. Die Wanderung beginnt im unterirdischen Wurzeltunnel und endet in luftiger Höhe. Sie ist zu jeder Jahreszeit ein anderes Erlebnis. An einem kalten Wintertag sieht der Wald kahl aus, die Blätter liegen am Boden und der Himmel ist grau. Ganz anders zeigt sich der Frühling in luftiger Höhe, wenn die Knospen der Bäume zum Vorschein kommen. Im Sommer haben die Bäume ein Blätterdach, das Schatten spendet. Und im Herbst könnt Ihr die buntgefärbten Blätter von dort oben so richtig aus der Nähe betrachten. Nach eurem Rundgang wartet der Spielwald auf euch. Dort werden Hütten gebaut und ihr könnt auf Bäume klettern.

Pfad der Kinderrechte

Kinderrechtenpad, Bevrijdingsbos, Stadsweg, NL-9731 CP Groningen -Noorddijk. 600 m. **Bahn/Bus:** Ab Bhf Groningen Bus 140 bis Oostersluis, 1 km Fußweg über Rijksweg und Leeuwenburgstraat. **Auto:** Seitenstraße der N46.

Das Blatt des ***Ahornbaums*** *ist das Nationalsymbol von Kanada, es ziert sogar die Landesflagge.*

▶ Der Bevrijdingsbos ist ein Waldstück am Stadtrand von Groningen. Er liegt bei *Noorddijk,* zwischen dem Stadtteil Lewenborg und dem Dorf Garmerwolde. Der Wald mit 30.000 **Ahornbäumen** wurde 1995 anlässlich des 50-jährigen Jubiläums der Befreiung der Niederlande von der deutschen Besatzung durch die Kanadier angelegt. In dem Wald liegt der Pfad der Kinderrechte. Diese Rechte wurden vor vielen Jahren formuliert, um Kinder auf der ganzen Welt zu schützen. Entlang der Route liegen Steine aus 10 ver-

FREUNDE AUF DEM FAHRRAD

▶ Die Organisation *Vrienden op de Fiets* möchte Fahrrad- oder Wandertouristen und sonstigen Durchreisenden zu einer guten und preiswerten Unterkunft verhelfen. Man wird Mitglied und spendet einen Jahresbeitrag von mindestens 8 Euro. Dann kann der Radreisende bei 4000 Adressen in den Niederlanden für 18,50 Euro pro Person übernachten und erhält auch noch ein Frühstück. Zum Aufpreis von 5 Euro gibt es oft ein Lunchpaket. Ein Adressenheft wird kostenlos zur Verfügung gestellt. Ihr müsst vorab telefonisch beim Gastgeber reservieren. ◀

Vrienden op de fiets, Postbus 4741, 2701 AL Zoutermeer, ✆ 003179/ 3238556, ww.vriendenopdefiets.nl.

Vrienden op de fiets heißt Freunde auf dem Fahrrad

schiedenen Ländern. Auf jedem Stein ist eins der 10 **Kinderrechte** zu lesen:

1. Das Recht auf eine eigene Meinung
2. Das Recht auf Schutz gegen Gewalt
3. Das Recht auf Bildung
4. Das Recht auf ihre eigene Kultur
5. Das Recht auf Nahrung
6. Das Recht auf Gesundheit
7. Das Recht auf Frieden
8. Das Recht, bei den Eltern aufzuwachsen
9. Das Recht auf Gleichbehandlung
10. Das Recht auf Schutz gegen Kinderarbeit

Am Ende des Pfades hat die Stadt Groningen einen **Gedenkstein** aus Marmor aufgestellt. Dieser stammt aus dem alten Rathaus und zeigt das 11. Recht. Es besagt, dass Kinder das Recht haben, frei und ohne Angst draußen spielen zu können. Das war in Zeiten von Krieg und Besatzung nicht immer möglich.

Ohne Schuhe auf dem Barfußpfad

't Blôde Fuottenpaad, Nico Boele, Peebos 1a, NL-9865 TC Opende. ✆ 0031594/659986, www.blotevoetenpad.nl. 1,5 km; der Startpunkt liegt am Kale Weg in 9865 TC Opende. **Auto:** A7, Ausfahrt 32 Marum Richtung Kornhorn, Kreisverkehr 1. Ausfahrt N980, bei Peebos links. **Preise:** Eintritt frei.

Achtung! Hunde sind auf dem Barfußpfad nicht erlaubt.

▶ Die Wanderung auf nackten Füßen führt euch durch die Naturlandschaft zwischen den Provinzen Groningen und Friesland. Dabei sind 10 Erlebnispunkte zu entdecken. Unterwegs werdet ihr Spannendes und Unerwartetes fühlen, riechen, hören und natürlich sehen. Überquert den Bach auf dem wankenden Floß oder hangelt euch an dem gespannten Seil hinüber auf die andere Seite. Natürlich gibt es auch eine ganz normale Brücke, aber wäre das nicht zu einfach? Vom Aussichtsturm habt ihr den besten Blick in die Umgebung. Macht eine Pause auf der Bank, die im Wasser steht. Das kühlt die Füße. Wer lieber schaukelt, nimmt Platz auf der Schaukelbank.

Hunger & Durst

De Piramide, Provincialeweg 2, Opende. ✆ 0031594/659345. www.restaurantdepiramide.nl. Di – So ab 11 Uhr. Pfannkuchen 4,50 €.

Auf der speziellen *Baumelbank* könnt ihr die Beine tatsächlich so richtig baumeln lassen.

Die Welt der Sternegucker

Hunger & Durst
Pizzeria Toscanini, Noord 30, Franeker. ✆ 0031517/395356. www.toscanini.nl. Mi – So 17 – 22 Uhr. Kinder-Pizza 6,10 €, für Vegetarier 10,95 €.

Das älteste Planetarium der Welt

Planetarium, Eise Eisingastraat 3, NL-8801 KE Franeker. ✆ 0031517/393070, Fax 382164. www.planetarium-friesland.nl. info@planetarium-friesland.nl. **Bahn/Bus:** Vom Bhf Franeker ca. 700 m Fußweg in nördliche Richtung. **Auto:** Ab TIP ca. 200 m Fußweg. **Zeiten:** Di – Sa 10 – 17, So 13 – 17 Uhr, April – Okt Mo 13 – 17 Uhr. **Preise:** Pers ab 15 Jahre 4,50 €; Kinder bis 14 Jahre 3,75 €; Senioren ab 65 Jahre 4, €, Gruppen ab 21 Pers 3,50 €.

▶ Im Wohnzimmer des Grachtenhauses seht ihr ein sehr genaues Modell unseres Sonnensystems. Ihr könnt ihr genau beobachten, wie die Planeten sich bewegen. Es handelt sich hierbei um das älteste funktionierende Planetarium der Welt. Das Modell wurde zwischen 1774 und 1781 von *Eise Eisinga* angefertigt. Anlass zum Bau war ein Zeitungsartikel, der den bevorstehenden Weltuntergang ankündigte. Die Planeten würden zusammenstoßen, so lautete die Botschaft. Eisinga zeigte der beunruhigten Bevölkerung, dass es keinen Grund zur Aufregung gab.

HANDWERK UND GESCHICHTE

Betriebsbesichtigung

Wo Keramik entsteht

Harlinger Aardewerk & Tegelfabriek, Voorstraat 84, NL-8861 BP Harlingen. ✆ 0031517/415362, Fax 415352. www.harlinger.nl. oswald@harlinger.nl. **Bahn/Bus:** Vor Bhf Harlingen Spoorweg über Spoorstraat, Steenhouwersstraat, Spekmarkt nach Voorstraat. **Auto:** Schilder Harlingen, Harlingen-West. **Rad:** LF10 Waddenzeeroute. **Zeiten:** Mo – Fr 8 – 18, Sa

9 – 17 Uhr. **Preise:** Eintritt frei. **Infos:** Führungen nur nach Absprache und für Gruppen ab 10 Pers.

▶ Seit 1598 werden in Harlingen Fliesen hergestellt. Die Keramik- und Fliesenfabrik entstand 1972. Ihre Wurzeln hat sie im traditionellen Töpferhandwerk, für das Harlingen von 1598 bis 1933 berühmt war. Die Fliesenmacher arbeiten noch immer mit dem gleichen Werkzeug wie vor 400 Jahren. Sie benutzen ein Messer und eine Messplatte aus Holz, die in den Ecken Nägel hat. Nach dem Brennen und Glasieren wird die Fliese bemalt. Die Motive sind vielseitig, von Tieren über Schiffe bis zu Blumen.

Burgen, Schlösser & Museen

Landgut Buitenplaats

De Slotplaats, Theehuis van Natuurmonumenten, Foarwurkerwei 3, NL-9243 JZ Bakkeveen. ✆ 0031516/541333, Fax 541259. www.slotplaats.nl. info@slotplaats.nl. **Bahn/Bus:** Ab Bhf Assen Bus 84 bis Slotplaats. **Auto:** N31 Richtung Emmen-Drachten, Ausfahrt Bakkeveen. **Zeiten:** Mi – So 10 – 17 Uhr. **Preise:** Eintritt frei.

▶ Ursprünglich stand an dieser Stelle das Vorderhaus eines Gutshofs aus dem Jahr 1818. Dieser Gutshof gehörte wiederum zur Burg *Blauwhuis,* die so hieß, weil sie blaue Dachpfannen hatte. Hätte sie rote Dachpfannen gehabt, wäre der Name wahrscheinlich Burg *Roodhuis* gewesen. Die Burg wurde 1837 abgebrochen, das Gelände ist heute ein Naturdenkmal. So nennt man ein unter Naturschutz stehendes Gebiet. In dem hübschen Landhaus mit dem schlanken Turm auf dem Dach ist eine Teestube untergebracht.

Hunger & Durst

Theehuis De Slotplaats, Foarwurkerwei 3, Bakkeveen. ✆ 0031516/541333. www.slotplaats.nl. Mi – So 10 – 17 Uhr. Mehr als 30 Teesorten, Apfelkuchen.

Ein 7 km langer Wanderweg startet am Teehaus. Er ist mit blau-gelben Pfählen markiert.

In schwindelerregender Höhe

Turm Martinitoren, Grote Markt, NL-9712 HN Groningen. ✆ 003150/3133572, www.martinistad.net/gro-

Wijsneus, Folkingestraat 17, Groningen. ✆ 003150/3112080. www.wijsneusgroningen.nl. Mo 13 – 18, Di – Fr 10 – 18, Sa – 17 Uhr. Kinderkleidung.

Hunger & Durst

Pannekoekenschip, Willemskade 69, Leeuwarden. ✆ 003158/2120-903. www.pannekoekschipleeuwarden.nl. Di ab 17, Mi – So ab 12 Uhr. Superleckere Pfannkuchen, Piratenatmosphäre, sehr netter Kapitän.

Ahoi: Käp'tn Max Pancake begrüßt euch freundlich

ningen/martinitoren. **Bahn/Bus:** Ab Bhf Groningen Citybus 6, 42, 161, 165 bis Grote Markt. **Auto:** Im Zentrum. **Zeiten:** April – Okt Mo – Sa 11 – 17 Uhr, Juli und Aug auch So 11 – 16 Uhr, übrige Zeit Mo – Sa 12 – 16 Uhr, Fei geschlossen. **Preise:** 3 €; Kinder 4 – 11 Jahre 2 €. **Infos:** Karten beim VVV direkt gegenüber.

▶ Der 97 m hohe Turm der Martinikirche wird von den Groningern liebevoll *de olle grieze* (der alte Graue) genannt. Steigt die 370 Stufen hinauf. Die Mühe lohnt sich! Oben angelangt, habt ihr einen atemberaubenden Blick über die Stadt. Mit etwas Glück hört ihr dort das aus 12 Glocken bestehende Glockenspiel aus nächster Nähe. Die Melodien wechseln einige Male im Jahr.

Als der Turm noch als Feuerwache diente, musste der Turmwächter alle 15 Minuten auf einem Brandhorn in alle Himmelsrichtungen blasen. So wußte die Bevölkerung, dass alles in Ordnung war.

Keramikmuseum

Princessehof, Grote Kerkstraat 11, NL-8911 DZ Leeuwarden. ✆ 003158/2948958, Fax 2948968. www.princessehof.nl. info@princessehof.nl. **Bahn/Bus:** Ab Bhf Bus 36 bis Boterhoek. **Auto:** P-Route zum Parkhaus Oldehove folgen (neben dem Museum gelegen). **Zeiten:** Di – So 11 – 17 Uhr. **Preise:** 8 €; Kinder bis 12 Jahre frei, Jugendliche 13 – 18 Jahre 6 €; Gruppenermäßigung auf Anfrage.

▶ Vor langer Zeit war das Museum ein Palast, in dem ab 1731 eine echte **Prinzessin,** nämlich *Marie-Luise von Oranien,* wohnte. Darum heißt das Museum Princessehof. Die Witwe des Fürsten von Oranien sammelte kostbares Porzellan, das noch immer im Besitz des Hauses ist. Zu bewundern sind Kannen und Schüsseln, Vasen und Fliesen. Alle diese Dinge sind wertvoll und dürfen nicht berührt werden.

Im Keller jedoch ist alles, was im Museum oben verboten ist, erlaubt. Ihr dürft alle Gegenstände in die Hand nehmen, fühlen, wie schwer sie sind und sogar damit spielen. Habt Spaß mit dem riesigen Puzzle und dem ebenfalls großen Vier-gewinnt-Spiel.

Wie Arbeiterfamlien einst lebten

Freilichtmuseum und Themenpark De Spitkeet, De Dunen 3, NL-9281 KT Harkema. ✆ 0031512/840431, www.despitkeet.nl. info@despitkeet.nl. **Bahn/Bus:** Ab Bhf Leeuwarden Bus 13 bis Betonwei. **Auto:** An der N369. **Zeiten:** April – Okt Di – Sa 10 – 17, So 13 – 17 Uhr. **Preise:** 3,50 €; Kinder bis 12 Jahre 1,50 €.

▶ Auf dem 4 ha großen Gelände wird euch gezeigt, wie Arbeiterfamilien von 1850 bis 1950 lebten. In dieser Zeit konnten Kinder meist nicht zur Schule gehen. Sie mussten arbeiten, um das Überleben der Familie zu sichern. Es gab wenig zu essen, dazu kam, dass die medizinische Versorgung sehr schlecht war. Die Sterblichkeit bei Kindern war damals sehr hoch, wie ihr euch denken könnt. Gezeigt werden verschiedene Wohnhäuser, eine Ausstellung über **Jelle Dam** und der Glockenstuhl eines Armenfriedhofs. Rund um den Themenpark liegen Wander- und Fahrradrouten durch die friesische Natur. Ein Routenführer ist am Schalter des Parks erhältlich.

*Die **Prinzessin** war sehr beliebt. Sie wurde von den Friesen liebevoll Marijke Meu (Tante Maria) genannt.*

__Jelle Dam__ (1857 – 1935) war Sozialist. Er setzte sich für die Verbesserung der Lebensumstände von Arbeitern ein.

Schifffahrtsmusem des Nordens

Noordelijk Scheepvaartmuseum, Brugstraat 24, NL-9711 HZ Groningen. ✆ 003150/122202, Fax 3183751. www.noordelijkscheepvaartmuseum.nl. info@noordelijkscheepvaartmuseum.nl. **Bahn/Bus:** Ab Bhf Groningen Bus 3, 15 oder 35 bis A-Kerkhof. **Auto:** Ab Grote Markt 500 m nach Westen. **Zeiten:** Di – Sa 10 –

Alles genau wie in groß: Modell eines Plattbodenschiffs

17, So 13 – 17 Uhr. **Preise:** 4 €; Kinder 7 – 15 Jahre, Senioren ab 65 Jahre und Gruppen ab 20 Pers 2,50 €.

▶ Die Geschichte der nordniederländischen Schifffahrt und des Schiffsbaus vom Mittelalter bis heute ist Thema dieses Museums, das in 2 Gebäuden aus dem 15. Jahrhundert untergebracht ist. Ihr seht Schiffsmodelle, Gemälde mit Motiven aus der Seefahrt und echte Wrackteile. Für die Techniker unter euch sind die ausgestellten Schiffsmotoren und der Nachbau des Steuerhauses interessant. Werft auch einen neugierigen Blick in die Seemannskiste!

Hunger & Durst

Het Pakhuis, Peperstraat 8 – 2, Groningen. ✆ 003150/3110219. www.hetpakhuisgroningen.nl. Mo – So 17.30 – 22 Uhr. Kleine Karte, leckere Gerichte, Kinderteller z.B. Hühnchennuggets 6,50 €.

Donald Duck und seine Freunde

Niederländisches Comicmuseum, Shoppingcenter De Westerhaven, Westerhaven 71, NL-9718 AC Groningen. ✆ 003150/3178470, www.stripmuseum.nl. receptie@stripmuseumgroningen.nl. **Bahn/Bus:** Ab Bhf Groningen Bus 3, 15 oder 35 bis Westerhaven. **Auto:** Ab Zentrum P-Route West zum Parkhaus Westerhaven. **Zeiten:** Di – So 10 – 17 Uhr. **Preise:** 8,50 €; Kinder 3 – 11 Jahre und Gruppen ab 20 Pers 6,95 €.

▶ Im Comicmuseum lernt ihr die niederländischen Comic-Helden *Suske* und *Wiske, Jan, Jans und die Kinder* kennen. Ihr trefft auch alte Bekannte wie *Tim und Struppi* oder *Donald Duck.* Im Atelier seht ihr, wie ein Comic entsteht. Zeichnet selbst ein Gesicht, vielleicht entdeckt ihr ja ein neues Hobby. Es werden (niederländische) Zeichentrickfilme gezeigt.

Manchmal könnt ihr den Künstlern bei ihrer Arbeit zusehen. Übrigens: Das **McDonald's** Schnellrestaurant nebenan ist auch im Comic-Stil gestaltet.

Hunger & Durst

Eissalon Toscana, Folkingestraat 47, Groningen. ✆ 003150/3110068. www.toscana-ijssalon.nl. Täglich 12 – 22 Uhr. Viele Sorten leckeres Eis.

Kaatsen ist ein friesisches Ballspiel: Zwei Mannschaften mit je 3 Spielern treten gegeneinander an.

Von Hünengräbern und Riesenmuscheln

Muzeeaquarium, Zeebadweg 7a, NL-9933 AV Delfzijl. ✆ 0031596/632277, 633121, www.muzeeaquarium.nl. info@muzeeaquarium.nl. **Bahn/Bus:** Ab Bhf Delfzijl 250 m Fußweg. **Auto:** A7, Ausfahrt 45 Scheemda, Richtung Delfzijl, N991, Stationsweg, Kustweg rechts, 1. rechts, kostenlose Parkplätze. **Zeiten:**

DER NIKOLAUS KOMMT MIT DEM SCHIFF

Jedes Jahr am ersten Samstag nach dem Martinstag (11. November) kommen *Sinterklaas* und seine Helfer, die *Zwarte Pieten*, mit dem Dampfschiff aus Spanien. Der holländische Nikolaus hat einen langen weißen Bart und trägt einen roten Mantel, genau wie der Nikolaus, den ihr kennt. Sein Schiff legt jedes Jahr in einem anderen Hafen an. Dieses wichtige Ereignis wird natürlich landesweit im Fernsehen übertragen! Die Kinder stellen schon im November ihre Schuhe an den Kamin oder an die Haustür, manchmal mit einem selbst gemalten Bild für den Nikolaus und einer Möhre für das Pferd des geheimnisvollen Besuchers. Am Abend des 5. Dezember ist plötzlich ein lautes Poltern an der Haustür zu hören – der Nikolaus war da. Im Schuh liegen Süßigkeiten. Die Geschenke, die er zurücklässt, sind so verpackt, dass man nicht erkennen kann, um was es sich handelt. Es kann sein, dass sich in einem riesigen Verpackungskarton ein weiterer befindet, bis am Ende etwas Kleines in einer Streichholzschachtel übrig bleibt. Dazu gehört ein lustiges Gedicht über den Beschenkten.

Mo – So 10 – 16.30 Uhr. **Preise:** 5,50 €; Kinder und Jugendliche 4 – 17 Jahre 3,25 €; Gruppen ab 10 Pers 4 €, Kinder 2,75 €.

Das Museum widmet sich den Themen Archäologie, Geologie und Schifffahrt. Hier ist ein **Hünengrab** und eine nachgebaute Tropfsteinhöhle zu sehen. Ratet, wozu die alten Schiffsgeräte dienten. Star der Muschelsammlung ist die Große Riesenmuschel. Mit 140 cm Länge und einem Gewicht bis 200 kg trägt sie ihren Namen zu Recht. Wenn ihr euch für Steine interessiert, könnt ihr hier lernen, wie ihr eine Sammlung anlegt.

Das **Aquarium** im alten Bunker beherbergt Meerestiere aus der Nordsee und dem Wattenmeer.

Hünengräber *sind aus Großsteinen bestehende Grabanlagen aus der Zeit von 3450 bis 3250 vor Christus.*

© Roelien Hendriks

Junger Artist beim Sprung mit dem Einrad: Im Jugendzirkus Santelli sind Profis am Werk

In der Zirkuskuppel

Akrobatik vom Feinsten

Jugendzirkus Santelli, Prof Enno Dirk Wiersmastraat 3a, NL-9713 GH Groningen. ✆ 003150/3139575, Fax 3139575. www.santelli.nl. info@santelli.nl. **Bahn/Bus:** Ab Bhf Groningen Bus 78 bis Zaagmuldersweg. **Auto:** A7, Ausfahrt 41 Hoogezand Richtung Centrum, bei Damsterdiep rechts, 3. links, 1. links. **Zeiten:** Auftritte siehe Webseite unter Voorstellingen/Speellijst. **Preise:** Eltern-und-Kind-Kurs Std 100 €; Einführungskurs 4 Std 35 €.

▶ Seit über 40 Jahren begeistern die 50 überwiegend jugendlichen Jongleure, Akrobaten, Trapez-Artisten und Einradfahrer des Jugendzirkus Santelli das Publikum. Vielleicht kennt ihr diesen besonderen Zirkus, denn auch in Deutschland gab er schon Vorstellungen. Der Zirkus bietet Akrobatik-Kurse für Kinder ab 4 Jahre an.

FESTKALENDER WATTENMEERKÜSTE

Karfreitag:	Groningen: **Grote Markt,** Blumenmarkt, www.bloemenmarkt.nl.
Mai:	Um den 2. Fr, Groningen, Zentrum: **Maikirmes,** www.meikirmesingroningen.nl.
Juli:	5. Mi nach dem 30. Juni, Franeker: **Kaatswettbewerb** (friesischer Ballsport), www.pc-franeker.nl.
September:	Groningen: **Kardinge,** Heißluftballon-Festival, www.ballonfiestagroningen.nl.
November:	Groningen, Ankunft von **Sinterklaas:** 17. Nov 2012, 16. Nov 2013, 15. Nov 2014, 14. Nov 2015, 12. Nov 2016, www.degoedheiligman.nl.

ZEELAND

SÜDHOLLAND

NORDHOLLAND

AMSTERDAM

DIE INSELN

IJSSELMEERKÜSTE

WATTENMEERKÜSTE

ORTE, INFO & VERKEHR

FERIENADRESSEN

REGISTER

VOORDEEL DROGIST

GEWUSST WIE UND WO

Mit diesem Führer im Gepäck seid ihr gut gerüstet für die Tour in die Niederlande. Bei den örtlichen Fremdenverkehrsbüros, die meist VVV heißen und am blau-weißen Schild gut zu erkennen sind, bekommt ihr weiterführende Informationen. Oft könnt ihr dort auch Eintrittskarten kaufen oder eine Unterkunft buchen. Ein freundliches Lächeln gibt es noch dazu.

Die Anreise erfolgt meist mit dem eigenen Auto oder im Reisebus. Mit dem Zug kann man ebenfalls sehr gut ins westliche Nachbarland reisen. Die Verbindungen findet ihr im Internet unter www.bahn.de und www.ns.nl. Und dann gibt es noch ganz Sportliche, die gleich mit dem Fahrrad hinfahren!

VVV steht für Vereniging Voor Vreemdelingenverkeer, was auf Deutsch Verband für Fremdenverkehr bedeutet.

Bitte einsteigen: Wer fährt mit nach Holland?

Zeeland

Renesse, beliebt bei Groß und Klein

VVV, Roelandsweg 1, NL-4325 CR Renesse. ✆ 0031-111/460360, Fax 630172, www.vvvzeeland.nl. info@vvvschouwenduiveland.nl. **Bahn/Bus:** Busse ab Rotterdam Zuidplein 133 oder Interliner 395, ab Goes Bhf Busse 128, 130 oder 132. **Auto:** A58, Ausfahrt 39, N57, N652, kostenloser Parkplatz, ab Transferium kostenlose Busse. **Rad:** LF1 Noordzeeroute. **Zeiten:** April – Juni Mo – Sa 9 – 17, ab 15. Mai auch So, Juli, Aug Mo – Sa 10 – 20, So 10 – 16, Sep, Okt Mo – Sa 9 – 17, Nov – April Mo – Sa 9 – 13 Uhr. **Infos:** Das VVV-Büro hat seinen Sitz direkt am Transferium.

▶ Das Seebad bietet viele Unterkünfte aller Art. Jedes Jahr findet hier Ende Juli eine große Kirmes statt. Zu Pfingsten ist Renesse fest in der Hand feierwütiger Jugendlicher aus Deutschland. Dann solltet ihr den Ort lieber meiden!

Hunger & Durst

Schouwer Hoeck, Loane 32, Renesse. ✆ 0031111/461637. www.schouwerhoeck.nl. April – Okt Mi 12 – 20, Do – So 10 – 20 Uhr, Juli, Aug 9.30 – 21 Uhr. Leckere Gerichte, Barbecue, toller Spielplatz.

Burgh-Haamstede, Doppelort in Strandnähe

VVV, Noordstraat 45a, NL-4328 LH Burgh-Haamstede. ✆ 0031111/652910, Fax 652833. www.burghhaams-

@ Webcam: www.haamstede.com/webcam/ring/index.htm.

tede.info. info@vvvschouwenduiveland.nl. **Bahn/Bus:** Ab Bhf Middelburg Bus 133 bis Noordstraat. **Auto:** A58, Ausfahrt Goes/Zierikzee, A256 bis Zierikzee, links auf N59/N57 Richtung Burgh-Haamstede. **Zeiten:** Nov – April Mo – Sa 10 – 16, ansonsten 9 – 13 Uhr. **Infos:** Broschüren, Informationen, Karten.

▶ Das Doppeldorf hat zwei historische Ortskerne. Hinter der Schule in **Burgh** liegt die Namensgeberin des Dorfes, eine Burg aus dem Jahr 880. Sehenswert ist auch die Getreidemühle *De Graanhalm* aus dem Jahr 1847.

Middelburg, Provinzhauptstadt mit Historie

Ab dem kostenlosen Parkplatz Transferium an der A58 fährt Mitte Juni – Mitte Sep Di – Sa ab 10 Uhr alle 20 Min ein kostenloser Bus ins Zentrum und zurück.

VVV/ANWB, Nieuwe Burg 40, NL-4331 BD Middelburg. ✆ 0031118/59900, Fax 659910. www.visitmiddelburg.nl. **Bahn/Bus:** Im Zentrum. **Auto:** A58 Ausfahrt 38, N665, Kleverkerkseweg links, Kanalweg, Bahnhof links, Zentrum rechts. **Rad:** LF1 Noordzeeroute, LF13 Schelde-Rheinroute. **Zeiten:** Mo 12 – 17.30, Di – Fr 9.30 – 17.30, Sa 9.30 – 17 Uhr. **Infos:** Informationen, Buchungen, Führungen, ermäßigte Eintrittskarten.

▶ In der Provinzhauptstadt steht das spätgotische Rathaus, eines der schönstes Gebäude des Landes. Unter dem Einfluss der VOC entstanden viele Häuser, die zum großen Teil auch heute noch zu bewundern sind.

Veere, Städtchen am Veerse Meer

@ Live auf den alten Hafen in Veere blicken: www.webcamveere.nl.

VVV-Agentur, Oudestraat 28, NL-4351 AA Veere. ✆ 0031118/506110, Fax 501792. www.vvvzeeland.nl. info@vvvwnb.nl. **Bahn/Bus:** Ab Bhf Middelburg Bus 54 Richtung Veere bis Langedam, dann Richtung Südosten über Warwijcksestraat bis Oudestraat. **Auto:** A58 Ausfahrt 38, N57, Beschilderung Veere. **Rad:** LF1 Noordzeeroute. **Zeiten:** Mitte April – Ende Okt täglich 10 – 16.30 Uhr.

▶ Das malerische Hafenstädtchen am *Veerse Meer* besitzt viele historische Gebäude. Zu den Sehenswürdigkeiten zählen das Rathaus aus dem 15. Jahrhundert und die *Onze Lieve Vrouwekerk* aus dem Jahr 1348

Vrouwenpolder, das Surferparadies

VVV-Agentur, c/o PLUS Supermarkt, Fort den Haakweg 12, NL-4354 RB Vrouwenpolder. ✆ 0031111/596165, www.vvvzeeland.nl. info@vvvwnb.nl. **Bahn/Bus:** Ab Bhf Middelburg Bus 52 bis Molen oder 53 bis Singe. **Auto:** A58 Ausfahrt 39, beschildert. **Zeiten:** Mitte April – Nov.

▶ Vrouwenpolder gehört zur Gemeinde ↗ *Veere* und liegt im Nordwesten der Halbinsel *Walcheren.* Der kleine Badeort mit den breitesten Stränden des Landes hat einige Einkaufsmöglichkeiten und Restaurants. Das Küstendorf war einst ein bedeutender Wallfahrtsort. Seeleute verehrten ein mysteriöses Mariengemälde in der Parochialkirche, das sie auf ihren Reisen schützen sollte.

Vrouwenpolder liegt an der Nordsee und am Veerse Meer. Ihr habt also die Wahl zwischen Baden im Salz- oder im Süßwasser.

Leider gibt es nicht mehr in jedem Ort eine Touristeninformation VVV. Manchmal wurde nach der Auflösung des VVV jedoch ein Informationsbüro unter anderem Namen gegründet.

Oostkapelle, bekannt für seine sauberen Strände

VVV, Lantsheerstraat 1, NL-4356 ND Oostkapelle. ✆ 0031118/582940, Fax 582920. www.vvvwnb.nl. info@vvvwnb.nl. **Bahn/Bus:** Ab Bhf Middelburg, Bus 52 bis Hervormde Kerk/Molenweg. **Auto:** A58, Ausfahrt 39, N57 Richtung Domburg, Beschilderung. **Zeiten:** April – Okt 9.30 – 17, sonst Mo 9 – 12, Fr 13 – 17, Sa 10 – 14 Uhr. **Infos:** Informationen, Fahrrad- und Wanderrouten, Vermietung Ferienhäuser.

▶ Der Badeort direkt hinter den Dünen hat einen gemütlichen Ortskern und einen langen Sandstrand mit guten Strandrestaurants. Dorthin fährt die *Paardentram,* eine Art Straßenbahn mit 2 PS.

Die markierten Pfähle am Strand erleichtern die Orientierung. So findet ihr immer schnell zurück zu euren Eltern.

Domburg, der älteste Badeort Zeelands

VVV, Schuitvlotstraat 32, NL-4357 EB Domburg. ✆ 0031118/583484, Fax 583545. www.domburg.info/de. info@vvvwnb.nl. **Bahn/Bus:** Ab Bhf Middelburg Bus 52 bis Molen oder 53 bis Singel. **Auto:** A58 Aus-

Fahrradverleih: Profile De Vriewieler, Timmermannstraat 4 – 6, Zoutelande. ✆ 0031118/561485. www.profilevriewieler.nl. Mo – Sa 9 – 18 Uhr. 4,50 € für 1 Tag, 12,50 € für 3 Tage.

fahrt 39, beschildert. **Zeiten:** Mo – Sa 9 – 18, So 12 – 16 Uhr; Nov – Mitte April Mo – Fr 10 – 17, Sa 10 – 14 Uhr. **Infos:** Broschüren und Informationen, auch zuständig für Vrouwenpolder.

▶ Der älteste Badeort des Landes ist bekannt für seine schönen Sandstrände. Schon 1889 besuchte die rumänische Königin Elisabeth zu Wied das Seebad. Sein Wahrzeichen ist der große Wasserturm.

Zoutelande, Seebad hinter hohen Dünen

VVV, Bosweg 2, NL-4374 EG Zoutelande. ✆ 0031118/ 581342, 561818, Fax 561238. www.vvvwnb.nl. info@vvvwnb.nl. **Bahn/Bus:** Ab Bhf Middelburg Bus 49 oder 53 bis Langendam. **Auto:** A58, N288. **Rad:** Nahe LF1 Noordzeeroute. **Zeiten:** Mo 13 – 17 Uhr, Di – Sa 9.30 – 12.30 Uhr.

Der heilige **Willibrord** *(658 - 739) unternahm Missionsreisen nach Zeeland und Friesland. Er wird deshalb auch Apostel der Niederlande genannt.*

▶ Das ruhige Seebad hat einen schönen Boulevard, einen 5 km langen Südstrand und ist bekannt für das stattfindende veranstaltete Beachvolleyballturnier. Am Deich seht ihr den Nachbau des Brunnens des heiligen ***Willibrord.*** Das Original musste dem neuen Seedeich weichen.

Vlissingen, Hafenstadt an der Westerschelde

VVV/ANWB, Spuistraat 46, NL-4381 BL Vlissingen. ✆ 0031118/715320, 422190, Fax 422191. www.vvvwnb.nl. vvvlis@vvvwnb.nl. **Bahn/Bus:** Ab Bhf Vlissingen Bus 56 und 57 bis Betje Wolffplein. **Auto:** A58, Sloeweg, bei Koudekerkseweg links. **Rad:** LF1 Noordzeeroute. **Zeiten:** Mo 13 – 17.30, Di – Fr 9.30 – 17.30 (Do bis 21), Sa 9.30 – 17 Uhr, Juli und Aug Mo 11 – 17.30, Di – Fr 10 – 17.30, Sa 10 – 17 Uhr. **Infos:** Informationen, ANWB, Routen, Führungen.

Vom Bahnhof am Fährhafen gibt es eine Fußgänger- und Fahrradfähre nach Breskens. Autos nehmen den Westerscheldetunnel.

▶ Die Hafenstadt liegt an der Mündung der *Westerschelde.* Eine ungewöhnliche Sehenswürdigkeit ist die Windorgel am Nolledijk. Sie besteht aus Bambusstielen mit Löchern. Wenn der Wind hineinbläst, gibt er euch ein Gratiskonzert.

Goes, die gemütliche Wirtschaftsstadt

VVV, Singelstraat 13, NL-4461 HZ Goes. ✆ 0031113/235990, Fax 251350. www.vvvzeeland.nl. info@vvvgoes.nl. **Bahn/Bus:** Ab Bhf 5 Gehmin. **Auto:** A58, Ausfahrt 35, N289 Richtung Goes, 400 m vom Bhf. **Zeiten:** Mo 12.30 – 17, Di – Fr 9.30 – 17, Sa 10 – 16 Uhr. **Infos:** ANWB, Rad-/Wanderrouten, Stadtführung.

▶ Goes ist das wirtschaftliche Zentrum von Zuid-Beveland. In der Innenstadt stehen hübsche Häuser aus dem 17. und 18. Jahrhundert. Es gibt einen Jachthafen, ganz in der Nähe liegt das beliebte Wassersportgebiet **Veerse Meer.**

See heißt im Niederländischen ***meer,*** *das Meer wird* ***zee*** *genannt – also genau anders rum.*

Cadzand, das hübsche Ringdorf

VVV, Boulevard de Wielingen 44d, NL-4506 HC Cadzand. ✆ 0031117/391298, Fax 392560. www.vvvzeeland.nl. cadzand@vvvzvl.nl. **Bahn/Bus:** Ab Breskens-Fährhafen Bus 3 bis Potjes Zuidzande, dort Bus 4 bis Kievitenlaan. **Auto:** Ab Breskens N675, N674 Richtung Cadzand-Bad, Straßenverlauf folgen. **Zeiten:** April – Juni, Sep – Okt Mo – Sa 10 – 17 Uhr, Juli – Aug Mo – Sa 9 – 17 Uhr, So 10 – 14 Uhr, Nov – März 10 – 12.30 Uhr, Mi geschlossen. **Infos:** Broschüren, Karten, Souvenirs.

▶ Der Doppelort besteht aus **Cadzand-Bad** und **Cadzand-Dorf,** die 2 km auseinander liegen. Cadzand-Bad hat einen 5 km langen Sandstrand.

Der Platz *Duinplein* ist Startpunkt vieler Fahrradrouten. Karten bekommt ihr beim dort ansässigen Fahrradverleih Neptunus

Glasklar: Zeelands saubere Strände begeistern

© Niederl. Büro f.Tourismus&Convention

Breskens, Dorf an der Westerschelde

VVV, Kaai 1, NL-4511 RP Breskens. ✆ 0031117/381888, Fax 386145. www.vvvzeeland.nl. breskens@ vvvzvl.nl. **Bahn/Bus:** Ab Fährhafen Bus 15 bis Scheldekade. **Auto:** A58 Ausfahrt 36, N62, N61, Beschilde-

Mit der **Dagkaart Zeeland** fahren 2 Erw und 3 Kinder bis 11 Jahre für 13,60 € per Bus einen ganzen Tag kreuz und quer durch die Provinz.

rung Breskens. **Zeiten:** April – Juni, Sep – Okt Di – Sa 10 – 12.30 Uhr und 13.30 – 16.30 Uhr, Juli – Aug Mo – Sa 10 – 17 Uhr, Nov – März Di – Sa 10 – 12.15 Uhr. **Infos:** Fahrrad-, Wanderkarten, Broschüren.

▶ Breskens hat die meisten Sonnenstunden des Landes. Zum Bahnhof im 5 km entfernten Vlissingen fährt 2-mal stündlich eine Fähre für Radfahrer und Fußgänger. Autofahrer nehmen den kostenpflichtigen *Westerscheldetunnel.* Neben dem großen Jachthafen gibt es einen Fischereihafen mit Fischereimuseum.

Sluis, die quirlige Einkaufsstadt

VVV, Sint Annastraat 15, NL-4524 JB Sluis. ✆ 0031-117/461700, Fax 462684. www.vvvzeeland.nl. sluis@vvvzvl.nl. **Bahn/Bus:** Ab Bhf in Brügge (Belgien) Bus 2A, 2B. **Auto:** A58, Ausfahrt 36, N62 Richtung Terneuzen, Westerscheldetunnel (Maut), N61 Richtung Oostburg und Sluis. **Rad:** LF1 Noordzeeroute. **Zeiten:** Okt – März Mo – Sa 10 – 12.30 und 13 – 17 Uhr, April – Sep Mo – Sa 9 – 12.30 und 13 – 17 Uhr, Mai – Sep So 14 – 17 Uhr. **Infos:** Informationen, Broschüren, Routen.

Im Jahr 2008 wurde Sluis mit dem Titel Grünste Stadt der Niederlande ausgezeichnet.

▶ Das historische Festungsstädtchen gilt als Einkaufsstadt, die Geschäfte sind 7 Tage in der Woche geöffnet. Sehenswert ist das Rathaus aus dem Jahr 1390.

Terneuzen, der drittgrößte Hafen des Landes

VVV, Markt 11 – 13, NL-4531 EP Terneuzen. ✆ 0031-115/617960, Fax 648770. www.vvvzeeland.nl. terneuzen@vvvzvl.nl. **Bahn/Bus:** Ab Bhf Middelburg Bus 50 bis Busstation Westerscheldetunnel, dort Bus 20 Richtung Gent bis Stadhuis Terneuzen. **Auto:** A58, Ausfahrt 36, N62, Westerscheldetunnel (Maut ab 4,90 €), Richtung Terneuzen. **Rad:** Nahe LF1 Noordzeeroute. **Zeiten:** Mai – Sep Mo – Do 9.30 – 17.30, Fr 9.30 – 21, Sa 9.30 – 17, übrige Zeit Mo 12 – 17.30, Di – Fr 9.30 – 17.30, Sa 9.30 – 17 Uhr.

▶ Die Stadt am Kanal *Gent-Terneuzen* hat historische Gebäude und moderne Einkaufsstraßen. Erinnert euch das Rathaus auch an eine Schiffsbrücke? Das soll die Verbundenheit mit dem Wasser ausdrücken.

@ www.schulferien.org/Ferien_Holland/schulferien_holland.html.

Südholland

Noordwijk, der lebendige Badeort

Visitor Center Noordwijk, Fremdenverkehrsbüro, De Grent 8, NL-2202 EK Noordwijk. ✆ 003171/3619321, Fax 3615388. www.noordwijk.info. info@noordwijk.info. **Bahn/Bus:** Ab Bhf Leiden Centraal Bus 40 oder 44 bis Pickeplein. **Auto:** A44, Ausfahrt 6 Richtung Noordwijk N444, Parkplätze in Strandnähe. **Rad:** LF1 Noordzeeroute. **Zeiten:** Mo – Fr 9.30 – 17, Sa 10 – 14 Uhr, April – Aug So 10 – 14 Uhr.

▶ Der beliebte Küstenort **Noordwijk aan Zee** und das beschauliche **Noordwijk-Binnen** gehören zusammen. Kennt ihr einen **Montessori-Kindergarten** oder eine Montessori-Schule? Die italienische Kinderpädagogin *Maria Montessori* liegt auf dem katholischen Friedhof in Noordwijk aan Zee begraben.

Der Leitgedanke der ***Montessoripädagogik*** *lautet Hilf mir, es selbst zu tun. Auf diese Weise wird die Entwicklung jedes Kindes individuell gefördert.*

Das Naturgebiet Coepelduynen ist eine Dünenlandschaft mit Fahrrad- und Wanderwegen.

Katwijk aan Zee, gemütlicher Badeort

VVV, c/o Katwijks Museum, Voorstraat 41, NL-2225 EL Katwijk. ✆ 003171/4075444, Fax 4077365. www.vvvkatwijk.nl. info@vvvkatwijk.nl. **Bahn/Bus:** Ab Bhf Leiden Centraal Bus 36 bis Noordeinde. **Auto:** A44, Ausfahrt 7, Beschilderung Katwijk, Rijnstraat rechts, folgen bis Badstraat 2 x links. **Rad:** LF1 Noordzeeroute. **Zeiten:** Mo 13.30 – 17.30, Di – Fr 10 – 17.30, Sa 9.30 – 17 Uhr.

▶ Der Badeort bildet gemeinsam mit dem etwas landeinwärts liegenden **Katwijk** und den Dörfern **Rijnsburg** und **Valkenburg** die Gemeinde Katwijk. Zu den Sehenswürdigkeiten gehören die Andreaskirche am Boulevard und der Leuchtturm, der im Volksmund *Vuurbaak* (deutsch: Feuerbake) genannt wird.

Der weiße Leuchtturm von Katwijk

Fahrradverleih: Fietsverhuur Leiden, De Rijwielshop, Stationsplein 1, Leiden. ✆ 003171/ 5120068. Mo – Sa 6 – 1.30, So 8 – 1.30 Uhr. An der Rückseite vom Bhf, Fahrrad ab 6,50 €, auch E-Bikes 27 € zzgl. Kaution.

Leiden hat einen 6,5 km langen Grachtengürtel.

Leiden, historisches Universitätsstädtchen

Visitor Centre Leiden, Fremdenverkehrsbüro, Stationsweg 41, NL-2312 AT Leiden. ✆ 003171/5166000, Fax 5166009. www.vvleiden.nl. info@vcleiden.nl. **Bahn/ Bus:** Direkt am Bhf Leiden Centraal. **Auto:** Großer P+R-Parkplatz am Haagweg, kostenlose Pendelbusse, Parken 4 – 7 €. **Zeiten:** Mo – Fr 8 – 18, Sa 10 – 16, So 11 – 15 Uhr. **Infos:** Infos, Geschenkgutscheine.

▶ Die älteste Universitätsstadt des Landes ist der Geburtsort des berühmten Malers *Rembrandt van Rijn.* Eine Besonderheit sind die im Stadtgebiet verteilten *Hofjes*. Dabei handelt es sich um Gruppen kleiner Häuser, die in früheren Jahrhunderten um einen Hof oder einen Garten angelegt wurden. Sie wurden von reichen Bürgern als Alters-, Witwen- oder Armenunterkünfte gestiftet. Sie stehen unter Denkmalschutz und sind beliebte und teure Wohnungen.

Alphen aan den Rijn – am alten Rhein

Gilde Toeristisch Informatie Punt, VVV-Agentur Het Brugwachtertje, Pieter Doelmanstraat 19, NL-2405 CE Alphen aan den Rijn. ✆ 0031172/424421, Fax 465564. www.gildealphenpromotie.nl. info@gildealphenpromotie.nl. **Lage:** Im Brückenwächterhäuschen der Alphense Brug. **Bahn/Bus:** Ab Bhf Alphen aan den Rijn Bus 75, 77 oder 169 bis Castellumstraat. **Auto:** A4, N207 Beschilderung Alphen aan den Rijn. **Zeiten:** Mai – Sep Mo – Sa 10 – 16, Fr 10 – 21, Juni – Aug 12 – 16, übrige Zeit Mo – Fr 13 – 16, Sa 10 – 16 Uhr.

▶ Die Stadt liegt am *Oude Rijn* (Rhein) und hat 5 Brücken über den Fluss! Sehenswert sind die *Remonstrantse Kerk,* die früher eine **Synagoge** war, und das Rathaus mit der Glasfassade.

*Eine **Synagoge** ist ein jüdisches Gebetshaus.*

Den Haag, königliche Stadt am Meer

VVV, Spui 68, NL-2511 BT Den Haag. ✆ 003170/ 3618860, www.denhaag.nl. vvv@denhaag.com. **Bahn/ Bus:** Ab Hbf Den Haag CS Tram R3 oder 6 bis Spui oder Bus 22 bis Centrum. **Auto:** A12, Ausfahrt 2, Schilder

Die Straßenbahn heißt in Holland Tram.

Parkeerplaats Centrum Route Zuid folgen. **Rad:** LF1 Noordzeeroute, LF4 Midden-Nederlandroute, LF11 Prinsenroute. **Zeiten:** Mo 12 – 18, Di – Fr 9.30 – 18, Sa 9.30 – 17, So 11 – 17 Uhr.

▶ Den Haag heißt offiziell *'s-Gravenhage.* Hier hat die Regierung ihren Sitz, auch die Königin wohnt und arbeitet in der Stadt. Die Vororte **Scheveningen** und **Kijkduin** sind hübsche Seebäder mit Straßenbahnverbindung. Dort gibt es eine lange Promenade, viele Geschäfte, Restaurants und einen kleinen Hafen. Hauptattraktion ist eine 381 m lange Seebrücke, der Scheveninger Pier.

Den Haag hat 11 km Küste, 250 km Fahrradwege und 1/3 der Stadtoberfläche ist begrünt.

Delft, die besonders blaue Stadt

Toeristen Informatie Punt TIP, Hippolytusbuurt 4, NL-2611 HN Delft. ✆ & Fax 003115/2154051. www.delfttoerisme.nl. info@tipdelft.nl. **Bahn/Bus:** Ab Bhf Delft vom Stationsplein über Westvest, Binnenwatersloot, Oude Delft. **Auto:** A13, Ausfahrt Delft-Noord. Parken Phoenixstraat. **Rad:** LF11 Prinsenroute. **Zeiten:** April – Sep So, Mo 10 – 16, Di – Fr 9 – 18, Sa 10 – 17 Uhr, sonst Mo 11 – 16, Di – Sa 10 – 16, So 10 – 15 Uhr.

▶ Im historischen Zentrum steht das sehenswerte Rathaus und die Stadtwaage. Seit *Wilhelm von Oranien* 1584 in Delft ermordet wurde, ist die *Nieuwe Kerk* die Grabeskirche für Mitglieder des Königshauses. Weltweit bekannt ist das Porzellan Delfter Blau.

Rotterdam, die Welthafenstadt

VVV, Coolsingel 195 – 197, NL-3012 AG Rotterdam. ✆ 003110/2710120, Fax 2710128. www.rotterdam.info. info@rotterdam.info. **Bahn/Bus:** Neben dem Hbf Centraal Station. **Auto:** A20, Ausfahrt 14 Richtung Centrum, bei Hofplein 2. Ausfahrt Coolsingel, Parkhaus Stad Rotterdam. **Rad:** LF2 Stedenroute, LF11 Prinsenroute, LF 12 Maas- en Vestingsroute. **Zeiten:** Mo – Fr 10 – 19, Sa 9.30 – 18, So 10 – 17 Uhr. **Infos:** Verkauf von Prepaid-Parktickets, Fahrkarten für Busrundfahrt

Im Sommer wird in Rotterdam süd- und lateinamerikanischer Karneval mit Straßenparade, Wahl der Königin und Liveauftritten gefeiert.

Splash Tours, Rotterdam Welcome-Card und Chipkarten für ÖV.

▶ Die Stadt wurde im Zweiten Weltkrieg weitgehend zerstört und modern wieder aufgebaut. Das malerische Viertel *Delfshaven,* der große Seehafen, die Erasmusbrücke und der Aussichtsturm *Euromast* sind die Sehenswürdigkeiten, die ihr nicht verpassen solltet.

Hoek van Holland, das Tor zum Welthafen

VVV, Prins Hendrikstraat 281, NL-3151 AK Hoek van Holland. ✆ 0031174/519570, Fax 519575, www.get-hoekt.nl. vvv@hoekvanholland.nl. **Bahn/Bus:** Ab Bhf Strand, über Strandweg, Langeweg. **Auto:** A20, Ausfahrt 6 Maasdijk Richtung Hoek van Holland. **Rad:** LF1 Noordzeeroute. **Zeiten:** Mo – Sa 9.30 – 17 Uhr.

▶ Der Badeort an der Mündung des *Nieuwe Waterweg,* eine 20 km lange Wasserstraße, die die Nordsee mit dem Hafen Rotterdam verbindet. Hier fahren Schiffe aus aller Welt vorbei. Das Zentrum strahlt den Charme eines kleinen Küstenstädtchens aus.

Vom Hafen von Hoek van Holland fährt eine Fähre der Reederei Stena Line nach Harwich in England.

Brielle, das Festungsstädtchen

VVV, Turfkade 18, NL-3231 AJ Brielle. ✆ 0031181/472662, Fax 412167. www.zuid-hollandse-eilanden.nl. brielle@vvvzhe.nl. **Bahn/Bus:** Ab Hbf Rotterdam CS mit Metro nach Spijkenisse Centrum, dort Bus 103 bis Brielle Centrum. **Auto:** A15, Ausfahrt 12, N57, N218, im Zentrum. **Rad:** LF1 Noordzeeroute. **Zeiten:** April – Okt Mo, Mi – Sa 10 – 16 Uhr.

▶ Die Festungsstadt liegt am Südufer der *Brielse Maas,* einem beliebten Wassersportgebiet. Zu den Sehenswürdigkeiten zählen die alten Stadtmauern und die *St. Catharinenkirche* mit ihrem 57 m hohen Turm.

@ www.kopvan-goeree.com/web-cam.html.

Ouddorp, ein Geheimtipp

VVV, Bosweg 2, NL-3253 XA Ouddorp aan Zee. ✆ 0031187/681789, Fax 683783. www.ouddorp.nl.

Hunger & Durst

Discotheek de Kreek, Boompjes 7, Ouddorp. ✆ 0031187/681401. www.kreek.nl. Ab 16 Uhr. Kinder Beach Party, Scheunenfest.

info@vvv-ouddorpaanzee.nl. **Bahn/Bus:** Ab Rotterdam Zuidplein Bus 139 oder ab Renesse Bus 104 bis Kerkhoek. **Auto:** A15, Ausfahrt 12, N57 folgen bis Ouddorp. **Rad:** LF1 Noordzeeroute. **Zeiten:** Mo – Fr 9 – 17, Sa 9 – 16 Uhr.

▶ Der Familienbadeort auf der Halbinsel *Goeree-Overflakkee* liegt nur 10 km nördlich von Renesse. Um den Ort liegen Blumenfelder, die im Sommer in voller Blüte stehen. Ouddorp hat einen 57 m hohen Leuchtturm in den Dünen und einen Jachthafen.

Erste Schritte: Lennard liebt den Strand von Anfang an

Dordrecht, Stadt am Nationalpark

VVV, Spuiboulevard 99, NL-3311 GN Dordrecht. ✆ 003178/6322440, Fax 6131783. www.vvvdordrecht.nl. info@vvvzhz.nl. **Bahn/Bus:** Vom Bhf Dordrecht CS 5 Min Fußweg. **Auto:** A15, Ausfahrt 23, N3 Schilder Centrum. **Rad:** LF11 Prinsenroute, LF12 Maas- en Vestingsroute. **Zeiten:** Mo 12 – 17.30, Di, Mi, Fr 9 – 17.30, Do 9 – 21, Sa 10 – 17 Uhr.

▶ Die viertgrößte Stadt der Provinz ist stolz auf ihre historische Innenstadt mit Sehenswürdigkeiten wie die elegante *Wijnstraat* mit Kaufmannshäusern oder die *Grote Kerk.* Am Stadtrand beginnt der *Hollands Biesbosch,* ein wasserreiches Naturgebiet.

Nach Rotterdam und zum Biesbosch verkehrt ein Linienboot, der Waterbus: www.waterbus.nl.

Leerdam: Käse und Glas

VVV, Dr. Reilinghplein 3, NL-4141 DA Leerdam. ✆ 0031345/613057, Fax 610194. www.vvvleerdam.nl. info@vvvleerdam.nl. **Bahn/Bus:** Schräg gegenüber Bhf Leerdam. **Auto:** A15, Ausfahrt 29, N848, Beschilderung Centrum. **Rad:** LF7 Oeverlandroute. **Zeiten:** Mo 13.30 – 17, Di – Fr 10 – 17, Sa 10 – 13 Uhr. **Infos:** Infos, Fahrradkarten.

▶ Die kleine Stadt am Fluss *Linge* wird zu Recht Glasstadt genannt. Das Glasmuseum, zahlreiche Glasgalerien und die Glasbläserei im Zentrum sind dann auch die wichtigen Sehenswürdigkeiten. Einige von euch kennen vielleicht auch den beliebten **Leerdammer Käse.**

*Der **Leerdammer Käse** stammt aus dem kleinen Städtchen Schoonrewoerd in der Nähe von Leerdam.*

Nordholland

@ Infos über die Blumenversteigerung findet ihr hier: www.floraholland.nl.

Blumenstadt Aalsmeer

VVV-Agentur, c/o Boekhuis Aalsmeer, Zijdstraat 12, NL-1431 EC Aalsmeer. ✆ 0031297/324454, www.aalsmeer.nl/toerisme_en_vrije_tijd. boekhuis@ct-choffscholte.nl. **Bahn/Bus:** Ab Bhf Schiphol Bus 198 bis TV Studio Aalsmeer. **Auto:** A4, Ausfahrt 3, N201 Richtung Aalsmeer, bei Dorpstraat rechts. **Zeiten:** Mo 12 – 18, Di – Fr 9.30 – 18, Sa 9.30 – 17 Uhr.

▶ Die Stadt mit 60 Denkmälern liegt am See *Westeinder Plassen,* einem beliebten Revier für Wassersportler. In Aalsmeer stehen TV-Studios, in denen erfolgreiche Programme aufgenommen werden. Noch bekannter ist die *Blumenversteigerung,* denn die Blumen und Pflanzen werden von dort in die ganze Welt geliefert. Die Besichtigung ist ab 7 Uhr morgens möglich. Je früher ihr dort seid, desto mehr ist zu sehen.

Am südlichen Ortsrand liegt das Naturschutzgebiet Zwanenwater. Hier brüten 70 verschiedene Vogelarten.

Callantsoog, Küstendorf mit Charme

VVV, Jewelweg 8, NL-1759 HA Callantsoog. ✆ 0031224/581541, Fax 581540. www.vvvcallantsoog.nl. info@vvv-knh.nl. **Bahn/Bus:** Ab Bhf Schagen Bus 152 bis Jewelweg. **Auto:** Ab N502 Richtung Nordosten, am Dorpsplein rechts auf Jewelweg. **Rad:** LF1 Noordzeeroute, LF10 Waddenzeeroute. **Zeiten:** Mo – Sa 9 – 12.30 und 13.30 – 17 Uhr. **Infos:** VVV-Infosäule, Angelscheinverkauf.

▶ Der beliebte Badeort liegt 10 km südlich von ↗ Den Helder und hat einen breiten Sandstrand. Die Düne *Seinpost* ist die höchste der Niederlande.

Marinestadt Den Helder

VVV, Bernhardplein 14, NL-1781 HH Den Helder. ✆ 0031223/625544, Fax 614888. www.vvvkopvannoordholland.nl. denhelder@vvv-knh.nl. **Bahn/Bus:** Ab Bhf Den Helder, Middenweg bis Kreisverkehr, 1. Straße rechts (Polderweg), bis Bernhardplein links. **Auto:** A7 Richtung Norden, Ausfahrt 13 Wieringerwerf, N240 nach Slootdorp, Rijksstraatweg/N99 links, N250 Centrum. **Rad:** LF1 Noordzeeroute. **Zeiten:** Mo 10.30 – 17.30, Di – Fr 9.30 – 17.30, Sa 9.30 – 17 Uhr.

▶ Die Marinestadt ist von Wasser, Stränden, Dünen, Wäldern und Weideland umgeben. Zu den Sehenswürdigkeiten gehören das *Puppenmuseum* und ein U-Boot im *Marinemuseum*. An der nördlichen Spitze legen die Autofähren zur Insel Texel ab.

Die Königliche Marine ist mitverantwortlich für die Küstenwache.

Alkmaar, eine weitere Käsestadt

VVV, Waagplein 2, NL-1811 JP Alkmaar. ✆ 003172/5114284, Fax 5117513. www.vvvalkmaar.nl. info@vvvalkmaar.nl. **Bahn/Bus:** Ab Alkmaar Bus 7, 10 oder 360 bis Kanaalkade, zu Fuß nach Westen, über Pieterstraat und Houttil. **Auto:** A9 Ausfahrt 12 Ring Alkmaar (West), P-Route folgen P+R. **Rad:** LF15 Boerenlandroute. **Zeiten:** April – Sep Mo – Do, Sa, So 10 – 17, Fr 9 – 17 Uhr, übrige Zeit Mo 13 – 17, Di – Sa 10 – 17 Uhr.

▶ Das gemütliche Städtchen liegt 50 km nördlich von Amsterdam, zwischen der Nordsee und dem IJsselmeer. Weltberühmt ist Alkmaar für den Käsemarkt und seine malerische Altstadt mit historischen Häusern und kleinen Grachten. Insgesamt gibt es 400 historische Gebäude. Dazu gehört die Stadtwaage aus dem 14. Jahrhundert. In ihrem Erdgeschoss findet ihr das Fremdenverkehrsbüro VVV, in den oberen Etagen ist das *Käsemuseum* untergebracht.

Achtung! Ein großer Teil von Alkmaars Zentrum ist für Fahrzeuge gesperrt.

Pinokkio, Laat 62, Alkmaar. ✆ 0031-72/5202605. www.pinokkiowinkel.nl. Di – Sa 10 – 17 Uhr. Gute, gebrauchte Kinderkleidung.

Badeort Bergen aan Zee und Künstlerdorf Bergen

VVV, Plein 1, NL-1861 JX Bergen. ✆ 003172/5813100, Fax 5816140. www.vvvbergenaanzee.nl. info@vvvbergen.com. **Bahn/Bus:** Ab Bhf Alkmaar Bus 6 bis Plein. **Auto:** A9, Ausfahrt 12 Ring Alkmaar (West), N9, Beschilderung Bergen N510 und Centrum. **Rad:** LF1 Noordzeeroute. **Zeiten:** Jan – März Mo 13 – 17, Di – Fr 10 – 17, Sa 9.30 – 1 Uhr, April – Juni Mo – Fr 10 – 17, Sa 9.30 – 16 Uhr, Juli – Sep Mo – Fr 10 – 17.30, Sa 9.30 – 16 Uhr. **Infos:** VVV- Infosäule.

Strandkörbe gibt es kaum an niederländischen Stränden. Doch in Bergen aan Zee könnt ihr sie mieten.

▶ **Bergen aan Zee** liegt zwischen Strand, Dünen und Wäldern. Es ist beliebt bei Sonnenanbetern und Surfern. 5 km landeinwärts liegt das Künstlerdorf **Bergen-Binnen** mit vielen Kunstgalerien. Hier finden regelmäßig finden Kunstmärkte statt.

Schoorls hohe Dünen

VVV-Agentur, Bezoekerscentrum De Schoorlse Duinen, Oorsprongweg 1, NL-1871 EA Schoorl. ✆ 003172/5813100, Fax 5095491. www.vvvschoorl.nl. info@vvv-schoorl.nl. **Bahn/Bus:** Ab Bhf Alkmaar Bus 151 bis Idenslaan. **Auto:** A7, Ausfahrt 10, N241 Richtung Alkmaar, N242 Richtung Schoorl, am westlichen Ortsrand. **Rad:** LF1 Noordzeeroute, LF7 Oeverlandroute, LF15 Boerenlandroute. **Zeiten:** März – Nov Di – So 10 – 17, übrige Zeit 11 – 16 Uhr.

Kletterdüne heißt auf niederländisch klimduin (wird in etwa wie klimdüün ausgesprochen).

▶ Schoorl liegt an den breitesten Dünen Hollands. Die Attraktion des Ortes ist seine 54 m hohe **Kletterdüne.** Steigt hinauf und lasst euch an der steilen Seite herunterpurzeln. Und dann das Ganze noch mal von vorn!

Castricum aan Zee am Dünenreservats

In den nordholländischen Dünen wird Trinkwasser gewonnen.

VVV/ANWB, Stationsweg 8, NL-1901 AA Castricum. ✆ 0031251/652009, Fax 672363. www.vvvcastricum.nl. info@vvvcastricum.nl. **Bahn/Bus:** Am Bhf Castricum. **Auto:** A9, Ausfahrt 9 Heemskerk Richtung Castricum, in Bahnhofsnähe. **Zeiten:** Mo 13 – 17, Di – Sa 9.30 – 17 Uhr.

© Niederl. Büro f.Tourismus&Convention

▶ Der Küstenort liegt am Rand eines waldreichen Dünenreservats. Sehenswert ist die Kirche aus dem 15. Jahrhundert im Ortskern. Am Nordseestrand und in den angrenzenden Dünen finden Ruhesuchende immer ein Plätzchen.

Egmond aan Zee, größter Badeort oberhalb des Nordseekanals

VVV, Voorstraat 82a, NL-1931 AN Egmond aan Zee. ✆ 003172/5070189, Fax 5065054. www.vvvegmond.nl. info@vvvegmond.nl. **Bahn/Bus:** Ab Bhf Alkmaar Bus 165 bis Prins Hendrikstichting. **Auto:** A9, Ausfahrt 10, N203 bis Heiloo, N512 Richtung Egmond aan Zee. **Rad:** LF1 Noordzeeroute. **Zeiten:** Jan – März und Nov – Dez Mo – Fr 10 – 14, Sa 10 – 16 Uhr, April – Nov Mo – Sa 9.30 – 17 Uhr.

▶ Egmond grenzt an das nordholländische Dünenreservat. Am Boulevard steht der Leuchtturm *Jan van Speyk,* der überall im Dorf gut sichtbar ist. Das Besucherzentrum des Windparks in der Nordsee ist im Büro des VVV untergebracht und informiert über Windenergie und Windpark. Haltet am Strand Ausschau, die 36 Windmühlen liegen 10 bis 18 km vor der Küste.

Ebenso wie in Bergen aan Zee werden hier die in den Niederlanden sonst unüblichen Strandkörbe vermietet.

Beverwijk, Kleinstadt mit bekanntem Einkaufszentrum

VVV, Julianaplein 13-15, NL-1949 CC Wijk aan Zee. ✆ 0031251/374253, Fax 375464. www.visitwijkaanzee.nl. info@vvvijmondnoord.nl. **Bahn/Bus:** Ab Bhf Beverwijk Bus 78 bis Julianaplein. **Auto:** N197, links auf Zeestraat, später Verlengde Voorstraat, bei Zeecroft links. **Zeiten:** Mo, Di, Do, Fr 9 – 17, Mi 9 – 13 Uhr.

▶ In Beverwijk leben ca. 37.000 Einwohner, zur Gemeinde gehört auch der Küstenbadeort **Wijk aan Zee,** der den breitesten Strand der niederländischen Nordseeküste hat und sehr beliebt bei Surfern ist.

Wijk aan Zee ist einer der besten Surfspots der Niederlande. Gleich neben dem Noordpier gibt es die besten Wellen!

Quirlige Hafenstadt IJmuiden

VVV-Agentur, Centrale Bibliotheek, Dudokplein 16, NL-1971 EP IJmuiden. ✆ 003120/2018800, www.toerismevelsen.nl. toerisme@velsen.nl. **Bahn/Bus:** Ab Bhf Haarlem Bus 75 oder 575 bis Plein 1945. **Auto:** A22, Ausfahrt und Richtung IJmuiden, im Bibliotheksgebäude. **Zeiten:** Mo, Mi und Fr 12 – 20, Di und Do 10 – 17, Sa 11 – 15 Uhr.

Von April bis Oktober sind am Strand Trampolins aufgebaut: www.trampolinestrand.nl.

▶ Der Badeort bildet mit dem auf der anderen Kanalseite liegenden **Velsen** eine Gemeinde. IJmuiden hat einen breiten Strand und einen schönen Leuchtturm. Der Fischereihafen dient auch als Versorgungsbasis für die Ölplattformen in der Nordsee. Ins englische *Newcastle* besteht eine Fährverbindung der Reederei *DFDS*, ↗ Bootsausflüge.

Haarlem, historische Kleinstadt mit viel Atmosphäre

VVV, Verwulft 11, NL-2011 RA Haarlem. ✆ 003123/5712262, Fax 5340537. www.haarlemmarketing.nl. info@vvvhaarlem.nl. **Bahn/Bus:** Ab Bhf Haarlem Bus 300 bis Centrum/Verwulft. **Auto:** N205 Richtung Haarlem Zuid/Zandvoort, Beschilderung Haarlem Centrum und P-route folgen. **Zeiten:** Mo – Fr 9.30 – 17.30, Sa 10 – 17 Uhr, verkaufsoffener So 12 – 16 Uhr.

▶ Die Provinzhauptstadt liegt in der Region *Kennemerland* zwischen Amsterdam und Zandvoort. Es gibt eine Zugverbindung zu beiden Orten, deshalb ist Haarlem ein guter Standort, um Strand- und Stadtaktivitäten zu kombinieren. Sehenswürdigkeiten sind die Große Kirche am *Grote Markt* und die *Vleeshal* (Fleischhalle), eine Markthalle aus der **Renaissance.**

Renaissance bedeutet Wiedergeburt. Dieses Zeitalter im 15. und 16. Jahrhundert gilt als Übergang vom dunklen Mittelalter mit seinen oft strengen Autoritäten zur modernen Neuzeit.

Zandvoort, Amsterdams Badewanne

VVV, Bakkerstraat 2b, NL-2041 HK Zandvoort. ✆ 0031-23/5717947, Fax 5718601. www.vvvzandvoort.nl. info@vvvzandvoort.nl. **Bahn/Bus:** Ab Bhf Zandvoort über Badhuisplein ca. 1 km nach Süden. **Auto:** A9, Ausfahrt Haarlem-Zuid/Zandvoort, N205, N201. Kostenloses Parken Prinsesseweg (außer Mi, wegen Wochenmarkt). **Rad:** LF1 Noordzeeroute. **Zeiten:** Mo 9 – 17, Sa 10 – 17, So 11 – 16 Uhr.

Kaiserin Elisabeth von Österreich, bei uns bekannt als Sissi, kam 1884 hierher, um ihre Gelenkschmerzen behandeln zu lassen. Ihr Denkmal steht seit 2004 auf dem Boulevard de Favouge.

▶ Der Küstenbadeort mit breitem Sandstrand ist beliebt bei Touristen und Tagesausflüglern, die bei schönem Wetter zum überwiegenden Teil aus Amsterdam anreisen. Auf dem Strand fahren von Traktoren gezogene Imbisswagen und versorgen euch mit

Erfrischungen und Pommes Frites. International bekannt wurde Zandvoort als Austragungsort von Formel-1-Autorennen auf dem *Circuit Park Zandvoort,* der mitten in den Dünen liegt.

Amsterdam

Amsterdam, das Venedig des Nordens

Amsterdam Tourist & Convention Board, Fremdenverkehrsbüro, Stationsplein 10, NL-1012 AB Amsterdam. ✆ 003120/2018800, Fax 6252869. www.iamsterdam.com. info@atcb.nl. **Bahn/Bus:** Im und vor dem Hbf Amsterdam Centraal. **Auto:** A2, Beschilderung P-Transferium bis Transferium ArenA, von dort oberirdische Metro 50 oder 54 bis Hbf. **Rad:** LF2 Stedenroute, LF7 Oeverlandroute, LF20 Flevoroute. **Zeiten:** s.u. **Infos:** Auch zuständig für Amstelveen und Zaandam.

▶ Amsterdam mit seinen Grachten, die seit 2010 zum UNESCO Weltkulturerbe gehören, und seinen zahlreichen Sehenswürdigkeiten ist beliebt bei Tou-

Mit der **Amsterdam Card** habt ihr freien Eintritt in 30 Museen und kommt in den Genuss von vielen Ermäßigungen. Für 24, 48, 72 Std kostet sie 40 €, 50 €, 60 € pro Pers.

Ein Schloss mitten in Amsterdam? Nee, das ist der Hauptbahnhof Amsterdam Cantraal Station

risten aus dem In- und Ausland. Es gibt Museen für fast jedes Interessengebiet, historische Gebäude und viele schöne Kinderaktivitäten. Die wichtigsten Büros der Touristeninformation findet ihr im Hauptbahnhof **Centraal Station Amsterdam,** Gleis 2b (Di – Sa 8.45 – 17 Uhr), gegenüber dem Hauptbahnhof auf dem **Stationsplein 10** (Mo – Sa 9 – 18, So 9 – 17 Uhr) und am Flughafen **Schiphol Airport** in der Ankunftshalle 2 (Mo – So 7 – 22 Uhr).

Rijksmuseum auf dem Flughafen Schiphol, Evert v/d Beekstraat 202, Schiphol. ✆ 003120/ 7940800. www.schiphol.nl. Täglich 7 – 20 Uhr (kostenlos). Gemäldeausstellung hinter der Passkontrolle.

Die Inseln

Texel, Insel der Schafe

VVV Texel, Emmalaan 66, NL-1791 AV Den Burg Texel. ✆ 0031222/314741, Fax 310054. www.texel.net. info@texel.net. **Bahn/Bus:** Ab Fährhafen Bus 28 bis Emmalaan. **Auto:** N501 Pontweg, am Kreisverkehr 1. Ausfahrt Emmalaan. **Zeiten:** Mo – Fr 9 – 17.30, Sa 9 – 17 Uhr.

Auf der Insel gibt es 235 km Radwege.

▶ Auf der größten niederländischen Insel leben 15.000 Menschen in den Orten **Den Burg, De Cocksdorp, De Koog, Den Hoorn, Oosterend, Oudeschild** und **De Waal.** Die Landschaft mit breiten Sandstränden, Poldern, Dünen, Grasflächen, Heide und Wäldern ist abwechslungsreich. Texel ist bekannt für seine Schafe. Beliebte Souvenirs sind Schafskäse und Produkte aus Schafwolle. Die Autofähre der Reederei *Teso* legt einmal pro Stunde im nordholländischen ↗ *Den Helder* ab, die Überfahrt dauert 20 Minuten.

Wereldwinkel, Weverstraat 76, Texel, Den Burg. ✆ 0031222/321180. www.texel.wereldwinkels.nl. Mo – Fr 9.30 – 17.30, Sa 9.30 – 17 Uhr. Fair gehandelte Produkte aus vielen Ländern der Welt.

Terschelling, die Perle der Watteninseln

VVV Terschelling, Willem Barentszkade 19a, NL-8881 BC West Terschelling. ✆ 0031562/443000, Fax 442875. www.vvvterschelling.nl. info@vvvterschelling.nl. **Bahn/Bus:** 50 m vom Fähranleger. **Auto:** Ab Fährhafen 1. rechts, 2 x 1. links. **Rad:** Radverleih am Fähranleger. **Zeiten:** Winter bis Ende April Mo – Fr 9.30 – 17, Sa 10 – 15 Uhr, Sommer Mo – Fr 9.30 –

17.30, Sa 10 – 15 Uhr. **Infos:** Parkgebühr am Fährhafen in Harlingen bei Park & Walk 130 € pro Pkw und Monat.

▶ Die Insel gehört zu *Friesland* und liegt an der Nordsee und im Watt. Der Hauptort heißt **West-Terschelling.** Der Strand ist 30 km lang. Terschelling ist einer der wenigen Orte in Europa, an dem wilde *Cranberries* wachsen. Das sind rote, sehr gesunde Beeren. Doch seid gewarnt, sie schmecken roh etwas säuerlich. Die Fährüberfahrt fürs Auto ist ziemlich teuer und muss vorab reserviert werden. Ihr werdet sowieso feststellen, dass ihr die Insel auf ihren 70 km Fahrradwegen wunderbar erkunden könnt.

Vlieland, Insel ohne Autoverkehr

VVV Vlieland, Havenweg 10, NL-8899 BB Vlieland. ✆ 0031562/451111, Fax 451361. www.vlieland.net. info@vlieland.net. **Bahn/Bus:** Direkt am Fährhafen. **Auto:** Kein Autoverkehr, Parkplatz am Fährhafen Harlingen. **Rad:** Ab Fährhafen Havenweg folgen. **Zeiten:** Mo – Fr 9 – 12.30 und 13.30 – 17 Uhr, Sa und So bei Ankunft und Abfahrt der Fähre.

Anreise ab Harlingen mit den Reedereien Doeksen, www.rederij-doeksen.nl, oder EVT, www.evt.nl.

▶ Die autofreie Insel zählt etwa 1150 Einwohner, die meisten leben im einzigen Dorf **Oost-Vlieland.** Ihr kommt mit der Fähre der Reederei *Doeksen* ab ↗ *Harlingen* (www.rederij-doeksen.nl) auf die Insel. Wichtigste Einkommensquelle der Insulaner ist der Tourismus. Es gibt 20 km Strand und 26 km Fahrradwege, einige Hotels, Ferienhäuser, zwei Campingplätze und einen Jachthafen.

Die höchste Düne Vlielands ist die 30 m hohe Vuurboetsduin. Dort oben steht der Leuchtturm der Insel.

Der Favorit für Gruppen: Ameland

VVV Ameland, Bureweg 2, NL-9163 KE Nes Ameland. ✆ 0031519/546546, Fax 546547. www.vvameland.nl. info@vvameland.nl. **Bahn/Bus:** Ab Fährmole Bus 132 bis Molenplaat. **Auto:** Ab Fährhafen Reeweg nach Norden bis Kreisel, 1. Ausfahrt. **Zeiten:** Mo – Fr 9 – 17, Sa 10 – 15 Uhr. **Infos:** VVV Hollum, O.P. Lapstraat 6, 9161 BV Hollum, Mo, Di, Do, Fr 9 – 12 Uhr.

Anreise ab Holwerd mit Reederei Wagenborg, www.wpd.nl.

▶ Auf Ameland leben 3500 Einwohner in den Orten **Nes** mit dem Fähranleger, dem Bauerndorf **Buren,** im ruhigen **Ballum** und in **Hollum** mit seinem bekannten Leuchtturm. Neben zahlreichen Gruppenunterkünften gibt es Campingplätze, Hotels und viele Ferienwohnungen.

Schiermonnikoog: Kein Auto nirgends

Urlaub ohne Auto? Das geht auch im Fiat-Land: *Italien – Autofreie Urlaubsorte.* Venedig, Cinque Terre, Capri und 30 andere genussreiche Ferienziele. 256 Seiten, pmv, ISBN 978-3-89859-152-2, 18,95 €.

VVV Schiermonnikoog, Reeweg 5, NL-9166 PW Schiermonnikoog. ✆ 0031519/531233, Fax 531325. www.vvvschiermonnikoog.nl. info@vvvschiermonnikoog.nl. **Bahn/Bus:** Ab Fährhafen Bus 140 bis Centrum/VVV. **Rad:** Ab Fähre bis Kreuzung, links abbiegen, bei Reeweg rechts, Verlauf folgen. **Zeiten:** Mai – Sep Mo – Fr 9 – 13 und 14 – 18, Sa 10 – 13 und 14 – 16 Uhr; Okt – April Mo – Fr 9 – 13 und 14 – 17.30, Sa 10 – 13 und 14 – 16 Uhr. **Infos:** Internetcafe.

▶ Die autofreie Insel ist 16 km lang und 4 km breit. Die *Insel der grauen Mönche,* wie Schiermonnikoog auf Deutsch heißt, gewann 2006 den Titel »Schönster Ort der Niederlande«. Schiermonnikoog ist der nördlichste Wohnort der Niederlande, was 900 Bewohner und eine Schar Ruhe suchender Touristen zu schätzen wissen. Mit einer Gesamtfläche von 72 qkm gehört der größte Teil der Insel zum *Nationalpark und Vogelschutzgebiet Schiermonnikoog.*

Anreise ab Lauwersoog mit Fährdienst Wagenborg, www.wpd.nl.

IJsselmeerküste

Edam, Käsestadt am IJsselmeer

VVV, Stadhuis, Damplein 1, NL-1135 BK Edam. ✆ 0031299/315125, Fax 315127. www.vvv-edam.nl. info@vvv-edam.nl. **Bahn/Bus:** Von Bhf Purmerend Bus 113 bis Edam, zu Fuß Egbert Snijderplein, Westervesting, Schepenmakersdijk, Doelland, Bult, Spuistraat, Spui. **Auto:** A7, Ausfahrt 6 Purmerend-Noord Richtung Volendam N244, links auf die N247, bei Matthijs Tinxgracht rechts, bei Keizersgracht links. **Zeiten:** Jan –

Mitte März Mo – Sa 10 – 15, Mitte März – Okt Mo – Sa 10 – 17, Juli und Aug auch So 11 – 15.30 Uhr.

▶ Zur Käsestadt gehört auch das nur 3 km südlich gelegene **Fischerdorf Volendam.** Edam hat eine malerische Innenstadt mit Häusern und kleinen Grachten aus dem 17. und 18. Jahrhundert. Sehenswert sind die Nikolaikirche und das frühere Rathaus aus dem Jahr 1727, welches heute das Fremdenverkehrsbüro beherbergt.

Aus dem Fischerdorf Volendam kommen bekannte Musiker wie die Gruppe BZN, Jan Smit und Nick & Simon. Deren Musik wird Palingsound (Aal-Sound) genannt.

Almere, die größte Stadt Flevolands

VVV, Stadhuispromenade 1, NL-1315 XP Almere. ✆ 003136/5485041, Fax 5482095. www.vvvalmere.nl. info@vvvalmere.nl. **Bahn/Bus:** Ab Bhf Almere Centrum von Busplein links auf Schoutplein, rechts auf Stationsstraat bis Stadhuisplein. **Auto:** A6, Ausfahrt 5 Almere Stad, links auf s103, Kreisverkehr 2. Ausfahrt, Kreisverkehr 2. Ausfahrt, bei Schrijverstraat rechts, 1. links. **Rad:** LF20 Flevoroute. **Zeiten:** Mo 13 – 17, Di – Sa 10 – 17 Uhr.

Nordöstlich liegt das Naturgebiet Oostvaardersplassen, eines der bedeutendsten europäischen Feuchtgebiete.

▶ Die Stadt liegt 2 – 5 m unter dem Meeresspiegel und wurde erst 1975 besiedelt. Sie hat heute

Kommt oder geht er? Lennard hat Spaß am Strand

185.000 Einwohner, die in **Almere-Stad, Almere-Haven** und **Almere-Buiten** leben. Die Stadtteile *Almere-Hout* und *Almere-Poort* befinden sich noch im Bau.

Vielseitiges Enkhuizen

Im Sommer bestehen von Enkhuizen regelmäßige Schiffsverbindungen nach Stavoren und Urk.

VVV, Tussen Twee Havens 1, NL-1601 EM Enkhuizen. © 0031228/313164, Fax 315531. www.vvvenkhuizen.nl. info@vvvenkhuizen.nl. **Bahn/Bus:** Am Bhf Enkhuizen. **Auto:** A7, Ausfahrt 9 Hoorn-Noord N302 Richtung Enkhuizen, bei Randweg/N302 rechts, bei Zijlweg/N302 links, bei Flevolaan links. **Rad:** LF15 Boerenlandroute, LF21/22/23 Zuiderzeeroute. **Zeiten:** Mo – Fr 9 – 17, Sa 10 – 16 Uhr.

▶ Enkhuizen ist ein beliebter Ausflugshafen am nördlichen Teil des IJsselmeeres. In der Innenstadt stehen viele Häuser aus dem 17. und 18. Jahrhundert. Das Wahrzeichen des Ortes ist der Rundturm *Dromedaris,* dahinter führt eine weiße Zugbrücke zum malerischen Hafen. An dessen Einfahrt, dem Zugang zum IJsselmeer, fahren Segel-, Ruder- und Motorboote hin und her, rein und raus.

Hoorn, Hafenstädtchen mit Tradition

VVV/ANWB, Veemarkt 44, NL-1621 JC Hoorn. © 0031-0229/218343, Fax 215023. www.vvvhoorn.nl. info@vvvhoorn.nl. **Bahn/Bus:** Ab Bhf Hoorn, Stationsplein rechts, kleine rechts-links-Kurve, Straßenverlauf folgen. **Auto:** A7, Ausfahrt 8 Hoorn, Beschilderung Centrum. **Rad:** LF15 Boerenlandroute, LF21/22/23 Zuiderzeeroute. **Zeiten:** Jan – April und Sep – Dez Mo 13 – 17, Di – Sa 10 – 17 Uhr, Mai – Aug Mo 13 – 18, Di – Fr 9.30 – 17.30, Sa 9.30 – 17, Do 19 – 21 Uhr.

Eine Kleinbahn verbindet Hoorn und Medemblik, von dort erreicht ihr mit dem Dampfer MS Friesland das Städtchen Enkhuizen.

▶ Das historische Hafenstädtchen am IJsselmeer ist stolz auf seine vielen Baudenkmäler wie das Rathaus, die Stadtwaage, ein Stadttor und Häuser aus dem 17. und 18. Jahrhundert. Hoorn ist Namensgeberin von Kap Hoorn, dem südlichsten Punkt Südamerikas, der 1616 von einer niederländischen Expedition entdeckt wurde.

Medemblik, älteste Stadt Westfrieslands

VVV, Kaasmarkt 1, NL-1671 BH Medemblik. ✆ 0031-227/542852, Fax 540967. www.vvvmedemblik.nl. info@vvvmedemblik.nl. **Bahn/Bus:** Ab Bhf Hoorn Bus 139 bis Busstation Medemblik, dann über Oude Haven und Nieuwstraat. **Auto:** A7, Ausfahrt 11 Medemblik, N239, Schilder P-centrum. **Zeiten:** April und Okt Mo – Sa 11 – 15, Mai, Juni und Sep Mo – Sa 11 – 16, Juli und Aug Mo – Sa 10 – 17 Uhr.

▶ Die Stadt hat einen bekannten, schön gelegenen Jachthafen. Sehenswert sind das *Schloss Radboud* und die **Stadtwaage,** in der heute das Heimatmuseum untergebracht ist. In der Bonifaziuskirche steht eine berühmte Orgel aus dem 17. Jahrhundert.

*Die **Stadtwaage** ist ein Gebäude, wo Waren gewogen wurden, z.B. Käselaiber, die auf den Käsemärkten verkauft wurden.*

Lelystad, die moderne Provinzhauptstadt

Tourist Info Lelystad, FlevoMeer Bibliotheek lees- en internetcafé bij Max, De Promesse 4, NL-8232 VX Lelystad. ✆ 0031320/276627, www.lelystad.nl. touristinfo@lelystad.nl. **Bahn/Bus:** Ab Bhf Lelystad über Stationsplein ca. 80 m. **Auto:** A6, Ausfahrt 10 Richtung Lelystad, Beschilderung Centrum, Stadswinkel. **Rad:** LF15 Boerenlandroute, LF20 Flevoroute. **Zeiten:** Mo – Sa 10 – 17.30 Uhr.

▶ Die Stadt wurde 1967 auf dem neu entstandenen Stück Land gegründet und nach *Dr. Cornelis Lely* (1854 – 1929), dem Initiator der Trockenlegung der *Zuiderzee,* benannt. Die Stadt hat heute 73.000 Einwohner und liegt knapp 5 m unter (!) dem Meeresspiegel. Doch keine Sorge, der 32 km lange **Abschlussdeich,** niederländisch *Afsluitdijk,* trennt die Nordsee vom IJsselmeer und sorgt für Sicherheit vor Überschwemmungen. Auf halber Strecke gibt es einen Parkplatz mit Aussichtspunkt.

Auf dem **Abschlussdeich** gibt es einen Fahrradweg. Die Radtour ist lang und anstrengend. Es weht immer ein starker Wind. Trotzdem ist sie ein ganz besonderes Erlebnis.

Urk, Religion und Tradition

Tourist Info Urk, Wijk 2 – 2, NL-8321 EP Urk. ✆ 0031-527/684040, Fax 686180. www.touristinfourk.nl. info@touristinfourk.nl. **Bahn/Bus:** Ab Bhf Lelystad Cen-

Urk ist ein stark vom calvinistischen Glauben geprägter Ort. Der Grundgedanke des Calvinismus ist, dass Gott alles bestimmt und leitet.

trum Bus Qliner 315 bis Domineesweg Nagele, dort Bus 149 bis Gemeentehuis Urk. **Auto:** N352, am Kreisverkehr links in Urkerweg, über Wijk 5 nach Wijk 2. **Rad:** LF15 Boerenlandroute, LF20 Flevoroute. **Zeiten:** April – Okt Mo – Fr 10 – 17, Sa 10 – 16, übrige Zeit Mo – Sa 10 – 16 Uhr.

▶ Die frühere Insel wurde urkundlich 966 das erste Mal erwähnt. Hier gibt es die größte Fischereiflotte des Landes. Schaut euch in dem sehenswerten Fischereihafen um und genießt die besondere Atmosphäre. Der IJsselmeerstrand von Urk ist im Sommer eine gute Adresse für einen Tag voll Wasservergnügen.

Appelscha am Drents-Friese Wold

Es gibt 20 Nationalparks im gesamten Land. Infos in englischer und niederländischer Sprache gibt es auf www.nationaalpark.nl.

Tourist Info Appelscha, Boerestreek 23, NL-8426 BN Appelscha. ✆ 0031516/431760, Fax 433705. www.appelscha.nl. touristinfo@appelscha.nl. **Bahn/Bus:** Ab Bhf Assen Bus 15 bis Smidslaantje. **Auto:** A28, Ausfahrt 31 Westerbork, N381 Richtung Drachten, bei Bosberg rechts, bei Boerestreek links. **Zeiten:** Mai – Herbstferien Mo – Sa 9 – 17, So 13 – 16, übrige Zeit Mo – Sa 10 – 16 Uhr.

▶ Appelscha liegt sehr ländlich am Rand des *Nationalparks Drents-Friese Wold.* Es gibt weder Autobahnen noch Zugverbindungen, dafür viele Rad- und Wanderwege, Campingplätze und wenige Hotels.

Terhorne, ein Ort wie aus einem Buch

VVV, Koailaan 2, NL-8493 LA Terhorne. ✆ 0031566/689910, www.vvvmidfryslan.nl. info@vvvmidfryslan.nl. **Bahn/Bus:** Von Bhf Sneek Bus 94 bis Blauwe Tent Reduzum, dort Bus 95 bis Gravinnewei Terhorne. **Auto:** A32 Ausfahrt 13 Akkrum, Beschilderung Terhorne. **Zeiten:** März – Mai Mo, Mi, Fr 13.30 – 16.30, Sa, So Mo – So 10 – 17, Juni – Aug Mo – So 10 – 17 Uhr.

Terhorne heißt auf Friesisch Terherne.

▶ Terhorne ist ein lebhaftes Wassersportdorf am östlichen Ufer des Sneekermeers. Es gibt Jachthäfen, Hotels, Ferienparks und Campingplätze. Der Ort trägt den Beinamen *Kameleon Dorp,* denn hier wurden die

Geschichten aus den Büchern des verstorbenen Kinderbuchautors *Hotze de Roos* in das eigene Dorf integriert.

Lemmer, Wassersport und Eislauf

STIP Lemsterland, Nieuwburen 12, NL-8531 EE Lemmer. ✆ 0031514/534550, www.touristinfolemmer.nl. lemmertourist@live.nl. **Bahn/Bus:** Ab Busstation Lemmer (an der A6) Bus 42 oder 44 bis Pampusstraat. **Auto:** A6, Ausfahrt 17, N359, links auf Straatweg, wird im Verlauf Nieuwburen. **Rad:** LF21/22/23 Zuiderzeeroute. **Zeiten:** April – Okt Mo – Fr 10 – 12.30 und 13 – 17, Sa 10 – 16 (10 – 17 Uhr im Juli und Aug).

▶ Der bedeutende Wassersportort liegt direkt am IJsselmeer. Die wichtigsten Bauten befinden sich am und um den Binnenhafen, allen voran die Kirche aus dem Jahr 1759.

Sneek, Hochburg der Wassersportler

VVV/ANWB, Marktstraat 18, NL-8601 CV Sneek. ✆ 0031515/414096, Fax 423703. www.vvvsneek.nl. info@vvvsneek.nl. **Bahn/Bus:** Ab Bhf Sneek über Stationsstraat, Kanaalstraat, Martiniplein, Oud Kerkhof, Grote Kerkstraat. **Auto:** A7, Ausfahrt 15 Sneek, Beschilderung Centrum. **Zeiten:** Mo – Fr 9.30 – 18, Sa 9.30 – 17 Uhr, April – Sep Do 9.30 – 21 Uhr.

▶ Das Städtchen am Sneekermeer ist vor allem beliebt bei Wassersportlern. Die berühmteste Sehenswürdigkeit ist das *Waterpoort,* das Wassertor von Sneek. Dabei handelt es sich um eine Brücke über einen Kanal, mit einem Turm an jeder Seite. Alljährlich findet die berühmte **Segelregatta** *Sneekweek* statt, an der 2010 Königin Beatrix mit ihrem Segelschiff *De Groene Draeck* teilgenommen hat.

Workum, gemütlich am Kanal

VVV, Merk 4, NL-8711 CL Workum. ✆ 0031515/541045, www.vvvworkum.nl. info@vvvworkum.nl. **Bahn/Bus:** Ab Bhf Workum Bus 102 bis Merk. **Auto:**

Hunger & Durst

De Pastorij, Buorren 82, Terhorne. ✆ 0031-566/689444. www.eetcafedepastorij.nl. Di – Do 12 – 19.30, Fr – So 12 – 20 Uhr. Kinderpfannkuchen 3,50 €, Tagessuppe 3,75 €.

Am IJsselmeerstrand gibt es ein Restaurant, WC, Erste-Hilfe-Station und kostenlose Parkplätze

*Eine **Regatta** ist ein Schnelligkeitswettbewerb auf dem Wasser.*

Neben der alten Schleuse liegt die traditionelle Schiffsbauwerft De Hoop.

*Die Elfstedentocht ist ein Eislaufrennen auf den Kanälen, die **11 Städte** miteinander verbinden,* ↗ *Wintersport.*

Schlittschuhlaufen auf Natureis: Beim FlevOnice

A7 Ausfahrt 17 Bolsward Richtung Workum/N359, bei Trekwei rechts, bis Marktplatz. **Zeiten:** April – Okt Di – Sa 10 – 17, So und Mo 13.30 – 17 Uhr, übrige Zeit Do – So 13.30 – 17 Uhr. **Infos:** Workum ist über das IJsselmeer und It Soal mit dem Boot erreichbar.

▶ Das hübsche Dorf im Südwesten der Provinz bildet mit *Stavoren* und *Hindeloopen* die Gemeinde **Nijefurd.** Workum ist durch den 2 km langen Kanal *It Soal* mit dem IJsselmeer verbunden. Dort herrscht ein reger Verkehr an Booten und Jachten.

Hindeloopen, eine der 11 Städte

VVV, Nieuwstad 26, NL-8713 JL Hindeloopen. ✆ 0031-514/851223, Fax 851246. www.vvvhindeloopen.nl. info@vvvhindeloopen.nl. **Bahn/Bus:** Ab Bhf Workum Bus Opstapper 773 bis Museum Hidde Nijland. **Auto:** A7 Ausfahrt 17 Bolsward, N359 Richtung Workum, Schilder Hindeloopen, im Ort 1. Straße links. **Zeiten:** Mi 10 – 12 und 14 – 15.30, Do und Fr 12 – 16, Sa 10 – 12 und 14 – 16, So 12 – 16 Uhr. **Infos:** Fahrradverleih.

▶ Hindeloopen besitzt seit 1225 Stadtrechte und ist eine der berühmten friesischen **Elf Städte.** Zu den Sehenswürdigkeiten gehören Kapitänshäuser aus dem 17. und 18. Jahrhundert und der Kirchturm Westertoren von 1593. Die Hindelooper Tracht wird von der Folkloregruppe *Aald Hielpen* bei ihren Auftritten in der nahen und weiten Umgebung, sogar in Japan und Amerika, bekannt gemacht.

Stavoren, die älteste Stadt von Flevoland

VVV, Stationsweg 7, NL-8715 ES Stavoren. ✆ 0031-514/682424, Fax 684423. www.stavoren.nl. vvv@stavoren.nl. **Bahn/Bus:** Beim Bhf Stavoren. **Auto:** A7 Ausfahrt 17 Bolsward, N359 Richtung Workum, Hindeloopen, Molkwerum, Stavoren Bhf. **Rad:** LF21/22/23 Zuiderzeeroute. **Zeiten:** April – Okt Mo – Sa 9.30 – 12 und 13.30 – 18, So 9.15 – 10.30, 13.30 – 14.30 und 17.30 – 18 Uhr.

▶ Die Stadt liegt am Ostufer des IJsselmeers und verfügt über eine hervorragende Infrastruktur für Wassersportler. Im malerischen Ortskern steht das Standbild der *Frau von Stavoren,* der Sage nach eine reiche Kaufmannswitwe aus dem 13. Jahrhundert, die ihr Geld mit vollen Händen ausgab und schließlich als Bettlerin starb. Von Stavoren besteht eine Fährverbindung mit Enkhuizen.

*Eine **Postleitzahl** besteht in den Niederlanden aus einer Kombination von 4 Ziffern und 2 Buchstaben. Die Ziffern geben den Ort oder Ortsteil an, die Buchstaben stehen für eine Straße oder den Teilabschnitt einer Straße.*

Bakkeveen, inmitten grüner Natur

VVV Oost-Opsterland, Foarwurkerwei 3a, NL-9243 JZ Bakkeveen. ✆ 0031516/541066, Fax 541066. www.vvvbakkeveen.nl. vvv@bakkeveen.nl. **Bahn/Bus:** Ab Bhf Assen Bus 18 bis Brink. **Auto:** A7, Ausfahrt 31 Richtung Frieschepalen, bei Haarsterweg rechts, 1. links, Straßenverlauf 4 km folgen. **Rad:** LF20 Flevoroute. **Zeiten:** Mo – Fr 10 – 12, April – Okt auch 14 – 16 Uhr, So 13.30 – 15.30 Uhr.

▶ Das 2000-Einwohner-Dorf liegt an der Grenze zu den Provinzen Groningen und Drenthe und gehört zu *Opsterland.* Es gibt hier einen Vergnügungspark und in der Umgebung findet ihr viele Laub- und Nadelwälder.

Wattenmeerküste

Franeker und sein Planetarium

VVV-informatiepunt, Boekwinkel Blaauw, Dijkstraat 26, NL-8801 LV Franeker. ✆ 0031517/394394, www.stervandeelfsteden.nl. contact@stervandeelfsteden.nl. **Bahn/Bus:** Ab Bhf Franeker auf Stationsweg Richtung Norden, hinter der Brücke links auf Zuiderkade, 2. rechts. **Auto:** A31, Ausfahrt 20, N384 nach Franeker, Verlauf folgen, links auf Zuiderkade, 2. rechts. **Zeiten:** Mo 13 – 18, Di – Do 9 – 18, Fr 9 – 21, Sa 9 – 17 Uhr.

▶ In der malerischen Innenstadt des Städtchens sind die Kirche St. Martini, das bedeutende *Eise-Eisinga-Planetarium* sowie viele historische Gebäude und Grachten sehenswert.

Leeuwarden, Frieslands Hauptstadt

VVV/Marketing, Sophialaan 4, NL-8911 AE Leeuwarden. ✆ 003158/2347550, Fax 347551. www.vvvleeuwarden.nl. vvvleeuwarden@vvvleeuwarden.nl.

Bahn/Bus: Ab Bhf Leeuwarden, Stationsweg bis Kreisverkehr, 2. Straße Sophialaan. **Auto:** A32 wird N32, Beschilderung Centrum/Station, 300 m Richtung Norden, Parkleitsystem. **Rad:** LF3 Rietlandroute. **Zeiten:** Mo 12 – 17.30, Di – Fr 9.30 – 17.30, Sa 10 – 15 Uhr.

▶ Bekannte Gebäude der Stadt sind die *Kanselarij* (ehemalige Kanzlei), die Stadtwaage *Waag,* die Kirche *St. Bonifatius* und der schiefe Turm *Oldehove.* Ein weiterer Blickfang ist das Gebäude der Achmea Versicherung, das größte Bauwerk Leeuwardens. In der Altstadt sind viele sehenswerte Bürgerhäuser aus dem 17. und 18. Jahrhundert erhalten.

In Leeuwarden findet alljährlich zu Christi Himmelfahrt der größte Blumenmarkt des Landes statt.

Drachten, mitten in Friesland

VVV/ANWB, Museumplein 4, NL-9203 DD Drachten. ✆ 0031512/517771, Fax 532413. vst_drc@anwb.nl.

Bahn/Bus: Ab Bhf Heerenveen Bus 310 bis Van Knobelsdorffplein. **Auto:** A7, Ausfahrt 29, Richtung Drachten, auf N31, 1. Ausfahrt, Beschilderung Centrum. **Zeiten:** Mo 10.30 – 18, Di, Mi, Fr 9.30 – 18, Do 9.30 – 21, Sa 9.30 – 17 Uhr.

Max und sein Freund schauen, wie die Hebebrücke funktioniert

Das Städtchen ist stolz auf das ehemalige Kloster am Burgemeester Wuiteweg, das Herrenhaus und das Jugendstilhaus an der Ecke Stationsstraat und Lange West.

Opende, am Ende des Wegs von Grootegast nach Friesland

Tourist Information Leek, Tolberterstraat 39, NL-9351 BC Leek. ✆ 0031594/512100, Fax 512280. www.touristinformationwesterkwartier.nl. info@touristleek.nl. **Bahn/Bus:** Ab Bhf Groningen Bus 85 bis VVV/Oosterheerdtstraat. **Auto:** A7, Ausfahrt 34, N372 Richtung Tolbert und Leek, 2. Kreisverkehr 1. Ausfahrt. **Rad:** LF14 Saksenroute. **Zeiten:** Mo – Fr 9 – 17 Uhr, Mai – Sep auch Sa.

In dem Dorf, das zu Grootegast gehört, wird vorwiegend friesisch gesprochen. In **Grootegast** gab es von 1960 bis 1996 eine **Lego**-Fabrik. Es gibt heute noch eine Straße mit dem Namen Legolaan. In der Umgebung gibt es vielerlei Wanderwege. Grootegast hat kein eigenes Fremdenverkehrsbüro.

*Das Wort **Lego** ist aus dem Dänischen Leg Godt entstanden, was auf Deutsch »spiel gut« heißt.*

Groningen, Studentenstadt mit ganz viel Flair

VVV, Grote Markt 25, NL-9712 HS Groningen. ✆ 0031-50/3139741, Fax 3113855. www.vvvgroningen.nl. info@vvvgroningen.nl. **Bahn/Bus:** Ab Hbf und Busstation über die Brücke Werkmanbrug in wenigen Min zu Fuß ins Zentrum. **Auto:** Direkt an der A7, Beschilderung Centrum oder gratis P+R-Plätze, z.B. Transferium Kardinge, P+R-Citybus, Hin- und Rückfahrt bis 5 Pers 2 €. **Rad:** LF9 NAP-Route, LF14 Saksenroute, LF20 Flevoroute. **Zeiten:** Mo – Fr 9 – 18, Sa 10 – 17 Uhr, Juli und Aug So 11 – 15 Uhr.

Die Hauptstadt der gleichnamigen Provinz liegt am *Eemskanal,* der die Stadt mit ↗ *Delfzijl* verbindet. Das Freizeitangebot ist vielfältig. In der verkehrsberuhigten Innenstadt gibt es Einkaufsmöglichkeiten und Museen.

Fahrradverleih: DeRijwielwinkel, Friesestraatweg 7, Groningen. ✆ 003150/3129872. www.derijwielwinkel.nl. Mo – Fr 8 – 12.30, 13.30 – 18, Sa 9 – 16 Uhr. Fahrradmiete ab 7,50 €.

Delfzijl, Stadt am Wattenmeer

VVV, Johan van den Kornputplein 1a, NL-9934 EA Delfzijl. ✆ 0031596/618104, Fax 616550. www.vvveems-delta.nu. delfzijl24@zonnet.nl. **Bahn/Bus:** Am Bhf Delfzijl Stationsweg links. **Auto:** A7, Ausfahrt 45 Scheemda, Richtung Delfzijl, N991, Stationsweg. **Rad:** LF10 Waddenzeeroute. **Zeiten:** Mo 13.30 – 17, Di – Fr 10 – 17, Mai – Sep auch Sa 10 – 14 Uhr. **Infos:** Das VVV befindet sich im Bahnhofsgebäude.

▶ Im Ort steht eine sehenswerte Mühle mit dem schönen Namen *Adam*. In einem kleinen Wald findet ihr das bekannte Denkmal des Romankommissars Maigret, das 1996 von dem Schriftsteller Georg Simenon eingeweiht wurde. Der Roman *Maigret und das Verbrechen in Holland* spielt in Delfzijl.

Pieterburen, Seehunde und Watt

Pieterburen war schon 600 v.Chr. bewohnt. Die Nordsee war bei Sturmflut auch damals eine Gefahr und Schutzdeiche waren noch nicht erfunden. Daher lebte man auf Hügeln, den so genannten Wierden.

VVV, Waddencentrum, Hoofdstraat 83, NL-9968 AB Pieterburen. ✆ 0031595/528522, www.vvlauwersland.nl. pieterburen@groningerlandschap.nl. **Bahn/Bus:** Ab Bhf Winsum Bus 68 bis Wapen van Hunsingo. **Auto:** N361 Richtung Winsum, bei Eenrummerweg/N984 rechts, Beschilderung Pieterburen, Zeehondencreche. **Zeiten:** April – Okt Di – So 13 – 17 Uhr, Juli und Aug auch Mo 13 – 17 Uhr, Nov – März geschlossen.

▶ Das Dorf gehört zu *De Marne* und liegt im Norden von Groningen. Neben der allseits bekannten Seehundstation sind die Kirche, der botanische Garten *Domies Toen* und die Mühle *De Vier Winden* sehenswert.

Die Reederei AG Ems bietet im Sommer Bootsausflüge nach Emden und zur deutschen Nordseeinsel Borkum an: www.ag-ems.de.

ZEELAND

SÜDHOLLAND

NORDHOLLAND

AMSTERDAM

DIE INSELN

IJSSELMEERKÜSTE

WATTENMEERKÜSTE

ORTE, INFO & VERKEHR

FERIENADRESSEN

REGISTER

FERIEN-ADRESSEN

Bei den hier vorgestellten Unterkünften handelt es sich ausnahmslos um besonders familienfreundliche Quartiere. Neben einigen besonderen Hotels, die naturgemäß etwas höher im Preis liegen, sind die zu Hostels umgebauten Jugendherbergen von Stayokay, Minicampingplätze und Ferienwohnungen auf Bauernhöfen, Bungalowparks, Wanderhütten auf Campingplätzen und so genannte Bed & Breakfasts, also Frühstückspensionen, beliebt und weit verbreitet. Eine in Deutschland ebenfalls bekannte Unterkunftsform, die Naturfreundehäuser, gibt es in geringer Anzahl im Küstengebiet.

FAMILIEN-HOTELS

Zeeland

Gutes Mittelklassehotel

Hampshire Inn, Vroonweg 35, NL-4325 BE Renesse. ✆ 0031111/462510, Fax 462569. www.hampshire-hotels.com. info@hampshire-archotelzeeland.nl. **Bahn/Bus:** Ab Bhf Middelburg Bus 133 bis Transferium. **Auto:** N652, Roelandsweg Richtung Renesse, am Ende links in Vroonweg. **Rad:** LF1 Noordzeeroute. **Zeiten:** ganzjährig. **Preise:** ab 52,50 € pro Person/Nacht; Kinder bis 3 Jahre frei, Zustellbett für Kinder 3 – 12 Jahre 17,50 €, für Kinder ab 12 Jahre 35 €; Wechselnde, attraktive Arrangements.

▶ Das Mittelklassehotel liegt ruhig, ca. 15 Minuten Fußweg vom Strand und 5 Minuten Fußweg zum Zentrum. Es eignet sich besonders für Familien mit kleineren Kindern und bietet einen schönen Hotelgarten mit Spielgeräten und Picknicktischen. Großer kostenloser Parkplatz. Reichhaltiges Frühstücksbüffet.

Stilvoll und familienfreundlich

Badhotel Domburg, Domburgseweg 1a, NL-4357 EB Domburg. ✆ 0031118/588888, Fax 588899. www.badhotel.com. info@badhotel.com. **Bahn/Bus:** Ab Bhf Middelburg Bus 52 bis Hooge Huys. **Auto:** Ab VVV

Abkürzungen

DZ – Doppelzimmer
EZ – Einzelzimmer
FH – Ferienhaus
FeWo – Ferienwohnung
HP – Halbpension
JH – Jugendherberge
MBZ – Mehrbettzimmer
Ü – Übernachtung
ÜF – Ü mit Frühstück
VP – Vollpension
Preise pro Pers

Und darin soll ich schlafen? Das piekst doch!

@ Werft vorab einen Blick ins Hotel: www.badhotel.com/index.php/nl/home/webcam.

Schuilvlotstraat in nördliche Richtung, rechts auf Domburgseweg. Eigene, kostenpflichtige Parkplätze. **Zeiten:** ganzjährig. **Preise:** Arrangements 2 Ü HP ab 219 € pro Person; 2 Ü HP Kinder 101 €.

▶ Das zentrums- und strandnahe 4-Sterne-Hotel bietet Familienzimmer, Hallenbad, gut ausgestattetes Spielzimmer für Kinder (in den Ferien und an Wochenenden), Spielplatz und Fahrradverleih.

Familienhotel

Hotel Valkenhof, Zuidstraat 9 – 11, NL-4374 EG Zoutelande. ✆ 0031118/561252, Fax 562540. www.hotel-valkenhof.nl. valkenhof@zeelandnet.nl. **Bahn/Bus:** Ab Bhf Middelburg Bus 53 bis Nieuwstraat Zoutelande, dann 3 Min Fußweg. **Auto:** A58, wird N288, Langendam, 2 x 1. rechts. **Zeiten:** ganzjährig. **Preise:** Familienzimmer 4 Pers ÜF 115 – 140 € pro Nacht.

▶ 2-Sterne-Hotel, 100 m vom Strand, Zimmer für 2 – 4 Personen mit Dusche/WC, TV.

Südholland

Kinderfreundliches Hotel

Holiday Inn Leiden, Haagse Schouwweg 10, NL-2332 KG Leiden. ✆ 003171/5355555, Fax 5355553. www.holiday-inn-leiden.com. hotel@holiday-inn-leiden.com. **Bahn/Bus:** Ab Bhf Leiden Centraal Bus 43 bis Rhijnhof oder kostenloser Pendelbus (Mo – Fr). **Auto:** An der A44, Ausfahrt 8 Leiden, links auf N206, 2 x links, Hotelparkplatz für 300 Autos. **Zeiten:** ganzjährig. **Preise:** Familienarrangements z.B. 2 ÜF ab 149,50 € pro Erw, Kinder frei.

Das Hotel liegt nur 6 km vom Nordseestrand entfernt.

▶ Das 4-Sterne-Haus mit eigenem Eincheckschalter für Kinder (da gibt's eine Überraschung) bietet Familienzimmer um einen überdachten, begrünten Innenhof, Hallenbad, Fahrradvermietung und ein gut ausgestattetes Spielzimmer.

Klein, aber fein

Hotel Corel, Badhuisweg 54-56, NL-2587 CJ Den Haag-Scheveningen. ✆ 003170/3559939, Fax 3504853. www.hotelcorel.nl. info@hotelcorel.nl. **Bahn/Bus:** Ab Hbf Den Haag CS Tram 9 bis Stevinstraat (West). **Auto:** Schilder Scheveningen Bad. Parkhaus in der Zwolsestraat. **Zeiten:** ganzjährig. **Preise:** Preis für 4 Pers im Familienzimmer eine Woche 850 €.

▶ Hotel im Zentrum, 5 Min vom Strand. DZ, 3-Bettzimmer und Familienzimmer, alle mit eigenem Bad.

In welcher großen Stadt fährt euch die Straßenbahn direkt vom Hauptbahnhof an den Strand? In Den Haag-Scheveningen!

Amsterdam

Das Hotelschiff

Amstel Botel, NDSM-Pier 3, NL-1033 RG Amsterdam. ✆ 003120/6264247, Fax 6391952. www.amstelbotel.nl. info@amstelbotel.nl. **Bahn/Bus:** Ab Hbf Amsterdam CS Fähre 906. **Auto:** A10, Ausfahrt s118 Richtung Tuindorp-Oostzaan, auf s118 bleiben, bei Ms van Riems- dijkweg rechts. **Rad:** Hinter dem Hbf mit kostenloser Fähre zum NDSM-Pier. **Zeiten:** ganzjährig. **Preise:** 119 – 124 € 3-Bettzimmer ÜF 10 € pro Person.

▶ Schwimmendes Hotel mit 175 Kabinen. Zum und vom Hbf gibt es einen kostenlosen Fährdienst (tagsüber) und einen Pendelbus.

Im August und September startet freitags und samstags am NDSM-Pier um 19 Uhr eine Hafensafari, www.havensafari.nl.

Die Inseln

Drei-Sterne-Hotel

Hotel Ameland, Strandweg 48, NL-9163 GN Nes Ameland. ✆ 0031519/542150, Fax 543106. www.hotelameland.nl. info@hotelameland.nl. **Bahn/Bus:** Ab Fährhafen Bus 131 bis Hotel Ameland. **Auto:** Ab Fährhafen bis Kreisverkehr, 1. Ausfahrt, 1. links, Verlauf folgen. **Zeiten:** ganzjährig. **Preise:** ab 42,50 € ÜF pro Person; Kinder 3 – 9 Jahre 50% Ermäßigung, Kinder bis 2 Jahre frei.

▶ Hotel in Strand- und Ortsnähe, mit 27 Zimmern, je eigenem Bad, einige mit Dachterrasse. Garten und Spielplatz. Kostenlose Parkplätze.

IJsselmeerküste

Schmucke Pension

Bring- und Holservice zum und vom Bahnhof und Strand.

Het Smidsvuur, Martin Pieterman, Sylspaed 27-29, NL-8711 EB Workum. © 0031515/542072, Fax 543696. www.pensionhetsmidsvuur.nl. info@pensionhetsmidsvuur.nl. **Bahn/Bus:** Ab Bhf Workum Bus 102 bis Sud. **Auto:** Ab VVV nach links, Straßenverlauf ca. 800 m folgen. **Zeiten:** ganzjährig. **Preise:** Zimmer für 3 Pers mit Frühstück 81,50 €, ohne Frühstück 63.50 € pro Nacht; Kinder bis 3 Jahre frei, Kinder 4 – 6 Jahre zahlen die Hälfte; Touristensteuer 1,50 € pro Person/ Nacht; ganzes Objekt als Gruppenunterkunft bis 36 Pers Wochenende ab 950 €.

▶ Direkt am Wasser, gute Ausstattung, Küchenbenutzung. Gastfreundliche Besitzer. Fahrrad- und Kanuverleih, Schiffsausflüge. Familienfreundliche Preise. Auch für Gruppen geeignet. Mit und ohne Frühstück buchbar.

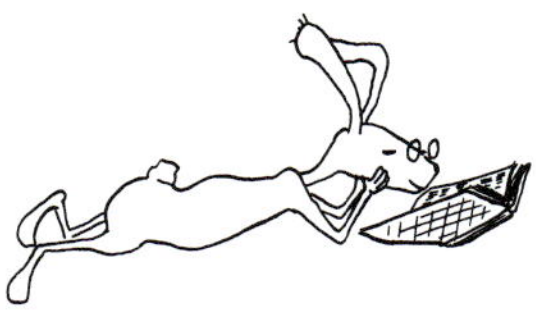

HÄUSER UND WOHNUNGEN

Zeeland

Wohnen mit Meeresrauschen

Büro Breezandvakanties Beachhouses, Hopman de Rijklaan 2, NL-4354 NS Vrouwenpolder. © 0031-118/593133, Fax 592530. www.breezandbeachhouses.nl. info@breezandbeachhouses.nl. **Bahn/Bus:** Ab Bhf Middelburg Bus 133 bis Veersedam Zuid. **Auto:** N57, Noorddijk, Fort Den Haakweg. **Zeiten:** April – Okt. **Preise:** Woche ab 625 €; Arrangements mit Kitesurf-Unterricht.

▶ Strandhäuser mit Küche, 4 oder 6 Betten, WC, Dusche, Strom, Warmwasser, TV, Heizung, Veranda.

Euer Haus am Strand

Slaapzand Kooper-Passenier V.O.F., Zuidstraat 19, NL-4361 AA Westkapelle. ✆ 0031118/570055, Handy 00316/54777852. www.slaapzand.nl. info@slaapzand.nl. **Bahn/Bus:** Ab Bhf Middelburg Bus 53 bis Dreefje. **Auto:** Aus Domburg N287 Schelpweg. **Zeiten:** April – Okt. **Preise:** Mo – Fr 450 €.

▶ Die Häuschen stehen am Strand von Domburg, Strandübergang Schelpweg 19. Sie sind ausgestattet für 5 Personen mit Schlafplätzen, Küche, Essecke, Sitzecke, Bad, Veranda.

Westkapelle heißt im Westkapeller Dialekt Wasschappel.

Strandhäuser zum Übernachten

Strandhuisjes Nollestrand, Burg.van Woelderenlaan 1, NL-4382 CL Vlissingen. ✆ 0031118/470386, Handy 00316/13120095. www.slaapstrandhuisje.nl. info@slaapstrandhuisje.nl. **Bahn/Bus:** Ab Bhf Vlissingen Bus 56 bis Ter Reede. **Auto:** N288/Sloeweg, Kreisverkehr 2. Ausfahrt, Parkplatz von Camping de Nolle. **Zeiten:** Mai – Sep. **Preise:** Mo – Fr ab 390 €.

▶ FH für 6 Personen mit Küche, Bad, Ess- und Sitzecke, Veranda.

Vlissingen hat 6 Strände: Badstrand, Nollestrand, Duinstrand, Westduin, Ritthem und Kalootstrand.

Finnland in Zeeland

Swaenenburgh Recreatie, Zwanenburgseweg 11, NL-4384 LW Vlissingen. ✆ 0031118/472500, Fax 472628. www.swaenenburgh.nl. info@swaenenburgh.nl. **Bahn/Bus:** Ab Bhf Vlissingen Bus 56 bis Sloeweg. **Auto:** N288/Sloeweg, Kreisverkehr 2. Ausfahrt, Zwanenburgseweg rechts. **Zeiten:** ganzjährig. **Preise:** Woche 250 – 580 €.

▶ FH im finnischen Stil mit 2 Zimmern, Küche, TV.

Südholland

Camping- und Ferienpark

Recreatiecentrum De Noordduinen, Campingweg 1, NL-2221 EW Katwijk. ✆ 003171/4025295, Fax

Beim Strandausgang liegt ein Skatepark.

4033977. www.noordduinen.nl. info@noordduinen.nl. **Bahn/Bus:** Von Bhf Leiden Centraal Bus 37 bis Camping Noord, weiter zu Fuß nach Norden. **Auto:** A44, Ausfahrt 8 Leiden, N206 bis Katwijk Noord, Kreisverkehr 1. Ausfahrt Hoorneslaan, bei Melkweg rechts, 1. links. **Zeiten:** ganzjährig. **Preise:** 4-Pers Dünenhaus saisonabhängig 595 – 995 €/Woche.

▶ FH für 4 oder 6 Personen mit Wohnzimmer, Essecke, Bad und Küche mit Spülmaschine und Kühlschrank. Fahrradverleih, Spielgeräte und Schwimmbad.

Bungalowpark

Noordzeepark, Oud Nieuwlandseweg 43, NL-3253 XA Ouddorp aan Zee. ✆ 0031187/683099, Fax 681295. www.noordzeepark.nl. info@noordzeepark.nl. **Bahn/Bus:** Ab Renesse Transferium Bus 104 bis Toppershoedje. **Auto:** N57 Richtung Ouddorp, Oosterweg, links Vrijheidsweg, links. **Zeiten:** ganzjährig. **Preise:** Woche 250 – 865 €, je nach Saison und Haustyp.

▶ FH für 4 oder 6 Personen mit Terrasse und eigenem Garten. Jedes Haus hat einen Parkplatz.

Nordholland

Zirkuswagen auf dem Insel-Campingplatz

Camping 3Akers, Yvonne Kok, Stierop 5, NL-1489 NG De Woude. ✆ 003175/6411816, Fax 6411816. www.3akers.nl. info@3akers.nl. **Auto:** N246 Zaanstad/Alkmaar, Beschilderung Fähre De Woude, auf der Insel gleich links abbiegen, Verlauf etwa 2 km folgen. **Zeiten:** April – Sep. **Preise:** Zirkuswagen für 6 Pers 3 Ü 285 €, 7 Ü 600 €.

▶ Gemütlicher in weiß und blau eingerichteter, komfortabler Zirkuswagen für 6 Personen. Die ungewöhnliche Unterkunft ist mit fließendem Wasser, Strom, Sitzmöbeln ausgestattet.

Am Wochenende wird beim Campingplatz ein elektrisch betriebenes Flüsterboot zum Preis von 25 € für 2 Stunden vermietet.

Die Inseln

Das besondere Ferienhaus

De Strandjutter, c/o Bezoekerscentrum Schiermonnikoog, Torenstreek 20, NL-9166 ZP Schiermonnikoog. ✆ 003150/3081078, www.de-strandjutter.nl. strandjutter@opschier.nl. **Bahn/Bus:** Ab Fährhafen Bus 140 bis Egbertsduin. **Rad:** Ab Fährhafen links Heereweg, rechts Oosterreeweg, links Langestreek, rechts Torenstreek. **Zeiten:** ganzjährig. **Preise:** 1 Woche Nebensaison 1095 €.

▶ Moderne Dünenvilla für 6 Personen mit Wohnzimmer, offener Küche, 3 Schlaf- und 2 Badezimmern und Veranda.

Fahrradverleih: Schierfiets, Noorderstreek 32, Schiermonnikoog. ✆ 0031-519/531700. www.fietsenverhuurschiermonni koog.com. Mo – So 9 – 18 Uhr. Fahrrad 1 Tag ab 4,50 €, 1 Woche 17,50 €, spezielle Strandfahrräder, Tandems.

IJsselmeerküste

Ferienpark am IJsselmeer

De Bremerberg, Bijsselseweg 3, NL-8256 RJ Biddinghuizen. ✆ 0031321/331659, Fax 332775. www.bremerberg.nl. info@bremerberg.nl. **Auto:** Ab N306 auf Bijsselseweg. **Zeiten:** ganzjährig. **Preise:** Wochenpreis Standardhaus für 4 Pers 215 – 435 €; Ermäßigung beim Achterbahnpark Walibi World und Delfinarium Harderwijk.

▶ Verschiedene Bungalowtypen, Standard-Bungalow für bis zu 4 Personen, Spiel- und Fußballplatz, Freibad, Fahrradverleih.

Wattenmeerküste

Wohnen in ungewöhnlichen Unterkünften

Het kleine Paradijs, Meilahuzen 9, NL-8734 GA Easterein. ✆ 0031515/331136, Fax 331131. www.hetkleineparadijs.nl. info@hetkleineparadijs.nl. **Bahn/Bus:** Ab Bhf Sneek Anrufbus 235 ✆ 0900/8272006 bis Stittenserleane Easterein. **Auto:** A7, Ausfahrt 19, Richtung

Nijland und Bolsward, bei Skieppeleane rechts, 1. links, 1. rechts, 2. links. **Zeiten:** ganzjährig. **Preise:** Mongolenzelt 5 Pers ab 200 € für ein Wochenende (Fr – So). **Infos:** Frühstück für 9,75 € pro Person möglich.

▶ Ungewöhnliche Unterkünfte wie ein Ritterzelt, Baumhäuser, ein Zirkuswagen oder ein **Mongolenzelt** stehen mitten in der friesischen Natur. Bettzeug und Kochgeschirr sind mitzubringen.

Ein Mongolenzelt wird auch Ger oder Yurte genannt.

Campingplatz in grüner Umgebung

De Watermolen, Openderweg 26, NL-9865 XE Opende. ✆ 0031594/659144, Fax 657584. www.campingdewatermolen.nl. info@campingdewatermolen.nl. **Bahn/Bus:** Ab Bhf Groningen Bus 39 bis Bosweg, dann 19 Min Fußweg. **Auto:** A7, Ausfahrt 32, Kreisverkehr geradeaus, nach 2 km rechts, weitere 2 km, links auf Kolonieweg, 1. Straße rechts. **Zeiten:** ganzjährig. **Preise:** Standardplatz für 3 Pers 20,50 – 24 € Ü, Wasserchalets 384 – 475 € pro Woche.

▶ 104 Stellplätze für Wohnwagen oder Zelt, 3 Wasserchalets für 4 bis 5 Personen, die wie eine liegende Tonne aussehen. Von der Terrasse aus könnt ihr gleich eure Angel auswerfen. Einen Badesee mit Sandstrand, Liegewiese und Spielplatz gibt es auch.

An der Rezeption bekommt ihr Beschreibungen von Wander- und Fahrradrouten der Umgebung.

FERIEN AUF DEM BAUERNHOF

Zeeland

Sommerhäuschen und Minicamping

Bauernhof Meidoornhoeve, Jelier-Kooman, Hogezoom 101, NL-4325 CB Renesse. ✆ 0031111/672390, Fax 672390. www.vekabo.nl/meidoornhoeve. ejelier@zeelandnet.nl. **Bahn/Bus:** Ab Bhf Middelburg Bus 133 bis Transferium. **Auto:** N59, N57, N652, Kreisverkehr, 3. Ausfahrt, bei Hogezoom links. **Zeiten:** ganzjährig. **Preise:** Sommerhäuschen 260 – 475 €.

▶ Campingplatz, auch Vermietung von rustikalen Sommerhäusern und einem Mobilheim.

Erlebnisurlaub auf dem Bauernhof-Campingplatz

Camping Hoeve Plantlust, Zanddijkseweg 9, NL-4351 SH Veere. ✆ 0031118/501805, Handy 00316/15237604. www.plantlust.nl. campingplantlust@hetnet.nl. **Bahn/Bus:** Ab Bhf Middelburg Bus 54 bis Zanddijk. **Auto:** N663 Veerseweg, bei Vioskeweg rechts, 1. links. **Zeiten:** ganzjährig. **Preise:** Stellplatz mit 2 Pers 14 €, Strom 2 €, Touristensteuer 1 € pro Person; weitere Pers 4 €, Kinder bis 2 Jahre frei.

▶ Gemütlicher Campingplatz auf einem Bauernhof mit 25 Milchkühen. Viele Spielmöglichkeiten, Traktorausflugsfahrten.

@ Im gesamten Zentrum von Veere steht euch eine kostenlose Internetverbindung (Wifi) zur Verfügung.

Minicampingplatz auf dem Bauernhof

Recreatieboerderij 't Munnikenhof, Jacob Catsweg 4, NL-4364 TE Grijpskerke. ✆ 0031118/591659, Fax 594826. www.munnikenhof.nl. info@munnikenhof.nl. **Bahn/Bus:** Ab Bhf Middelburg Bus 52 bis Molenstraat. **Auto:** Straße beginnt im Zentrum. **Zeiten:** ganzjährig. **Preise:** 2 Pers 18 €, Kurtaxe 1 €; weitere Pers 3,50 €.

▶ Bauernhof-Campingplatz, 15 Plätze, Aufenthaltsraum, Spielplatz, Fahrradverleih, Radausflüge. Das historische Häuschen *'t Cats uusje* kostet bei Belegung mit 4 Personen 51 € pro Nacht.

Nordholland

Ferienwohnung auf dem Bauernhof

Camperhoeve, Houtendijk 9, NL-1871 GN Schoorl. ✆ 003172/5091700, www.camperhoeve.nl. info@camperhoeve.nl. **Bahn/Bus:** Ab Bhf Alkmaar Bus 151 bis Hondsbosseweg Schoorl, 11 Min Fußweg. **Auto:** Ab Schoorl Richtung Petten. **Zeiten:** März – Dez/Jan. **Preise:** Woche 500 – 750 €.

▶ Bauernhof mit Kühen und Schafen, Wohnung für 8 Personen. Zum Spielen gibt es Schaukel, Sandkiste und ein GoKart.

Mit Heu hat der Heuschnupfen nicht viel zu tun, denn Heu enthält kaum allergieauslösende Stoffe.

JUGENDHERBERGEN & NATURFREUNDEHÄUSER

Weltweit gibt es etwa 1000 Naturfreundehäuser, davon stehen 15 in den Niederlanden.

IJsselmeerküste

Übernachten im Heu

Hooitel, Geeske Rianne Holtrop, Marwei 124B, NL-8508 RH Delfstrahuizen. ✆ 0031514/541267, Fax 542173. Handy 00316/10018683. www.boerderijrecreatie.nl. info@boerderijrecreatie.nl. **Bahn/Bus:** Ab Bhf Heerenveen Bus 41 bis Noed Sint Nicolaasga. **Auto:** An der N924. **Zeiten:** 15. März – 15. Okt 17 – 10.30 Uhr am nächsten Morgen. **Preise:** 17,50 € ÜF pro Person, 10 € Ü pro Person. **Infos:** Gegen Aufpreis von 7,50 € ist für Eltern ein Sektfrühstück möglich.

▶ Verbringt doch mal eine Nacht im **Heu,** das macht riesigen Spaß. Maximal 8 Personen finden im Stroh Platz. Schlafsack, Kissen und ein Handtuch bringt ihr mit. Wer Lust hat, darf dem Bauern beim Füttern der Kälbchen und beim Melken helfen.

Zeeland

Wohnen im Schloss

Stayokay Domburg, Duinvlietweg 8, NL-4356 ND Oostkapelle. ✆ 0031118/581254, Fax 583342. www.stayokay.com/domburg. domburg@stayokay.com. **Bahn/Bus:** Ab Bhf Middelburg Bus 52 bis Kasteel Westhove. **Auto:** N57, bei Seerooskerke auf N287, kostenloser Parkplatz am Kreisverkehr. **Zeiten:** Feb – Okt. **Preise:** 2 ÜF 2 Erw 2 Kinder 248 €. **Infos:** Fahrradarrangements.

▶ Hostel im Schloss Westhove aus dem 13. Jahrhundert, Zimmer für bis zu 6 Personen. Fahrrad- und Wanderwege. Strand Westhove liegt in der Nähe.

Südholland

Modernes Dünenhostel

Stayokay Noordwijk, Langevelderlaan 45, NL-2204 BC Noordwijk. ✆ 0031252/372920. www.stayokay.com/

noordwijk. noordwijk@stayokay.com. **Bahn/Bus:** Ab Bhf Leiden Centraal Bus 57 bis Brink in Noordwijkerhout, Dr. Spoellaan, am Ende rechts. **Auto:** A44, Ausfahrt Noordwijkerhout, N208 Richtung Noordwijk, Beschilderung Stayokay. **Zeiten:** ganzjährig. **Preise:** Familie 4 Pers 2 Nächte ÜF Juli 228 €.

▶ Das renovierte Hostel liegt im Dünengebiet. Die 28 modernen Zimmer für 2, 4 und 6 Personen haben ein eigenes Bad.

Es werden Touren mit Riesentretrollern durch die Dünen organisiert, die Duinstepsafaris heißen.

Jugendherberge in der Stadt

Stayokay Den Haag, Scheepmakersstraat 27, NL-2515 VA Den Haag. ✆ 003170/3157888, Fax 3157877. www.stayokay.com/denhaag. denhaag@stayokay.com. **Bahn/Bus:** Ab Hbf Den Haag CS Tram 17 bis Rijswijkseplein (Noord) oder ab Bhf Den Haag HS 5 Min Fußweg. **Auto:** Von Den Haag Centrum auf Spui nach Nordwesten. **Zeiten:** ganzjährig. **Preise:** 2 Nächte 2 Erw und 2 Kinder im Juli ÜF 240 €; Kinder bis 2 Jahre frei.

▶ Das Hostel liegt 5 Minuten vom Bahnhof Den Haag HS. Komfortable, moderne Zimmer mit eigenem Bad.

Hunger & Durst

Im Stayokay-Bistro **Backpackers** könnt ihr gut und preiswert zu Abend essen.

Hostel am Nationalpark

Stayokay Dordrecht, Baanhoekweg 25, NL-3313 LA Dordrecht. ✆ 003178/6212167, Fax 6212163. www.stayokay.com/dordrecht. dordrecht@stayokay.com. **Bahn/Bus:** Ab Bhf Dordrecht Bus 4a, 4b. **Auto:** A15, Ausfahrt 24 Sliedrecht West, N3 Schilder Dordrecht/Holl. Biesbosch. **Rad:** LF12 Maas- en Vestingsroute. **Zeiten:** ganzjährig. **Preise:** 2 Erw und 2 Kinder 2 ÜF im Juli 232 €; Kinder bis 2 Jahre frei.

▶ Am Hollandse Biesbosch. Gemütlich, aus skandinavischem Holz, Zimmer mit Bad, Terrasse, Spielplatz, Bootssteg.

Auf derselben Straße liegt das Biesboschzentrum und ganz in der Nähe findet ihr die Sternwarte Mercurius.

Wohnen im Würfel

Stayokay Rotterdam, Overblaak 85 – 87, NL-3011 EA Rotterdam. ✆ 003110/4365763, Fax 4365569. www.stayokay.com/rotterdam. rotterdam@stay-

© Niederl. Büro f.Tourismus&Convention

Ganz schön schräg: Würfelhäuser von Rotterdam

okay.com. **Bahn/Bus:** Ab Bhf Rotterdam-Blaak 100 m Fußweg. **Auto:** Parkhaus Oude Haven am Burgemeester van Walsemweg 718. **Rad:** LF2 Stedenroute, LF11 Prinsenroute, LF12 Maas- en Vestingsroute. **Zeiten:** ganzjährig. **Preise:** 4 Pers im 4-Bettzimmer ab 93,04 € pro Nacht; Kinder bis 2 Jahre frei.

▶ Moderne Herberge in berühmten **Kubushäusern,** 49 Zimmer mit eigenem Bad.

Der Begriff Kubus kommt aus der Geometrie und bedeutet Würfel. Ein ***Kubushaus*** *sieht aus wie ein Würfel, der auf einer Spitze steht.*

Naturfreundehaus Hoek van Holland

Natuurvriendenhuis August Reitsma, Nieuwlandsedijk 160, NL-3151 AK Hoek van Holland. © 0031174/382560, www.nivon.nl. areitsmahuis@nivon.nl. **Bahn/Bus:** Ab Bhf Hafen Bus 35. **Auto:** Bhf Hoek van Holland Haven nach Norden auf N211/Harwichweg, bei Nieuwlandsedijk rechts. **Rad:** LF1 Noordzeeroute. **Zeiten:** April – Okt. **Preise:** 13 – 23,20 €; Kinder 3 – 16 Jahre 9,80 – 17,40 €.

▶ Haus mit 61 Betten, 10 Min Fußweg zum Strand. Fahrrad-/Bollerwagenverleih, Spiel-/Volleyballplatz.

Nordholland

Hostel in Strandnähe

Stayokay Hostel, Herenweg 118, NL-1935 AJ Egmond. ✆ 003172/5062269, Fax 5067034. www.stayokay.com/egmond. egmond@stayokay.com. **Bahn/ Bus:** Ab Bhf Castricum Bus 164 bis Rinnegommerlaan in Egmond aan den Hoef, 2 Min Fußweg. **Auto:** Ab VVV Richtung Osten, bei Egmonderstraatweg rechts, bei Herenweg/N512 rechts. **Rad:** LF1 Noordzeeroute. **Zeiten:** April – Okt, übrige Zeit an den Wochenenden. **Preise:** Familie mit 2 Kindern 2 ÜF im Juli 208 €.

▶ Familienhostel in Strandnähe mit Blick auf die wunderschöne Dünenlandschaft. Die Zimmer haben alle eigene Badezimmer. Fahrradverleih, Spielplatz und Spielzimmer.

Das Hostel wird umweltfreundlich geführt. Es hat energie- und wassersparende Installationen.

Naturfreundehaus Bergen aan Zee

Natuurvriendenhuis Het Zeehuis, Verspijckweg 5, NL-1865 AP Bergen aan Zee. ✆ 003172/5817197, 5813090, www.nvhzeehuis.nl. zeehuis@nivon.nl. **Bahn/Bus:** Ab Alkmaar Bhf Bus 160 bis Plein Bergen, dort Bus 262 Bergen aan Zee. **Auto:** Am Ortseingang rechts in Elzenlaan, bis Ende fahren. **Zeiten:** ganzjährig. **Preise:** Mitglieder ab 17 Jahre ab 16,31 €, Nicht-Mitglieder ab 21,75 €; Mitglieder 3 – 16 Jahre 12,23 €, Nicht-Mitglieder ab 16,31 €.

▶ Nicht weit vom Strand, 86 Betten in 31 Zimmern, zwei Küchen und zwei Aufenthaltsräume, Fahrradverleih.

Naturfreundehaus Wijk aan Zee

Natuurvriendenhuis Banjaert, Burg. Rothestraat 53a, NL-1949 CC Wijk aan Zee. ✆ 0031251/374318, Handy 00316/57846034. www.banjaert.eu. banjaert@nivon.nl. **Bahn/Bus:** Ab Bhf Beverwijk, Bus 78 bis Julianaweg, dort Oldenborghweg, am Ende rechts, Schild Banjaert. **Auto:** ↗ Wijk aan Zee, Beschilderung Banjaert. **Zeiten:** ganzjährig. **Preise:** Mitglieder ab 17

Jahre ab 16,31 €, Nicht-Mitglieder ab 21,75 €; Mitglieder 3 – 16 Jahre 12,23 €, Nicht-Mitglieder ab 16,31 €.

▶ In den Dünen, 1200 m vom Strand, 80 Betten in 37 Zimmern, Aufenthaltsräume, Spielplatz.

Amsterdam

Christliche Herberge

Shelter City Christian Hostel, Barndesteeg 21, NL-1012 BV Amsterdam. ✆ 003120/6253230, Fax 6232282. www.shelter.nl. city@shelter.nl. **Bahn/Bus:** Ab Hbf Amsterdam CS Metro 51, 53 und 54 bis Nieuwmarkt. **Auto:** P+R Transferium ArenA, dann Metro 54 bis Nieuwmarkt. **Rad:** Ab Hbf Stationsplein über Damrak, Dam, Damstraat. **Zeiten:** ganzjährig bis 2 Uhr nachts geöffnet. **Preise:** ÜF 15,50 – 28 € pro Person im Schlafsaal; bis zu 15 % Rabatt für Gruppen.

Als das Haus noch eine Schule war, arbeitete der Maler Vincent van Gogh (1853 – 1890) hier als Lehrer.

▶ Christliche Herberge im Zentrum Amsterdams, ohne Alkohol, Zigaretten und Drogen. 176 Betten in 4-, 6- und 8-Bettzimmern und in Schlafsälen. Geeignet für Gruppen.

Haben schon eine passende Bleibe: Löwenpärchen im Artis-Zoo von Amsterdam

Herberge im Stadtpark

Stayokay Vondelpark, Zandpad 5, NL-1054 GA Amsterdam. ✆ 003120/5898996, Fax 5898955. www.stayokay.com/vondelpark. vondelpark@stayokay.com. **Bahn/Bus:** Ab Hbf Amsterdam CS Bus 170, 172 oder Tram 5 bis Leidseplein, zu Fuß über Stadhouderskade zum Zandpad. **Auto:** A10, Ausfahrt s106, auf s106 bleiben bis Stadhouderskade s100, rechts auf Zandpad. **Zeiten:** ganzjährig. **Preise:** 2 Erw und 2 Kinder 2 ÜF im Juli 296 €.

▶ 536 Betten, aufgeteilt in 2-, 4- und 6-Bettzimmer mit Bad und WC sowie einige Schlafsäle. Fahrrad-Garage, ein Billardtisch, Touristeninformation und Schließfächer. Im Frühling und Sommer ist im Vondelpark ein lustiger und beliebter Wasserspielplatz in Betrieb.

Caravan-Herberge

Caravan-Herberge Lucky Lake, Vinkenkade 75, NL-3645 AP Vinkeveen. ✆ 0031294/282814, Fax 288848. www.luckylake.nl. info@luckylake.nl. **Bahn/ Bus:** Ab Hbf Amsterdam CS Metro 54 bis Amsterdam Holendrecht, Ausgang Süd (zuid), am Parkplatz hält der Pendelbus. **Auto:** A2, Ausfahrt 3, Beschilderung Vinkeveense Plassen, Vinkenkade. **Zeiten:** April – Sep. **Preise:** Blockhütte 3 Pers 25 – 29 €, Zimmer 4 Pers 19 – 25 € pro Person. **Infos:** Fahrradmiete 1,50 € pro Std.

▶ Wohnwagen für 2, Blockhütten für 3, Zimmer für 4 Personen. Duschen und WC im Sanitärgebäude, Gemeinschaftsküche, Aufenthaltsraum.

Der eigene Shuttlebus pendelt 8 – 24 Uhr in 10 Min für 1 € zur Metrostation Amsterdam-Holendrecht.

Die Inseln

Gute Adresse auf der Insel

H2O Hostel, Dorpsstraat 104, NL-8896 JH Hoorn Terschelling. ✆ 0031562/448252, www.h2ohostel.nl. info@h2ohostel.nl. **Bahn/Bus:** Ab Fährhafen Bus 120 bis Manege Terschelling. **Auto:** Ab Fährhafen 1. rechts, 2. rechts, Straßenverlauf mit wechselnden Straßennamen folgen bis Hoorn. **Zeiten:** ganzjährig. **Preise:** 34 € pro Person ÜF inklusive Touristensteuer; 25 € Zustellbett, 7,50 € Kinderbett.

▶ Nette Herberge, saubere Zimmer mit Bad, Aufenthaltsraum mit Sofas und Fernseher, Sonnenterrasse und Garten, gutes Preis-Leistungs-Verhältnis.

Hostels sind moderne, günstige Hotels. Sie bieten Zimmer für 2 bis 4 Pers und Mehrbettzimmer an.

In den Dünen

Stayokay Ameland, Oranjeweg 59, NL-9161 CB Hollum Ameland. ✆ 0031519/555353, Fax 555355. www.stayokay.com/ameland. ameland@stayokay.com.

Die *Stayokay-Hostelkette* bekam 2008 das Europäische Umweltzeichen. Es wird verliehen für umweltverträgliche Non-Food-Produkte und Dienstleistungen.

Bahn/Bus: Ab Fährhafen Bus 130 bis Jeugdherberg. **Auto:** Ab Nes Richtung Hollum, 200 m vom Leuchtturm entfernt. **Zeiten:** März – Okt, übrige Zeit Sa, So und Schulferien. **Preise:** 2 Erw, 2 Kinder 2 ÜF im Juli 216 €.

▶ Das Hostel bietet moderne Zimmer für 2, 4 oder 6 Personen mit eigenem Bad. Sport- und Spielplatz, Fahrradvermietung.

IJsselmeer

Herberge direkt am Wasser

Stayokay Sneek, Oude Oppenhuizerweg 17, NL-8606 JA Sneek. ✆ 0031515/412132, Fax 412188. www.stayokay.com/sneek. sneek@stayokay.com. **Bahn/Bus:** Ab Bhf Sneek Bus 98 bis Oppenhuizerweg. **Auto:** A7, Ausfahrt 22 Sneek-Oost, Kreisverkehr 3. Ausfahrt, im 2. Kreisverkehr 1. Ausfahrt. **Zeiten:** ganzjährig. **Preise:** 2 ÜF im Juli 4 Pers 212 €.

▶ Das Hostel liegt am Wasser, 5 Gehminuten vom Zentrum entfernt. Es verfügt über eine moderne Einrichtung und schöne Zimmer mit eigenem Bad.

Der friesische Name des Sneekermeers lautet Snitser Mar.

Wattenmeerküste

Preiswert und gut

Bud Gett Hostel Groningen, Rademarkt 3 – 3a, NL-9711 CS Groningen. ✆ 003150/5886558, www.budgetthostels.nl. receptie@budgetthostels.nl. **Bahn/Bus:** Ab Bhf Groningen rechts, über Stationsweg und Zuiderpark, Verlengde Oosterstraat links bis Rademarkt. **Auto:** Centrum, Hereplein 2. rechts, 1. rechts, 1. links, 3, rechts, 1. rechts. Ermäßigung beim Parkhaus Rademarkt. **Zeiten:** ganzjährig. **Preise:** 4-Bettzimmer ÜF 80 – 130 €.

▶ Moderne, günstige Zimmer im Zentrum. 4-Bettzimmer mit Etagenbetten, Klimaanlage, TV und Bad. Frühstücksbüffet von 7 bis 11 Uhr.

Zeeland

FÜR GROSSE GRUPPEN

Vier Sterne für Gruppen

De Schouwsche Boer, Torenweg 10, NL-4328 JC Burgh-Haamstede. ✆ 0031111/657440, Fax 657459. www.berghof.nl. schouwscheboer@stergroep.nl. **Bahn/Bus:** Ab Bhf Middelburg Bus 133 bis Kerk, dann Anrufbus 127 (T 0800/2255687, 1 Std vorab) bis Vliegveld. **Auto:** N57/Serooskerkseweg bis Kloosterweg. **Zeiten:** ganzjährig. **Preise:** Gebäudeteil Boerin 2 – 30 Pers Woche ab 3156 €.

▶ Strandnahes Gruppenhotel für bis zu 110 Personen, mit TV, Video, Terrasse, Grill.

Unterkunft für Gruppen

Seeburgh Groepsaccommodatie, Vroonweg 10, NL-4356 ND Oostkapelle. ✆ 0031118/620949, Fax 562502. Handy 00316/10903665. www.seeburgh.nl. info@seeburgh.nl. **Bahn/Bus:** Ab Bhf Middelburg Bus 53 bis Singel Domburg, dort Bus 52 bis Kalfhoekseweg, Oostkapelle, dann 20 Min Fußweg. **Auto:** N57, N287, Munnikweg rechts, 1. links. **Zeiten:** ganzjährig. **Preise:** Wochenende 1280 – 1415 €.

▶ Unterkunft für 28 Leute, Aufenthaltsräume mit TV, Stereoanlage, Küche komplett eingerichtet, WLAN.

Fahrradverleih: Geuze Fietsenverhuur, Brouwerijstraat 9, Oostkapelle. ✆ 0031-118/582474. www.geuzefietsenverhuur.nl. März – Okt Mo – So 8.30 – 18.30, sonst Mo – Sa 9 – 18 Uhr. Rad ab 4 €, Kindertandem ab 12,50 €/Tag.

Südholland

Mit der Gruppe in den Park

Duinhostel, Duinrell 1, NL-2242 JP Wassenaar. ✆ 003170/5155255, Fax 5155371. www.duinrell.nl. info@duinrell.nl. **Bahn/Bus:** Ab Hbf Den Haag CS Bus 91, Bus 491 bis Duinrell nur Juli und Aug. **Auto:** A12 bis Ende, Beschilderung Wassenaar und Duinrell folgen. **Rad:** LF4 Midden-Nederlandroute. **Zeiten:** ganzjährig. **Preise:** 25 € pro Nacht.

▶ Die Unterkunft für bis zu 54 Personen liegt mitten im Bungalowpark mit tollem Freizeitpark und Erleb-

© Niederl. Büro f.Tourismus&Convention

Viel Platz zum Toben und Rennen: Am Strand

nis-Schwimmbad. In den Freizeitpark unbegrenzt und ins Schwimmbad einmal freien Eintritt.

Die Inseln

Mit der Gruppe nach Texel

Groepsverblijf Nieuw Bornrif, Mienterglop 25, NL-1796 NM De Koog Texel. ✆ 0031-222/317289, www.nieuwbornrif.nl. info@nieuwbornrif.nl. **Bahn/Bus:** Ab Fährhafen Bus 26 oder 28 bis Zijweg. **Auto:** N501 Richtung De Koog, bei Pijpersdijk rechts, gleich links auf Mienterglop. **Zeiten:** ganzjährig. **Preise:** 14 – 37 € pro Person/Nacht.

▶ Gruppenunterkunft für 42 Personen mit Küche, Ess- und Wohnbereich, Schlafräumen, Sanitäreinrichtungen, Spielgeräte.

Texel wird in den Niederlanden Tessel ausgesprochen.

Gruppenunterkunft auf dem Insel-Bauernhof

De Nachtegaal, Zuidergrieweg 4, NL-9162 EE Ballum Ameland. ✆ 0031519/554636, Handy 00316/24672427. www.denagtegaal.nl. sietanagtegaal@home.nl. **Auto:** Ab Fährhafen links auf Smitteweg, Verlauf folgen bis Zuidergrieweg. **Zeiten:** ganzjährig. **Preise:** Mo – Fr 10 €, Sa, So und Fei 12 €, Frühstück 3 €, VP 11,50 €.

▶ Die Unterkunft zwischen Ballum und dem Wattenmeer eignet sich für Gruppen von 25 bis 80 Personen. Es stehen 10 Schlafräume, 6 Duschen und 7 WC zur Verfügung. Mit dem Fahrrad seid ihr in 10 Minuten in Ballum und in 15 Minuten am Strand.

Schlafsack, Kissenbezug und Laken müsst ihr selbst mitbringen.

Wattenmeerküste

Friesische Gruppenunterkunft

Nieuw Allardsoog, Jarig van der Wielenwei 30, NL-9243 JZ Bakkeveen. ✆ 0031516/543888, Fax 543889. www.nieuw-allardsoog.nl. mail@nieuw-allardsoog.nl. **Auto:** Beim VVV rechts halten, bei Tsjerkewâl, 1.links, Straße 4 km folgen. **Zeiten:** ganzjährig. **Preise:** Wochenende mit 14 Pers 68 – 77 € pro Pers nur Ü.

▶ 3 Gruppenunterkünfte auf einem Landgut: Eland und Eehhoorn mit je 14 Zimmern für 28 Personen, Bever mit 7 Zimmern für 14 Personen.

Es gibt eine Jeu-de-Boulebahn und einen Fußballplatz.

Zeeland

Camping bei Pferden

Minicamping Manege Grol, Stoofweg 10, NL-4325 BE Renesse. ✆ 0031111/461623, Fax 462462. www.manegegrol.nl. info@manegegrol.nl. **Bahn/Bus:** Ab Bhf Middelburg Bus 133 bis Transferium. **Auto:** A58, Ausfahrt 39, N57, N652, links in Stoofweg. **Zeiten:** Mitte März – Okt. **Preise:** 10 – 15 € pro Person. **Infos:** Duschmünzen 1,50 €.

▶ Lage direkt beim Reitstall, 15 Stellplätze mit Stromanschluss, Sanitärgebäude und Kantine.

Strandcamping

Valkenisse, Valkenisseweg 64, NL-4373 RR Biggekerke. ✆ 0031118/561314, Fax 562739. www.camping-valkenisse.nl. info@campingvalkenisse.nl. **Bahn/Bus:** Ab Bhf Middelburg Bus 53 bis Hervormde Kerk. **Auto:** N288, links in Valkenisseweg. **Zeiten:** ganzjährig, Ende Okt – März Rezeption eingeschränkt geöffnet. **Preise:** 4 Pers 27,80 – 40,80 € pro Stellplatz/Nacht; Kinder bis 2 Jahre frei.

▶ Spielplatz, Fahrradvermietung, Naturausflüge, Bastelstunden.

CAMPINGPLÄTZE FÜR FAMILIEN

Familiencamping voller Möglichkeiten

Campingplatz Wulpen, Vierhonderdpolderdijk 1, NL-4506 HK Cadzand. ✆ 0031117/391226, Fax 391299. www.campingwulpen.nl. info@campingwulpen.nl. **Bahn/Bus:** Ab Bhf Vlissingen mit der Fußgänger- und Fahrradfahrerfähre nach Breskens, Bus 3 bis Mariastraat. **Auto:** Aus Breskens ab N675 rechts auf Vierhonderdpolderdijk. **Zeiten:** April – Mitte Okt. **Preise:** All-in Preis für 2 Pers in der Hochsaison pro Nacht 22,05 €; Kinder 1 – 10 Jahre 4,70 €.

▶ Campingplatz mit Supermarkt, Kinderspielplatz, Aufenthaltsraum mit Tischtennis und Spielecke.

Im Juli und August bringt euch der *Hop on Hop off-Bus* zu den Sehenswürdigkeiten und Stränden von Den Haag, Wassenaar, Katwijk, Leiden und Noordwijk, www.beuk.eu.

Südholland

Autofreies Campen

Campingplatz De Wulp, P. van den Burg, Kraaierslaan 25, NL-2204 AN Noordwijk. ✆ 0031252/372826, Fax 341807. www.dewulp.nl. info@dewulp.nl. **Bahn/Bus:** Vom Bhf Voorhout Bus 57 bis Victoriberg, zu Fuß in südwestliche Richtung bis Schulpweg, rechts abbiegen, nach 900 m rechts. **Auto:** A44, Ausfahrt 3 Richtung Noordwijkerhout, N443 bis Congrescentrum Golden Tulip, rechts in Gooweg, Beschilderung Camping folgen. **Rad:** LF1 Noordzeeroute. **Zeiten:** April – Mitte Okt. **Preise:** 2 Erw, 2 Kinder pro Nacht 26,65 €.

▶ Autofreier Campingplatz mit Spielplatz, 20 Min Fußweg vom Strand.

Campingplatz mit Jachthafen

De Meeuw, Batterijweg 1, NL-3231 AA Brielle. ✆ 0031181/412777, Fax 418127. www.demeeuw.nl. info@demeeuw.nl. **Bahn/Bus:** Ab Bus 192, 15 Min Fußweg. **Auto:** A15, N15, Schilder Brielle, dort Camping beschildert. **Zeiten:** April – Okt. **Preise:** Platz 4 Pers, 1 Auto, Zelt 19,80 – 30,80 €.

▶ Camping am *Brielse Meer,* Bastelstunden, Sportwettbewerbe, Auftritte von Zauberern.

Nordholland

Mietzelte

Campingplatz De Nollen, Westerweg 8, NL-1759 JD Callantsoog. ✆ 0031224/581281, Fax 582098. www.denollen.nl. info@denollen.nl. **Bahn/Bus:** Ab Bhf Schagen Bus 152, 20 Min Fußweg. **Auto:** Ab VVV, bei Stuijvezandeweg rechts, bei Duinroosweg links, 1. rechts, bei Westerweg rechts. **Zeiten:** April – Aug. **Preise:** 5-Pers-Zelt 402 – 516 € pro Woche. **Infos:** www.twitter.com/denollen.

▶ Familiencampingplatz mit Restaurant, Supermarkt und Waschsalon vermietet Bungalowzelte für 4 oder 5 Personen. Fahrradverleih, Fußball- und Basketballfeld, Beachvolleyballplatz.

Die Kirche aus dem Jahr 1671 ist das älteste Gebäude von Callantsoog.

Stadtcamping

Camping Alkmaar, Bergerweg 201, NL-1817 ML Alkmaar. ✆ 003172/5116924, www.campingalkmaar.nl. info@campingalkmaar.nl. **Bahn/Bus:** Ab Bhf Alkmaar Bus 6 bis Jan Ligthartstraat oder Bus 360 bis Hogeschool. **Auto:** A9, Ausfahrt 12-Ring Alkmaar (West), N9, Beschilderung Camping Alkmaar. **Zeiten:** ganzjährig. **Preise:** Stellplätze 3 Pers 25 – 31 € pro Nacht, je nach Saison.

▶ Vermietet werden Stellplätze für Wohnwagen, WoMo, Zelte und sehr einfache Wanderhütten. Kleiner Spielplatz, Fahrradverleih, Bushaltestelle.

Camping in den Dünen

Kennemerduincamping Bakkum, Zeeweg 31, NL-1901 NZ Castricum aan Zee. ✆ 0031251/661091, Fax 661089. www.kennemerduincampings.nl. bakkum@kennemerduincampings.nl. **Bahn/Bus:** Vom Bhf Castricum Bus 164 bis Hereweg Bakkum, dann 21 Min Fußweg. **Auto:** Direkt an der N513. **Zeiten:** Ende März – Okt. **Preise:** 199 € für ein Wochenende in der NS bis 617 € für eine Woche in der HS, Zelthäuschen für 4 Pers sind preiswerter; Kinder bis 3 Jahre frei.

In Castricum stehen 39 Gebäude unter Denkmalschutz, darunter auch die Dorfkirche aus dem Jahr 1500.

▶ Vermietung von komplett eingerichteten Zelthäuschen für bis zu 6 Personen mit Wänden und Boden aus Holz, Veranda zum Teil mit kanadischen Strandsesseln.

Campingplatz mit 2 Sternen

De Branding, Boulevard Barnaart 30, NL-2041 JA Zandvoort. ✆ 003123/5713035, Fax 5719283. www.campingdebranding.nl. info@campingdebranding.nl. **Bahn/Bus:** Ab Bhf Zandvoort Bus 81 bis Circuit. **Auto:** Ab VVV 1. rechts, bei Hogeweg/N201 rechts, im Kreisverkehr 1. Ausfahrt, links halten, bei Jacob van Heemskerckstraat 1 km geradeaus. **Zeiten:** Ende März – Anfang Okt. **Preise:** Platz ab 15 €, Pers ab 12 Jahre 3 €; Kinder 2 – 12 Jahre 2 €.

▶ Auf dem 2-Sterne-Campingplatz werden neben Stellplätzen 5 Blockhütten für je 4 Personen vermietet. Darin stehen 2 Etagenbetten. Bettzeug, Kissen, Geschirr und Besteck müsst ihr mitbringen.

Wenn ihr in Wanderhütten übernachtet: Schlafsack, Geschirr und Besteck nicht vergessen.

Die Inseln

Wanderhütte auf dem Campingplatz

De Krim, Roggeslootweg 6, NL-1795 LN De Cocksdorp Texel. ✆ 0031222/390112, Fax 390121. www.krim.nl. info@krim.nl. **Bahn/Bus:** Ab Fährhafen Bus 29 bis Rio Grande. **Auto:** N501, Kreisverkehr Beschilderung De Cocksdorp, links Beschilderung De Krim (Zijweg 33). **Zeiten:** ganzjährig. **Preise:** 1 Ü 38 €, 1 Woche im Juni 269 €.

▶ Holzhütten mit zwei Etagenbetten, Einrichtungen des Ferienparks inklusive Duschen und ein Kinderspielplatz stehen zur Verfügung. Zum Park gehören ein Hotel, Ferienhäuser und ein Campingplatz.

Gemütliche Mongolenzelte

Texel Yurts, c/o Camping Loodsmansduin, Ina Laan, Rommelpot 19, NL-1797 RN Den Hoorn Texel. ✆ 0031-

222/322100, Handy 00316/30771667. www.texelyurts.nl. info@texelyurts.nl. **Bahn/Bus:** Ab Fährhafen Bus 29 bis Hemmerweg. **Auto:** Ab Fährhafen nach Den Hoorn, südwestlich des Dorfes gelegen. **Zeiten:** ganzjährig. **Preise:** 4 Pers 2 Nächte 325 €.

▶ Mongolische Zelte, Yurts genannt, sind komplett für bis zu 4 Personen und überraschend komfortabel mit Küche, CD-Spieler, Teppichen, richtigen Möbeln und einem Ofen ausgestattet.

Hier könnt ihr ruhig abhängen: Entspannen in der Hängematte vor dem Mongolenzelt

Die Mongolen sind in der Mongolei zu Hause. Das liegt zwischen Russland und China.

Camping im Grünen

Naturcamping West-Terschelling, Longway 28, NL-8881 BC West Terschelling. ✆ 0031562/442675, Fax 442208. www.staatsbosbeheer.nl. c.plug@staatsbosbeheer.nl. **Bahn/Bus:** Ab Fährhafen Bus 120 bis Zwembad. **Auto:** Ab Fährhafen Richtung Midsland, über Straße Barentzkade, links halten, hinter dem Seniorenheim rechts. **Zeiten:** April – Okt. **Preise:** Platz 4,50 – 5 €, Erw 4 – 5 €; Kinder 2 – 12 Jahre 2,95 – 3,70 €. **Infos:** Natuurkampeerkart 14,95 € (max. 4 Pers), erhältlich beim Campingplatz.

Das Staatsbosbeheer ist die nationale Forstbehörde. Ihr unterstehen Förster, die hier Boswachters genannt werden.

▶ 2 km vom Hafen, 73 Stellplätze, eingeteilt in 7 sonnige Felder.

Zu Gast bei Mutter Natur

Naturcamping Lange Paal, Postweg 1a, NL-8899 BB Vlieland. ✆ 0031562/451639, www.langepaal.com. langepaal@staatsbosbeheer.nl. **Bahn/Bus:** Ab Kirche Bus 110 bis Langepaal. **Rad:** Ab Fährhafen links auf Havenweg, 1. links auf Waddendijk, am Ende links auf Postweg. **Zeiten:** April – Okt. **Preise:** Platz 4,50 €, Erw 4 €; Kinder 2 – 12 Jahre 2,95 €.

▶ 89 Zeltplätze auf dem Wald- oder Dünenfeld, 100 m zum Wattenmeer, 1 km zur Nordsee, Spielplatz.

Achtung! Ihr müsst eine Natuurkampeerkaart zum Preis von 14,95 € kaufen. Sie ist bei vielen VVV-Büros und auch direkt auf einigen Campingplätzen erhältlich.

Camping mit Gepäcktransport

Kampeerterrein Stortemelk, Kampweg 1, NL-8899 BX Vlieland. ✆ 0031562/451225, Fax 451259. www.stortemelk.nl. info@stortemelk.nl. **Bahn/Bus:** Ab Fährhafen Bus 110 bis Stortemelk. **Rad:** Ab Fährhafen 1. rechts, dann 1. links. **Zeiten:** Mai – Mitte Sep. **Preise:** Wochenpreis Huiftent 4 Pers 425 – 600 €. **Infos:** Gäste haben freien Eintritt ins Hallenbad Flidunen.

▶ Der große Zeltplatz mit modernen Sanitärgebäuden liegt in den Dünen. Der Gepäcktransport mit Pferdewagen liefert bis zum Zeltplatz. Die Koffer werden schon an der Fähre in Harlingen auf Wagen der Reederei Doeksen geladen. Vermietet werden *Huiftenten,* eine Mischung aus Zelt und Holzhaus für 4 Personen mit 2 Schlafkabinen, Wohnraum mit offener Küche und Terrasse.

Mai – Sep führt die Reederei de Vriendschap Tagesausflüge von Vlieland nach Texel durch. Infos unter www.waddenveer.nl oder Handy 00316/13524734.

IJsselmeerküste

Campingplatz für Wassersportler

Camping Waterhout, Archerpad 6, NL-1324 ZZ Almere. ✆ 003136/5470632, Fax 5470634. www.waterhout.nl. info@waterhout.nl. **Bahn/Bus:** Ab Bhf Almere

Centrum Bus 1 oder 3 bis Busstation ´t Ooor. **Auto:** A6 Ausfahrt 4 Almere Haven, Beschilderung Weerwater. **Zeiten:** April – Mitte Okt. **Preise:** Standardplatz für 2 Pers 18 – 22,50 €, Kinder bis 2 Jahre frei, weitere Pers ab 3 Jahre 4 €/Tag.

▶ Campingplatz mit 200 Stellplätzen, Spielwiese, Streichelzoo, überdachtes Spielparadies, Strand zum Sonnen und Schwimmen, Wassersport in der Umgebung: Segel – und Tauchschule, Wasserskianlage.

Campingplatz am Sandstrand

Enkhuizer Zand, Kooizandweg 4, NL-1601 LK Enkhuizen. ✆ 0031228/317289, Fax 312211. www.campingenkhuizerzand.nl. info@campingenkhuizerzand.nl. **Bahn/Bus:** Ab Bhf Enkhuizen Bus 138 bis Noorderweg. **Auto:** Beschilderung Recreatieterrein Enkhuizer Zand. **Zeiten:** April – Sep. **Preise:** 2 Pers inkl. Strom, Duschen, Steuern 20 – 25,50 € pro Nacht, zusätzliche Pers ab 2 Jahre 6 €.

▶ Familiencampingplatz am IJsselmeerstrand mit Erlebnisschwimmbad, Supermarkt, Minigolfplatz und Kantine.

Gleich nebenan liegt der Märchenpark ↗ *Sprookjeswonderland.*

Indianerabenteuer

CampSpirit, Janneke Tijsseling, Strandweg 1, NL-8256 RJ Biddinghuizen. Handy 00316/30364723. www.campspirit.nl. info@campspirit.nl. **Bahn/Bus:** Ab Bhf Harderwijk Bus 247 bis Camping Flevostrand. **Auto:** A28, Ausfahrt 13 Lelystad, N302 Richtung Harderwijk, rechts auf Harderdijk/N306, bei Strandweg rechts. **Zeiten:** Mai – Sep. **Preise:** Preis für ein 4-Pers-Tipi pro Woche ab 299 €, Touristensteuer 0,95 € pro Person/Nacht. **Infos:** 4 x täglich verkehrt das Boot von und zum Park Flevostrand in Biddinghuizen.

▶ Im Westen der kleinen Insel *De Kluut* liegt das Lager mit indianischen Tipis für 2 – 6 Personen. Die Zelte der Indianer Nordamerikas waren aus Büffelleder, die modernen Tipis bestehen aus wasserdichter Baumwolle. Die Einrichtung umfasst Matratzen, Kis-

Camp Spirit steht für Urlaub mit Respekt vor Umwelt und Natur! Das Brauchwasser stammt aus dem eigenen Brunnen. Ihr dürft euch zum Kochen aus dem Gemüse- und Kräutergarten bedienen.

sen, Laken, Deckbetten, Laternen, Schränken, einer Kochgelegenheit, Kühlbox, Kochgeschirr, Besteck, Feuerholz und einem Tisch mit Sitzgelegenheiten. Ein großes Tipi mit Terrasse dient als Aufenthaltsraum. Es gibt eine Anlegestelle für Boote, die auch vermietet werden.

Oudemirdum heißt auf Friesisch Aldemardum. Auf Ortsschildern in Friesland werden immer beide Namen angegeben.

Waldcamping

De Waps, Fonteinwei 14, NL-8567 JT Oudemirdum. ✆ 0031514/571437, Fax 571437. www.kampeerterreindewaps.nl. info@dewaps.nl. **Bahn/Bus:** Ab Bhf Sneek Bus 47 bis Beukenlaan, dann zu Fuß über Jan Schotanuswei Richtung Norden, rechts Beukenlaan, am Ende rechts. **Auto:** A7, N359 Richtung Workum, Ausfahrt Oudemirdum, Beschilderung De Waps. **Zeiten:** April – Okt. **Preise:** Komplettpreis Stellplatz mit Strom für 2 Pers 27,30 €; Kinder 1 – 12 Jahre 3 €; Arrangements, z.B. Monat Juni 465 €.

▶ Viel Natur, 1 km vom IJsselmeer, sehr freundliches Personal, Spielplatz, Kinderaktivitäten.

Beim Kitesurfen steht ihr auf einem Brett, dem Board. Dieses wird von einem lenkbaren Kite, einem Windschirm, der wie ein Lenkdrache aussieht, gezogen.

Camping Hindeloopen

Camping Hindeloopen, Westerdijk 9, NL-8713 JA Hindeloopen. ✆ 0031514/521452, Fax 523221. www.campinghindeloopen.nl. info@campinghindeloopen.nl. **Auto:** Südlicher Ortsrand am Westerdijk. **Zeiten:** April – Okt. **Preise:** Komfortplatz inkl. 2 Pers Juni – Aug 23,50 €, weitere Pers 3 €; Kinder 3 – 12 Jahre 2 €.

▶ Komfortabler Campingplatz mit Streichelzoo, Spielplatz. Surf- und Kitesurfunterricht möglich.

Der Jachthafen mit 170 Liegeplätzen ist geeignet für Boote bis 15 m Länge.

Jachthafen & Camping

De Roggebroek, Mirjam van Dijk-Middelkamp, Koeweg 44, NL-8715 EN Stavoren. ✆ 0031514/681469, Fax 682088. www.roggebroek.nl. roggebroek@euronet.nl. **Bahn/Bus:** Ab Bhf Stavoren auf Stationsweg, rechts in Koeweg. **Auto:** Abschlussdeich, Richtung Bolsward, Ausfahrt Workum, dann Beschilderung Koudum, Molkwerum, Stavoren. **Zeiten:** ganzjährig. **Preise:** 4 €, Zelt oder Wohnwagen 4 €, WoMo 4,50 €, Auto 2,50 €, Strom pro Tag 2,25 €, Touristensteuer 1 €; Kinder bis 10 Jahre 3 €.

▶ 25 Stellplätze, kostenlose Nutzung von Kanus und Fahrrädern, Spielplatz.

Watttenmeerküste

Unterwegs mit Traktor und Zirkuswagen

Woonwagenvakantie.nl, Nummer 62, NL-8644 VT Dearsum. ✆ 0031515/520955, Handy 00316/12127725. www.woonwagenvakantie.nl. info@woonwagenvakantie.nl. **Bahn/Bus:** Ab Bhf Sneek Bus 93. **Auto:** An der N354, beim Restaurant El Pacho abbiegen. **Zeiten:** April – Sep oder nach Absprache. **Preise:** Woche 299 – 699 €.

▶ Mit einem Traktor und einem wie ein Wohnwagen ausgestatteter Zirkuswagen von einem Minicampingplatz zum anderen quer durch Friesland ziehen. Dieses Abenteuer macht großen und kleinen Vagabunden sehr viel Spaß!

Campingplatz beim Irrgarten

Camping 't Hout, Duurswouderweg 11, NL-9243 JZ Bakkeveen. ✆ 0031516/541287, Fax 541639. www.thout.nl. info@thout.nl. **Bahn/Bus:** Ab Bhf Assen Bus 18 bis Brink. **Auto:** Ab VVV bei Duerswâldmer Wei rechts. **Zeiten:** April – Sep. **Preise:** 4 Pers 25 – 36 €.

▶ Campingplatz, 500 m vom Irrgarten entfernt mit Spielzimmer großem Spielplatz, Streichelzoo, Schwimmbad.

Camping im Zentrum

Boet'n Toen, Hoofdstraat 76 By, NL-9968 AB Pieterburen. ✆ 0031595/528293, Fax 528318. www.camping-boetntoen.nl. info@campingboetntoen.nl. **Bahn/Bus:** Ab Bhf Winsum Bus 68 bis Wapen van Hunsingo. **Auto:**

FERIENADRESSEN

Der Campingplatz liegt am Wad- en Wierdenpad, der Teil des Noordzee Kustpad (North Sea Trail) ist.

Siehe VVV. **Zeiten:** Mitte April – Mitte Okt. **Preise:** 4,50 € pro Person, Zelt 3,50 €, Caravan 4 €, Strom 2,50 €; Kinder bis 2 Jahre frei.

▶ Camping im Zentrum, hinter der Kirche und dem botanischen Garten *Domies Toen.* Es gibt zwei Felder, eins für Zelte, das andere für Wohnwagen und Wohnmobile.

Camping De Breede

De Breede, Breede 4 – 5, NL-9989 TA Warffum. ✆ 0031595/424642, Fax 424642. Handy 00316/27224600. www.campingdebreede.nl. campingdebreede@wanadoo.nl. **Bahn/Bus:** Ab Bhf Groningen Zug Richtung Roodeschool bis Bhf Baflo, dann Regiotaxi (nur mit Reservierung, ✆ 0900/0911). **Auto:** An der N363, ins Navigationssystem Breede Nr. 5 eingeben. **Zeiten:** April – Sep. **Preise:** Stellplatz 9 €, Pers ab 18 Jahren 4,50 €, Strom 2,50 €; Kinder bis 2 Jahre 1,50 €, Kinder 3 – 11 Jahre 3 €, Jugendliche 12 – 17 Jahre 3,50.

▶ Kleiner, gemütlicher Familiencampingplatz mit 47 Stellplätzen, 20 km oberhalb der Stadt Groningen. Beheiztes Freibad, Fußballfeld, Tischtennis, Verleih von GoKarts, Fahrrädern und Dreirädern.

ZEELAND

SÜDHOLLAND

NORDHOLLAND

AMSTERDAM

DIE INSELN

IJSSELMEERKÜSTE

WATTENMEERKÜSTE

ORTE, INFO & VERKEHR

FERIENADRESSEN

REGISTER

Register

Orte, Sehenswürdigkeiten, Aktivitäten (dt/nl)

Natur Stichworte *Personen*

Hunger & Durst

T

U – V

IMPRESSUM

Wir freuen uns über Korrekturen und Anregungen:

pmv Peter Meyer Verlag
Schopenhauerstraße 11
60316 Frankfurt a.M.
info@PeterMeyerVerlag.de

Weitere »... mit Kindern« Freizeit- und Reiseführer:
www.PeterMeyerVerlag.de

Druck & Bindung: AZ Druck und Datentechnik GmbH, Berlin, www.az-druck.de | **Umschlaggestaltung:** pmv, Agentur 42, Mainz, www.agentur42.de, Annette Sievers | **Fotos:** Monika Diepstraten. Wenn nicht anders angegeben, alle Rechte beim Verlag, siehe Nachweis beim jeweiligen Bild. Titelfoto: Vlindertuin. Wir danken allen Unterstützern | **Zeichnungen:** Silke Schmidt | **Karten:** pmv | **Lektorat & Layout:** Annette Sievers | **Bezug:** über Prolit, Fernwald-Annerod, oder über den Verlag, vertrieb@PeterMeyerVerlag.de, ✆ 004969/40562570

ISBN 978-3-89859-439-4

Printed in Germany with love.
Klimaneutral und auf umweltfreundlich hergestelltem FSC®-Papier gedruckt.

FSC www.fsc.org MIX Papier aus verantwortungsvollen Quellen FSC® C008457

WEITWANDERN HESSEN

Die 10 schönsten Trekking-touren. Mit Einkehr, Unterkunft & Bahntransfer

Michael Schnelle

10 gründlich recherchierte Streckenwanderungen führen passionierte Wanderer und Entdecker zu schönen Naturlandschaften und interessanten Kulturdenkmälern in Hessen. Alle Ausgangs- und Endpunkte sind mit Bus und Bahn erreichbar, und weil bei jeder Tour Übernachtungs- und Einkehrtipps aufgeführt sind, kann mit extra-leichtem Gepäck gewandert werden!

ISBN 978-3-89859-306-9
256 Seiten, 16 Euro [D]

WALDWANDERN HESSEN

Auf Premiumwegen und Traumpfaden durch Hessens Wälder wandern

Von hessischen Forstleuten ausgesucht und beschrieben!

ISBN 978-3-89859-307-6
256 Seiten, 16 Euro [D]

199 KM MOSEL

Sehenswertes, Ausflüge & Einkehr zwischen Trier und Koblenz

Annette Sievers (Hrsg.)

Ob Rebhänge, Moselschifffahrt oder Porta Nigra – wer mit diesem prall gefüllten Reiseführer aufbricht, erlebt abwechslungsreichen Kulturgenuss. Ansprechend gestaltet und hintergründig beschrieben, führt dieses Buch zu den schönsten Orten und Sehenswürdigkeiten entlang der deutschen Mosel, Einkehr- und Übernachtungsmöglichkeiten inklusive.

ISBN 978-3-89859-310-6
256 Seiten, 16 Euro [D]

AUSFLÜGE MIT GENUSS: WEINFRANKEN

Wandern, Radeln, Einkehren

Barbi Lasar

Gemütliche Wanderungen und knackige Fahrradtouren, urige Mühlencafés und rustikale Winzerhöfe: 20 vielseitige Ausflüge in Kombination mit der passenden Einkehr machen das Wochenende schöner.

»Genuss wird hier nicht nur aufs Kulinarische bezogen, sondern schließt den Augenschmaus, den die fränkische Landschaft mit Fluss, Wald und Weinbergen bereithält, mit ein.« Fränk. Nachrichten

ISBN 978-3-89859-316-8
224 Seiten, 14,95 Euro [D]

Vielseitig. Interessant geschrieben.
Kompetent vor Ort recherchiert.
Schön illustriert. Hochwertig ausgestattet.
Umweltbewusst, naturnah. Klimaneutral gedruckt.

Näher reisen – weiter denken.

pmv PETER MEYER VERLAG

RHEINLAND MIT KINDERN
Über 500 Aktivitäten und Ausflüge bei jedem Wetter in und um Düsseldorf – Köln – Bonn
Ingrid Retterath

Für spontane Ausflüge gründlich recherchiert: Der neue pmv-Freizeitführer »Rheinland mit Kindern« bietet rund 500 Ausflüge und Aktivitäten für kleine Naturfreunde und Kulturfans inklusive Preisen, Öffnungszeiten und Anfahrtsbeschreibung. Ob Schwimmbad, Radtour oder Museum, hier findet jedes Familienmitglied schnell seinen Lieblingstipp.
3. aktualis. Auflage
ISBN 978-3-89859-411-0
320 Seiten, 16 Euro [D]

Die pmv-Reihe »... mit Kindern« wurde bereits mehrfach ausgezeichnet, allein 3 x mit dem ITB BuchAward der weltgrößten Tourismusmesse Berlin.
Über 20 Regionen lieferbar!

GHANA
Praktisches Reisehandbuch für die »Goldküste« Westafrikas
Jojo Cobbinah

Der erste und einzige deutschsprachige Reiseführer zu Ghana! Mit Humor präsentiert der ghanaische Autor sein Heimatland. Gründliche Landeskunde und umfassende praktische Infos zu Reisevorbereitung, Anreise, Unterkunft, Essen & Trinken, Verkehrsmitteln und Aktivitäten: stets aktuell. – Von der UNESCO als vorbildlich empfohlen!

»Der vorliegende Reiseführer ist, berlinisch gesagt, eine Wucht.« Bernd K., Leser

11. aktualisierte Auflage,
ISBN 978-3-89859-155-3
576 Seiten, 34 Euro [D]

GHANA-REISEKARTE
Travellers' Map
Falzkarte, 1:750.000
ISBN 978-3-89859-912-2
20 Euro [D]

EIFEL MIT KINDERN
Über 500 spannende Ausflüge und Aktivitäten rund ums Jahr
Ingrid Retterath

Über 500 Ausflüge und Aktivitäten von Aachen bis Trier, von Luxemburg bis zur Aar, zeigen Kindern zwischen 3 und 13 Jahre wie spannend Freizeitvergnügen in der Eifel ist. Spaß in und am Wasser, Radeln und Natur erleben, Museen, Burgen und Schlösser – Unternehmungen jeder Art und rund ums Jahr, immer persönlich recherchiert und komplett mit Anfahrt, Öffnungszeiten und Preisen.

»Sehr informativ und familienfreundlich!« Bild

ISBN 978-3-89859-435-6
320 Seiten, 14,95 Euro [D]

Weitere Titel, aktuelle Informationen und Newsletter im Internet.

www.PeterMeyerVerlag.de | www.connexions.de | www.gps-tourenplaner.de

77 SCHÖNSTE ORTE RUND UM BERLIN
Ausflüge zu Schlössern, Seen und Sehenswürdigkeiten. Mit 166 Einkehrtipps
Wolfgang Kling

Zu den 77 schönsten Orten rund um Berlin: Raus aus der Stadt und rein in die Natur! Jedes Ziel ist mit der Bahn erreichbar. Bei allen Ausflügen gibt es zudem tolle Einkehrmöglichkeiten. Vom Schloss Rheinsberg im Norden bis Lübbenau im Süden ist für jeden der passende Ausflug dabei. Zum radeln, wandern, einkehren. Mit Beschreibung, Einkehrtipps und farbigen Karten.
ISBN 978-3-89859-314-4
304 Seiten, 16 Euro [D]

Alle unsere Bücher und Prospekte drucken wir ausschließlich in Deutschland und auf zertifizierten Papier aus nachhaltiger Forstwirtschaft sowie klimaneutral.

BERCHTESGADENER LAND & CHIEMGAU MIT KINDERN
Über 400 spannende Aktivitäten zwischen Rosenheim und Salzburg
Katja Faby, Antje Kindler-Koch

Wochenend- und Ferienspaß für die ganze Familie Südosten Bayerns mit kinderfreundlichen Beschreibungen, Adressen, Anfahrten, Öffnungszeiten und Preisen.
ISBN 978-3-89859-427-1
272 Seiten, 16 Euro

»Voll gestopft mit Informationen, für die Eltern mehr als dankbar sein werden.« DIE ZEIT

BODENSEE MIT KINDERN
400 x Abenteuer und Erlebnis rund um den ganzen See
Wolfgang Taschner, Michael Reimer
ISBN 978-3-89859-428-8
272 Seiten, 16 Euro [D]

66 SCHÖNSTE AUSSICHTEN HESSEN
Burgen, Türme, Berge – Wandern, Radeln, Einkehren
Alexander Kraft
ISBN 978-3-89859-319-9
256 Seiten, 16 Euro [D]

33 SCHÖNSTE RADTOUREN RHEIN-MAIN
Radeln von leicht bis weit
Alexander Kraft
ISBN 978-3-89859-318-2
224 Seiten plus extra Tourenkarte, 18 Euro [D]

pmv PETER MEYER VERLAG

pmv PETER MEYER VERLAG

Mehr über die ökologischen Reise- und Freizeitführer von pmv unter:
www.PeterMeyerVerlag.de | connexions.de | gps-Tourenplaner.de